社会保険労務士・
第1種衛生管理者
村中一英 著

改訂2版

この1冊で合格!

村中一英の

第**1**種

衛生管理者

テキスト&問題集

JN063091

KADOKAWA

指導実績 10 年超のプロ講師が 最短合格をナビゲート！

本書は、10 年以上にわたって衛生管理者試験対策を実施してきた村中一英講師が執筆しています。社会保険労務士試験講師としても有名で、最新の法令対策も万全です。村中講師が時間のない社会人や独学者に向けて、合格レベルに必要な知識を伝授します。図解を使ったわかりやすいテキストと確認用の一問一答＆模擬試験を収録。最短で必須資格の合格が目指せます！

衛生管理者試験講師
社会保険労務士
村中 一英

本書のポイント

1 プロ講師が 必修ポイントを解説

著者は 10 年以上試験を徹底分析しており、各種セミナーで豊富な経験のある人気講師です。この 1 冊に合格ポイントをギュッと凝縮させています。

2 オールインワンだから 1 冊だけで合格！

各テーマに十分な量の一問一答を収録するだけでなく、第 6 章には本試験形式の過去問による模擬試験が付属。問題演習がたくさんできて確実に得点力が UP します。

3 図表が豊富。 イメージで攻略！

試験ではなじみのない専門用語が多く出てきます。イメージで学んですぐに理解できるよう多くの図表で説明しています。

4 YouTube チャンネルで 人気講義を公開

村中先生の人気講義を衛生管理者試験対策チャンネルにて公開（224 ページ参照）。動画でも学べる！

3つのステップで合格をつかみとる！

STEP1 一問一答で確認しながら通読する

　本書は、各テーマで必須の知識を解説した後、一問一答を解くことで確実に理解を深めることができるよう構成しています。図解でイメージを定着させ、知識を確実にしましょう。

STEP2 模擬試験で得点力を高める

　テキストを一通り学習して基礎ができたら、第6章の模擬試験にチャレンジしてみましょう。試験形式に慣れると同時に関連知識をさらに深めることができ、グッと合格に近づきます。

STEP3 不確かな知識、間違えた問題の再確認で確実に

　試験直前にはざっと本書を復習して、知識にモレがないかを確認しましょう。また、これまでのステップで解けなかった問題があれば、再度問題を解き、該当部分の解説を精読して理解を深めましょう。

この1冊で
第1種衛生管理者に合格！

はじめに

　衛生管理者は、企業で働く労働者の安全衛生のために、労働者の人数に応じて設置義務が課されている職場に必須の資格です。企業には、労働者が安心して働けるよう職場の安全衛生に配慮する義務があり、衛生管理者は、衛生面に関するさまざまなテーマを管理する役割を担っています。

　労働安全衛生法の第1条では、立法の趣旨として「労働災害の防止のための危害防止基準の確立、責任体制の明確化及び自主的活動の促進の措置を講ずる等その防止に関する総合的計画的な対策を推進することにより職場における労働者の安全と健康を確保するとともに、快適な職場環境の形成を促進することを目的とする」とうたっています。

　本書を手に取られた方の中には、異動などにより会社から衛生管理者の資格を取得するよう指示された方も多いでしょう。衛生管理者の主要業務には、労働者の健康障害を防止するための作業環境管理、作業管理、健康管理、労働衛生教育の実施、健康の保持増進措置などがあります。最近では、うつ病に代表されるメンタル面の不調を抱える方も増加しており、社員の休職・復職などのサポートをはじめとして、企業において衛生管理者が果たすべき役割はますます大きくなっています。

　また、働き方改革関連法の施行により、近年長時間労働の是正や労働者の健康確保のための産業医・産業保健機能が強化されています。衛生管理者の資格は、職場における労働者の健康管理をより積極的に実施するためにも、重要性を増しているといえます。

　本書は多忙な社会人の方に向けて、この1冊だけで資格を取得できるよう過去試験に頻出の論点に絞って構成しています。衛生管理者は出題傾向が絞られているため、独学でもしっかり学習すれば合格できる試験なのです。本書をご活用いただき、1人でも多くの方が衛生管理者試験に合格され、無事役割を果たされることを心よりお祈り申し上げます。

社会保険労務士・第1種衛生管理者

社会保険労務士法人ガーディアン　代表　村中　一英

第1種衛生管理者試験とは？

■ 衛生管理者試験の概要

常時50人以上が勤務している職場では、衛生管理者免許の保有者から労働者数に応じて一定数以上の衛生管理者を選任しなければなりません。そして、衛生管理者には、安全衛生業務に関連して衛生に関わる技術的な事項を管理させることが必要です。衛生管理者の主な職務には、労働者の健康障害を防止するための作業環境管理、作業管理および健康管理、労働衛生教育の実施、健康の保持増進措置があげられます。

● 衛生管理者の選任義務

事業場の労働者数	衛生管理者数	事業場の労働者数	衛生管理者数
50～200人	1人以上	1,001人～2,000人	4人以上
201～500人	2人以上	2,001人～3,000人	5人以上
501～1,000人	3人以上	3,001人～	6人以上

衛生管理者免許には、第1種と第2種があります。

①第1種衛生管理者免許

所持することで、すべての業種の事業場で衛生管理者となることができます。

● 第1種衛生管理者試験とは

受験手数料	8,800円（非課税）
対象業種	農林水産業、鉱業、建設業、製造業、電気・ガス・水道業、運送業、自動車整備業、機械修理業、医療業、清掃業など
受験資格	・大学（短期大学を含む）または高等専門学校を卒業し、1年以上労働衛生の実務※に従事した者 ・高等学校または中等教育学校を卒業し、3年以上労働衛生の実務※に従事した者 ・10年以上労働衛生の実務※に従事した者 ※労働衛生の実務とは、下記のものなどをいいます。 ・健康診断実施に必要な事項または結果の処理の業務 ・作業環境の測定等作業環境の衛生上の調査の業務 ・作業条件、施設等の衛生上の改善の業務・研究の業務 ・労働衛生保護具、救急用具等の点検および整備の業務 ・衛生教育の企画、実施等に関する業務 ・労働衛生統計の作成に関する業務

● 第1種衛生管理者試験の内容

試験科目	範囲	問題数	1問の配点	科目別合計
関係法令	有害業務に係るもの	10問（4問）	8点	80点（32点）
	有害業務に係るもの以外のもの	7問（3問）	10点	70点（30点）
労働衛生	有害業務に係るもの	10問（4問）	8点	80点（32点）
	有害業務に係るもの以外のもの	7問（3問）	10点	70点（30点）
労働生理		10問（4問）	10点	100点（40点）
合計		44問		400点（240点）
問題構成	・関係法令（有害業務に係るもの）………問1〜問10（問10は労働基準法からの出題） ・労働衛生（有害業務に係るもの）………問11〜問20 ・関係法令（有害業務に係るもの以外のもの）………問21〜問27（問26、問27は労働基準法からの出題） ・労働衛生（有害業務に係るもの以外のもの）………問28〜問34 ・労働生理………問35〜問44			
合格基準点	各科目4割以上、かつ合計6割以上			
試験時間	3時間			
試験形式	マークシート方式の択一式試験			
受験者数	2022年度：68,066人、2021年度：68,210人、2020年度：43,157人			
合格率	2022年度：45.8%、2021年度：42.7%、2020年度：43.8%			

※問題数、科目別合計のカッコ内は合格基準点を示しています

②第2種衛生管理者免許

　有害業務と関連の少ない情報通信業、金融・保険業、卸売・小売業など一定の業種の事業場においてのみ、衛生管理者となることができます。

　試験範囲上の違いとしては、共通の「労働生理」以外の「関係法令」「労働衛生」分野について、第1種には有害業務に関係するテーマが含まれます。

　具体的な試験の申込方法については、公益財団法人安全衛生技術試験協会のウェブサイト（https://www.exam.or.jp）で確認してください。34ページでは受験申請書の請求について案内しています。

これで攻略！ 鉄板学習法

■ 分野別の攻略ポイントはこれだ！

　第1種衛生管理者試験は、各科目4割以上、かつ合計6割以上正答すれば合格できる試験です。言い換えれば、4割近く間違っても合格できるのですから、頻出箇所を確実に得点できるようになれば心配は要りません。合格するためには内容の理解も大切ですが、最後は頻出箇所をどれだけ暗記しているかが勝負の分かれ道となります。

　社会人であれば、学習に十分な時間を確保できない方も多いでしょう。本書は、短時間で合格できるようにポイントを絞った構成にしています。また、初めて学ぶため衛生管理者試験の内容に慣れない方も多いことと思います。そのため、まずは「どのように学習すれば効率的に合格できるのか」を押さえておく必要があります。

　ここでは、試験の攻略法として、各科目の頻出ポイントについて、関係法令、労働衛生、労働生理の各テーマごとに確認します。

● 関係法令分野（有害以外）

　出題頻度が高いのは、衛生管理者の選任、衛生委員会、健康診断・面接指導・ストレスチェック、事務室の空気環境の調整・事務室設備の定期的な点検、労働時間、年次有給休暇、就業規則、妊産婦等が中心となります。

　暗記することは多いですが、出題傾向が大幅に変更されることがないので、確実な得点源にしやすい分野といえます。出題頻度の高い箇所にからんでくる数字を正確に暗記して試験に臨むのがコツです。

● 関係法令分野（有害）

　出題頻度が高いのは、安全衛生管理体制、作業主任者の選任、機械の譲渡等制限、作業環境測定、特別の安全衛生教育、酸素欠乏症等防止規則、有機溶剤中毒予防規則、特定化学物質障害予防規則、粉じん障害防止規則、年少者の保護（就業制限）、時間外労働（1日2時間）の制限です。

　このうち特に安全衛生管理体制は、1問目から出題される場合が多いので、ここではずみをつけたいものです。難易度の高い科目ですが、暗記で対応できる問題が多いのが特徴です。本書の重要箇所をきちんと暗記して、5割は確実に得点できるように準備しておきましょう。

● 労働衛生分野（有害以外）

出題頻度が高いのは、必要換気量、メンタルヘルスケア、健康保持増進計画・健康測定、情報機器作業における労働衛生管理のためのガイドライン、労働衛生統計、労働者の心の健康の保持増進のための指針、一次救命処置、食中毒、出血および止血法、熱傷、脳血管障害および虚血性心疾患についてです。

新傾向の問題が出題される場合がありますが、他の受験生も同じ条件ですから、解けなくても気にしないことが肝心です。

● 労働衛生分野（有害）

出題頻度が高いのは、有害物質の空気中での状態、特殊健康診断、有機溶剤、金属による健康障害、化学物質による健康障害、作業環境測定・評価、局所排気装置、有害因子による健康障害、騒音による健康障害です。

新傾向の問題は少ないです。難易度は高いですが、テキストの重要箇所を確実に暗記すれば得点源にしやすい科目です。

● 労働生理分野

心臓の働きと血液の循環、血液、呼吸、消化器（特に肝臓、腎臓）、神経、筋肉、視覚、内分泌等の人体のしくみや医学的な内容について問われます。内容は比較的わかりやすく、学習したことがそのまま試験に出る場合が多いので、確実に理解・暗記してこの科目で点数を稼ぎましょう。

■ 「解きながら読む＋模擬試験＋チェック」で攻略！

本書は、最短合格を可能にするため、第1種衛生管理者試験の知識体系を一から解説するのではなく、合格に必要な頻出テーマに絞って構成しています。

「会社から合格するように言われているものの、業務が忙しく試験日まで時間がない」「勉強が好きではないのでなるべく効率よく合格したい」という方も多いのではないでしょうか。

本書では、次の3ステップの学習方法を提案します。もちろん、必ずこの方法で学習する必要はありません。試験まで時間のある方は各ステップに十分な時間をかけて、より確実に合格を目指すとよいでしょう。

STEP1 問題を解きながら集中して最後まで読む

すでに知識があり、知っているテーマは読まなくてもかまいません。知識のある方は一問一答から解き始めて、わからない部分だけ本文で確認していきましょう。

時間がなく、最短合格を目指している方は、集中して解説を最初から読み、一問一答を解きながら読み進めるようにしてください。本文で解説した知識をすぐに確認・定着できるよう一問一答を豊富に配置しているため、効率的な学習が可能となっています。

STEP2 模擬試験にチャレンジして間違えたところを復習

本書の第6章には全部で44問、3時間の模擬試験を収録しています。試験の重要論点をカバーするよう厳選して出題していますので、間違いや理解不足のテーマがあれば、すぐに該当するページに戻って復習しましょう。時間のある方は試験直前にもう一度解いてみましょう。

STEP3 理解不足のテーマや間違えた問題を最終確認

最後は試験直前の最終チェックです。自分が十分に理解できていない・苦手だと思うテーマや、これまで間違えた一問一答・模擬試験の問題を確認して試験本番に臨みましょう。

■ 過去問演習で合格を確実に！

本書だけでは知識の定着が不安な方や、より高得点を狙って合格したい方は、過去問演習を行いましょう。回数としては、直近3回分を解くのがおすすめです。試験実施団体の安全衛生技術試験協会のサイトでは2回分の問題が入手できますが、インターネット上で問題・解説を公開しているサイトもあります。

また、私が解説した『これで完成！村中一英の第1種衛生管理者過去7回本試験問題集』（KADOKAWA）も刊行されていますので、ぜひ活用してください。

> 合格基準は6割です。
> 本書で必修ポイントをマスターして
> 合格をつかみ取りましょう！

目次

★ ～ ★★★ は重要度を 3 段階で示しています。

❶は有害業務に係るテーマを示しています。

第 1 章　職場の安全衛生管理体制とは？

第 2 章　労働生理

第3章　労働衛生

第**4**章　労働安全衛生法および関係法令

第5章　労働基準法

第6章　実力チェック！第1種衛生管理者模擬試験

```
──── 凡例 ────
労働安全衛生法………安衛法
労働安全衛生法施行令………安衛令
労働基準法………労基法
```

本書は、原則として 2023 年 12 月時点の情報をもとに原稿執筆・編集を行っています。試験に関する最新情報は、公益財団法人安全衛生技術試験協会のウェブサイト等でご確認ください。

執筆協力 ─────────── 社会保険労務士・第1種衛生管理者
　　　　　　　　　　　　　井出千鶴（社会保険労務士法人ガーディアン）

本文デザイン ────────── Isshiki

本文 DTP ─────────── 協同プレス

本文イラスト ────────── 寺崎愛

第1章

職場の安全衛生
管理体制とは？

労働安全衛生法は、職場における労働者の安全と健康を確保するとともに、快適な職場環境を形成する目的で制定された法律です。
この章では、職場の安全衛生管理に欠かせない衛生管理者や産業医、安全衛生推進者・衛生推進者の役割や衛生委員会といった組織について学びます。

カテゴリ

✓ 安全衛生管理体制

1 総括安全衛生管理者

重要度 ★★★

☑ ☑ ☑

総括安全衛生管理者とは、職場における安全および衛生を実質的に統括管理する最高責任者です。

合格のツボ

①総括安全衛生管理者には、事業の実施を統括管理する者を選任する必要があります。

②選任義務があるのは、常時100人以上の労働者を使用する事業場です。

✓ 総括安全衛生管理者とは？

　労働安全衛生法では、下表に示す一定の規模以上の事業場について、事業を実質的に統括管理する者を総括安全衛生管理者として選任しなければなりません。総括安全衛生管理者は安全管理者、衛生管理者を指揮すると同時に、労働者の危険または健康障害を防止するための措置等を統括管理することになっています。

● 総括安全衛生管理者の選任を必要とする事業場

	業種の区分	労働者数
①屋外産業的業種	林業、鉱業、建設業、運送業、清掃業 （リン・コウ・ケン・ウン・セイで覚える！）	常時100人以上
②屋内産業的業種 　工業的業種	製造業（物の加工業を含む）、電気業、ガス業、熱供給業、水道業、通信業、各種商品卸売業、家具・建具・じゅう器等卸売業、各種商品小売業（百貨店）、家具・建具・じゅう器等小売業、燃料小売業、旅館業、ゴルフ場業、自動車整備業、機械修理業	常時300人以上
③屋内産業的業種 　非工業的業種	その他の業種（金融業、保険業、医療業等）	常時1,000人以上

※常時使用する労働者：日雇労働者、パートタイマー等の臨時的労働者の数を含めて、常態として使用する労働者

☑ここをチェック

総括安全衛生管理者は、業種の区分によりそれぞれ常時労働者を100人以上、300人以上、1,000人以上使用する場合に1人選任する必要があります。

　事業者は、総括安全衛生管理者を選任すべき事由が発生した日から**14日以内**

に選任し、遅滞なく選任報告書を所轄労働基準監督署長へ提出しなければなりません。また、旅行、疾病、事故等の事由で職務を行うことができないときは、代理者を選任する必要があります。

✓ 資格と職務

　総括安全衛生管理者には、事業の実施を統括管理する者、たとえば工場長などを充てなければなりません。その職務は次のとおりです。
① 衛生管理者等の指揮
② 労働者の危険または健康障害を防止するための措置に関すること
③ 労働者の安全または衛生のための教育の実施に関すること
④ 健康診断の実施その他健康の保持増進のための措置に関すること
⑤ 労働災害の原因の調査および再発防止対策に関すること
⑥ 厚生労働省令で定める、安全衛生に関する方針の表明、危険性・有害性等の調査およびその結果に基づき講じる措置、安全衛生に関する計画の作成・実施等

✓ 都道府県労働局長の勧告

　都道府県労働局長は、労働災害を防止するために必要があると認めるときは、総括安全衛生管理者の業務の執行について、事業者に勧告できます。

✎ 受かる！ 一問一答

Q1 □□ 常時 400 人の労働者を使用する旅館業の事業場において、総括安全衛生管理者を選任していないことは法令に違反しない。

Q2 □□ 総括安全衛生管理者は、選任すべき事由が発生した日から 21 日以内に選任しなければならない。

Q3 □□ 総括安全衛生管理者は、事業場においてその事業の実施を統括管理する者に準ずる者を充てることができる。

A1 ✕ 旅館業の事業場では、常時 300 人以上の労働者を使用する場合は、総括安全衛生管理者を選任しなければならない。

A2 ✕ 「21 日以内」ではなく、「14 日以内」であるので、誤り。

A3 ✕ 総括安全衛生管理者は、当該事業場においてその事業の実施を統括管理する者をもって充てなければならない。

2 衛生管理者

重要度 ★★★

☑ ☑ ☑

衛生管理者は、事業場の衛生全般について管理を行います。

合格のツボ

業種を問わず、常時 50 人以上の労働者が働いている場合、一定の規模に応じた人数以上の衛生管理者を選ぶ必要があります。

✓ 選任と報告

事業者は、業種を問わず、常時 50 人以上の労働者を使用する事業場ごとに所定の数の衛生管理者を選任しなければなりません。また、事業者は、選任すべき事由が発生した日から 14 日以内に選任し、遅滞なく選任報告書を所轄労働基準監督署長へ提出しなければなりません。衛生管理者が旅行、疾病、事故等の事由によって職務を行うことができないときは、代理者を選任しなければなりません。

● 衛生管理者の最低選任数

事業場の規模（常時使用する労働者数）	最低選任数
50 人以上　〜　200 人以下	1 人
200 人超（201 人以上）〜　500 人以下	2 人
500 人超（501 人以上）〜 1,000 人以下	3 人
1,000 人超（1,001 人以上）〜 2,000 人以下	4 人
2,000 人超（2,001 人以上）〜 3,000 人以下	5 人
3,000 人超（3,001 人以上）	6 人

☑ここをチェック

都道府県労働局長は、必要であると認めるときは、地方労働審議会の議を経て、衛生管理者を選ぶ必要がない2つ以上の事業場が同じ地域にある場合、共同して衛生管理者を選任すべきことを勧告できます。

✓ 専属と専任

衛生管理者は、専属である必要があります。ただし、2 人以上選任する場合で、

その中に**労働衛生コンサルタント**がいるときは、その労働衛生コンサルタントのうち1人について、専属である必要はありません。

○衛生管理者　　●労働衛生コンサルタント

○　○	2人とも専属
○　●	○は専属、●は専属でなくてよい
○　●　●	●のうち1人は専属でなくてよい

☑ここをチェック

「専属」とは、その事業場にしか勤務していない従業員をいいます。
「専任」とは、衛生管理者の業務にだけ従事している従業員をいいます。

　以下の事業場では、衛生管理者のうち少なくとも1人を専任とする必要があります。
① 常時**1,000**人を超える労働者を使用する事業場
② 常時**500**人を超える労働者を使用する事業場で、坑内労働または一定の健康上有害な業務に常時**30**人以上の労働者を働かせている事業場

　また、②の事業場のうち、坑内労働、多量の高熱物体（たとえば、溶融された鉱物など）を取り扱う業務および著しく暑熱な場所における業務、有害放射線にさらされる業務等一定の業務に常時**30**人以上の労働者を働かせている場合、衛生管理者のうち1人を衛生工学衛生管理者免許を受けた者から選任しなければなりません。なお、この業務に多量の低温物体を取り扱う業務および著しく寒冷な場所における業務は含まれていません。

✓ 資格・職務と増員・解任命令

　衛生管理者は次ページ表の業種の区分に応じ、それぞれの資格を有する者の中から選任します。
　また、衛生管理者の職務は、①総括安全衛生管理者が統括管理する職務のうち衛生に関する技術的事項の管理、②少なくとも**毎週1回**作業場等を巡視し、設備、**作業方法**または衛生状態に有害のおそれがあるときは、**直ちに**労働者の健康障害を防止するため必要な措置を講じることです。
　労働基準監督署長は、労働災害を防止するため必要があると認めるときは、事業者に対して衛生管理者の**増員**または**解任**を命じることができます。

● 業種の区分と資格

業種	資格
農林畜水産業、鉱業、建設業、製造業（物の加工業を含む）、電気業、ガス業、水道業、熱供給業、運送業、自動車整備業、機械修理業、医療業、清掃業	第1種衛生管理者免許 医師、歯科医師、労働衛生コンサルタント等 衛生工学衛生管理者免許
その他の業種	第1種衛生管理者免許 第2種衛生管理者免許 医師、歯科医師、労働衛生コンサルタント等 衛生工学衛生管理者免許

🖊 受かる！ 一問一答

Q1 □□　労働者の健康を確保するため必要があると認めるとき、事業者に対し、労働者の健康管理等について必要な勧告をすることは、衛生管理者の業務である。

Q2 □□
（有害）　常時800人の労働者を使用する製造業の事業場で多量の低温物体を取り扱う業務に60人が従事している場合、衛生管理者のうち少なくとも1人を、衛生工学衛生管理者免許を受けた者から選任しなければならない。

Q3 □□　常時600人の労働者を使用する製造業の事業場では、衛生管理者は3人以上選任しなければならないが、当該衛生管理者のうち1人については、この事業場に専属ではない労働衛生コンサルタントのうちから選任することができる。

A1 ✕　事業者に対し必要な勧告をすることは衛生管理者の業務に含まれていない。

A2 ✕　「多量の低温物体を取り扱う業務」ではなく、「多量の高熱物体を取り扱う業務」であるので誤り。

A3 ○　労働衛生コンサルタントは専属である必要はない。

3 産業医

重要度 ★★★

産業医は、事業者の指揮監督の下で労働者の健康管理等を行います。

合格のツボ

①事業場ごとの労働者数が 50 人以上の場合、産業医を選任しなければなりません。
②産業医は、少なくとも毎月 1 回（一定の場合、2 カ月に 1 回）以上の巡視義務があります。

✓ 選任と報告

事業者は、業種を問わず、常時 50 人以上の労働者が働いている事業場ごとに、医師の中から産業医を選任しなければなりません。

また、常時 3,000 人を超える労働者を使用する事業場では、2 人以上の産業医を選任する必要があります。事業者は選任すべき事由が発生した日から 14 日以内に選任し、遅滞なく選任報告書を所轄労働基準監督署長へ提出しなければなりません。

● 産業医の選任数

事業場の規模（常時使用する労働者数）	産業医選任数
50 人以上 3,000 人以下	1 人以上
3,000 人を超える場合	2 人以上

また、産業医は医師であって、以下のいずれかの要件を備えた者でなければなりません。
① 厚生労働大臣が指定する研修を修了した者
② 試験の区分が保健衛生である労働衛生コンサルタント試験に合格した者
③ 大学において労働衛生に関する科目を担当する教授、准教授、常勤講師であり、またはあった者
④ その他厚生労働大臣が定める者

さらに、産業医は、法人の代表者、事業を営む個人（以上、事業場の運営に利害関係を有しない者を除く）、事業の実施を統括管理する者以外から選任しなければなりません。

✓ 専属とその職務

産業医は、①常時 1,000 人以上の労働者が従事している事業場、②一定の有害な業務に常時 500 人以上の労働者が従事している事業場については、専属の者を選ぶ必要があります。

産業医の職務は以下のとおりです。
① 健康診断の実施等
② 長時間労働者（残業時間数が月 80 時間超であって疲労の蓄積が認められる者）に対する面接指導等
③ ストレスチェックの実施等
④ 作業環境の維持管理と改善
⑤ 作業の管理
⑥ 健康教育、健康相談等の健康の保持増進を図るための措置
⑦ 衛生教育
⑧ 労働者の健康障害の原因の調査および再発防止のための措置
⑨ 作業場の巡視

産業医は、少なくとも毎月１回（事業者から衛生管理者が行う巡視の結果等の情報提供を受けており、事業者の同意を得ているときは、少なくとも 2 カ月に 1 回）以上作業場等を巡視して、作業方法または衛生状態に有害のおそれがあるときは、直ちに、労働者の健康障害を防止するため必要な措置を講じる必要があります。

✓ 産業医の権限等

産業医は、労働者の健康管理等を行うために必要な医学に関する知識に基づいて、誠実に職務を行う必要があります。

また、労働者の健康を確保するため必要があると認めるときは、事業者に対し、労働者の健康管理等について必要な勧告ができます。この場合、事業者は当該勧告を尊重しなければならず、勧告の内容および勧告を踏まえて講じた措置の内容

（措置を講じない場合はその旨および理由）を記録し、**3年間保存**しなければなりません。

　さらに、健康診断の実施等自己の職務に関する事項について、**総括安全衛生管理者**に対して勧告し、または**衛生管理者**に対して指導し、もしくは助言ができます。

● **有害業務に係る衛生管理者と産業医の専任および専属**

	衛生管理者	産業医
事業場の規模	常時500人を超え、以下の業務に常時30人以上が従事（専任）	常時、有害業務に500人以上が従事（専属）
業務	①坑内労働 ②多量の高熱物体を取り扱う業務、著しく暑熱な場所における業務 ③多量の低温物体、著しく寒冷な場所における業務 ④ラジウム放射線、エックス線その他の有害放射線にさらされる業務 ⑤土石、獣毛等のじんあいや粉末が著しく飛散する場所における業務 ⑥異常気圧下における業務 ⑦削岩機、鋲打機等の使用によって身体に著しい振動を与える業務 ⑧重量物の取り扱い等重激な業務 ⑨強烈な騒音を発する場所における業務 ⑩鉛、水銀、クロム、砒素、黄りん等の有害物の粉じん、蒸気、ガスを発散する場所における業務 ⑪その他厚生労働大臣の指定する業務	左記の業務に以下の業務を合わせたもの ①深夜業を含む業務 ②水銀、砒素、黄りん等に準ずる有害物を取り扱う業務 ③病原体による汚染のおそれが著しい業務

✓**ここをチェック**

表中の衛生管理者における①、②、④、⑤、⑥、⑩の業務に常時30人以上の労働者を従事させる事業場では、衛生管理者のうち1人を衛生工学衛生管理者免許を受けた者から選任しなければなりません。

✓ 産業医の独立性、中立性の強化

産業医を選任した事業者は、産業医に対し、労働者の労働時間に関する情報その他の産業医が労働者の健康管理等を適切に行うために必要な情報を提供し、労働者の健康管理等に関する措置を行うことができる権限を与えなければなりません。

また、産業医が労働者の健康管理等についての勧告をしたこと、または健康診断の実施等自己の職務に関する事項についての勧告、指導もしくは助言をしたことを理由として、解任その他不利益な取扱いをしてはいけません。

✓ 衛生委員会または安全衛生委員会への報告

事業者は、産業医から労働者の健康管理等についての勧告を受けたときは、当該勧告の内容その他一定の事項を衛生委員会または安全衛生委員会に報告しなければなりません。

また、産業医が辞任したときまたは産業医を解任したときは、遅滞なく、その旨および理由を衛生委員会または安全衛生委員会に報告しなければなりません。

✓ 周知義務

産業医を選任した事業者は、その事業場における産業医の業務の内容その他の産業医の業務に関する以下の事項を常時、各作業場の見やすい場所に掲示し、または備え付ける等の方法によって労働者に周知させなければなりません。ただし、常時使用する労働者が 50 人未満の事業場は、努力義務とされています。

① 事業場における産業医の業務の具体的な内容
② 産業医に対する健康相談の申出の方法
③ 産業医による労働者の心身の状態に関する情報の取扱いの方法

✏ 受かる！　一問一答

Q1 ☐☐　産業医は、労働者の健康管理等を行うのに必要な医学に関する知識について一定の要件を備えた医師のうちから選任しなければならない。

Q2 ☐☐　常時 3,000 人を超える労働者を使用する事業場では、2 人以上の産業医を選任しなければならない。

Q3 ☐☐
（有害）　常時 800 人の労働者を使用する製造業の事業場で深夜業を含む業務に 500 人が従事する場合、産業医はこの事業場に専属の者を選任しなければならない。

Q4 ☐☐　産業医は少なくとも 3 カ月に 1 回作業場などを巡視し、作業方法や衛生状態に有害のおそれがあるときは、必要な措置を講じなければならない。

Q5 ☐☐　常時使用する労働者数が 50 人以上の事業場において、厚生労働大臣の指定する者が行う産業医研修の修了者等の所定の要件を備えた医師であっても、当該事業場においてその事業を統括管理する者は、産業医として選任することはできない。

A1　○　産業医は医師であり、かつ一定の要件を備えている必要がある。

A2　○

A3　○　産業医は、①常時 1,000 人以上の労働者を使用する事業場や②一定の有害な業務に常時 500 人以上の労働者を従事させる事業場においては、その事業場に専属の者を選任しなければならない。②の一定の有害な業務には、深夜業が含まれることに注意すること。

A4　✕　「少なくとも 3 カ月に 1 回」ではなく、「少なくとも 1 カ月に 1 回（事業者から衛生管理者が行う巡視の結果等の情報提供を受けており、事業者の同意を得ているときは、少なくとも 2 カ月に 1 回）」であるため誤り。

A5　○　産業医は、次に掲げる者（①および②にあっては、事業場の運営について利害関係を有しない者を除く）以外の者のうちから選任しなければならない。
　　　①事業者が法人の場合にあっては当該法人の代表者
　　　②事業者が法人でない場合にあっては事業を営む個人
　　　③事業場においてその事業の実施を統括管理する者

4 安全衛生推進者・衛生推進者

重要度 ★★★

☑ ☑ ☑

安全管理者および衛生管理者の選任が義務づけられていない小規模な職場で労働者の安全や健康の確保を行う人をいいます。

合格のツボ

①常時 10 人以上 50 人未満が働く職場では、安全衛生推進者（安全管理者の選任対象外の業種では衛生推進者）を選任します。

②これらの選任については、周知義務がありますが、報告書の提出は不要です。

✓ 選任と周知

　事業者は、常時 10 人以上 50 人未満の労働者を使用する事業場ごとに安全管理者を選任すべき業種（屋外・工業的業種）の事業場では安全衛生推進者を、非工業的業種の職場では衛生推進者を選任しなければなりません。ここでいう安全管理者とは、一定の業種と規模の事業場で安全衛生業務のうち、安全に関する技術的事項を管理する者のことです。

　事業者は、選任すべき事由が発生した日から 14 日以内に選任し、安全衛生推進者または衛生推進者の氏名を作業場の見やすい箇所に掲示する等の方法により、関係労働者に周知する必要があります。

● 安全衛生管理体制

✔ 原則として専属となる

安全衛生推進者および衛生推進者は、原則として専属の者を選任しなければなりません。しかし、**労働安全コンサルタント**、**労働衛生コンサルタント**等から選任するときは、専属である必要はありません。

☑ここをチェック

安全衛生推進者と衛生推進者には、作業場等の巡視義務はありません。

🖊 受かる！ 一問一答

Q1 ☐☐ 事業者は、安全衛生推進者を選任すべき事由が発生した日から 21 日以内に選任し、遅滞なく、選任報告書を所轄労働基準監督署長へ提出しなければならない。

Q2 ☐☐ 常時 40 人の労働者を使用する製造業の事業場では、衛生推進者を 1 人以上選任しなければならない。

Q3 ☐☐ 衛生推進者は、少なくとも毎週 1 回作業場等を巡視し、設備、作業方法または衛生状態に有害のおそれがあるときは、直ちに、労働者の健康障害を防止するため必要な措置を講じなければならない。

A1 ✕ 安全衛生推進者の選任報告書を遅滞なく所轄労働基準監督署長へ提出する必要はない。選任後は、その者の氏名を作業場の見やすい箇所に掲示する等により関係労働者に周知させなければならない。

A2 ✕ 「衛生推進者」ではなく、「安全衛生推進者」であるので誤り。安全管理者の選任対象外の業種の場合に衛生推進者を選任しなければならない。

A3 ✕ 安全衛生推進者および衛生推進者には作業場等の巡視義務はないので誤り。

5 衛生委員会

衛生委員会は、職場の衛生に関することを調査・審議し、事業者に意見を述べる組織です。

重要度 ★★★

☑ ☑ ☑

 合格のツボ

①すべての業種で常時50人以上の労働者を使用する事業場ごとに、衛生委員会を設けなければなりません。
②衛生委員会は毎月1回以上開催し、議事録は3年間保存しなければなりません。

✓ 設置と調査審議事項

事業者は、業種を問わず、常時50人以上の労働者を使用する事業場ごとに衛生に関する一定の事項を調査審議させ、事業者に対して意見を述べさせるため、衛生委員会を設けなければなりません。

衛生委員会は、次の事項を調査・審議し、事業者に対して意見を述べます。
① 労働者の健康障害を防止するための基本となるべき対策
② 労働者の健康の保持増進を図るための基本となるべき対策
③ 労働災害の原因および再発防止対策で、衛生に係るもの
④ ① 〜③のほか、健康障害の防止および健康の保持増進に関する重要事項

なお、④には、(1)衛生に関する規程の作成に関すること、(2)危険性または有害性等の調査およびその結果に基づき講ずる措置のうち、衛生に係るものに関すること、(3)リスクアセスメント対象物に労働者がばく露される程度を最小限度とするために講ずる措置（ばく露の程度の低減措置）に関すること、(4)リスクアセスメント対象物健康診断の結果に基づき講じた措置に関すること、(5)長時間にわたる労働による労働者の健康障害の防止を図るための対策の樹立に関すること等が含まれます。

✓ 構成

衛生委員会の委員は、次の者で構成されています。衛生管理者と産業医は専属でなくてもかまいません。
① 総括安全衛生管理者または総括安全衛生管理者以外の者で当該事業場においてその事業の実施を統括管理する者、もしくはこれに準ずる者（副所長、副工場長等）のうちから事業者が指名した者（議長を選出）
② 衛生管理者から事業者が指名した者
③ 産業医から事業者が指名した者
④ 衛生に関して経験を有する者のうちから事業者が指名した者

✓ここをチェック
①議長を除く半数の委員は、労働者の過半数で組織する労働組合（労働組合がない場合は、労働者の過半数を代表する者）の推薦により事業者が指名します。
②事業者は、当該事業場の労働者で、作業環境測定士である者を衛生委員会の委員として指名できます。

● 衛生委員会

> 業種を問わず、常時50人以上の労働者を使用する
> 事業場ごとに衛生委員会を設置します。

✓ 開催および周知と記録の保存

　事業者は、安全委員会、衛生委員会または安全衛生委員会を毎月1回以上開催しなければなりません。また、事業者は、衛生委員会を開催するたびに、遅滞なく委員会の議事の概要を以下のいずれかの方法で労働者に周知させなければなりません。
① 常時各作業場の見やすい場所に掲示して、または備え付けること
② 書面を労働者に交付すること
③ 磁気テープ、磁気ディスクその他これらに準ずる物に記録し、かつ、各作業場に労働者が当該記録の内容を常時確認できる機器を設置すること

そして、安全委員会、衛生委員会または安全衛生委員会における議事で重要なものに関する記録を作成して、これを**3年間保存**しなければなりません。

なお、産業医は、衛生委員会または安全衛生委員会に対し、**労働者の健康を確保する観点から**、必要な調査審議を求めることができます。

🖊 受かる！ 一問一答

Q1 ☐☐ 衛生委員会の付議事項には、長時間にわたる労働による労働者の健康障害の防止を図るための対策の樹立に関することが含まれる。

Q2 ☐☐ 衛生委員会の議長は、原則として、総括安全衛生管理者または総括安全衛生管理者以外の者で当該事業場においてその事業の実施を統括管理する者もしくはこれに準ずる者のうちから事業者が指名した委員がなる。

Q3 ☐☐ 衛生委員会の開催のつど、遅滞なく、委員会における議事の概要を、書面の交付等一定の方法によって労働者に周知させなければならない。

Q4 ☐☐ 衛生委員会の委員として指名する産業医は、事業場の規模にかかわらず、その事業場に専属の者でなければならない。

Q5 ☐☐ 衛生委員会の議長を除く委員の過半数については、事業場に労働者の過半数で組織する労働組合がないときは、労働者の過半数を代表する者の推薦に基づき指名しなければならない。

Q6 ☐☐ 衛生委員会は、毎月1回以上開催するようにし、重要な議事に係る記録を作成して、5年間保存しなければならない。

A1 ◯

A2 ◯

A3 ◯ 衛生委員会における議事の概要は、書面の交付等一定の方法によって労働者に周知させなければならない。

A4 ✕ 事業者が指名した産業医であれば、専属でなくてもよい。

A5 ✕ 「衛生委員会の議長を除く委員の過半数」ではなく、「衛生委員会の議長を除く委員の半数」であるので誤り。

A6 ✕ 「5年間」ではなく、「3年間」であるので誤り。

6 作業主任者

重要度 ★★★

✓ ✓ ✓

作業主任者は、危険有害な作業の管理監督を行います。

合格のツボ

作業主任者は、労働災害を防止するための管理が必要な一定の作業について、作業区分に応じて選任が義務づけられています。

✓ 選任と周知

　事業者は、高圧室内作業など、労働災害を防止するための管理を必要とする作業で、政令で定めるものについては、作業の区分に応じて、作業主任者を選任しなければなりません。

　また、選任した作業主任者の氏名とその者に行わせる事項を作業場の見やすい箇所に掲示するなどして、関係労働者に周知させなければなりません。

✓ここをチェック

作業主任者の選任について、所轄労働基準監督署長への報告書の提出は不要です。

✓ 資格とその職務

　作業主任者は、作業の区分に応じて、次のいずれかに該当する者でなければなりません。
① 都道府県労働局長の免許を受けた者
② 都道府県労働局長の登録を受けた者が行う技能講習を修了した者

　作業主任者の職務は、労働災害を防止するための管理を必要とする作業に従事する労働者の指揮のほか、使用する機械等の点検や機械等に異常が認められるときに必要な措置を取ること、安全装置等の使用状況の監視等です。

● 作業主任者の選任が必要な作業・不要な作業と資格要件

		選任が必要	選任が不要
資格要件	免許	・高圧室内作業 ・エックス線装置を使用する放射線業務（医療用を除く） ・ガンマ線照射装置を用いて行う透過写真撮影の作業	・特定粉じん作業 ・騒音を発生する作業 ・レーザー光線による金属加工作業 ・廃棄物焼却作業 ・立木の伐採（チェーンソーを用いる）作業 ・潜水作業 ・試験研究の目的で特定化学物質・有機溶剤を取り扱う作業 ・自然換気が不十分な、はんだ付け作業等 ・セメント製造工程においてセメントを袋詰めする作業
	技能講習	・特定化学物質を製造し、または取り扱う作業（金属アーク溶接等作業） ・鉛業務に係る作業（換気が不十分な場所でのはんだ付け作業等、遠隔操作の場合は除く） ・四アルキル鉛等業務 ・酸素欠乏危険場所での作業（ドライアイスを使用している冷蔵庫の内部の作業など） ・有機溶剤等を製造し、または取り扱う業務 ・石綿等を取り扱う作業（試験研究のために取り扱う作業を除く）、または試験研究のための石綿等の製造	

☑ここをチェック

石綿を取り扱う作業において、試験研究のために取り扱う際には作業主任者講習は不要ですが、試験研究のために製造するには講習が必要となります。

受かる！ 一問一答

Q1 ☐☐ 潜水作業については、法令上、作業主任者を選任しなければならない。

Q2 ☐☐ セメント製造工程においてセメントを袋詰めする作業は、法令上、作業主任者を選任しなければならない。

Q3 ☐☐ 製造工程において硝酸を用いて行う洗浄作業については、法令上、作業主任者を選任しなければならない。

Q4 ☐☐ 試験研究業務として塩素を取り扱う作業については、法令上、作業主任者を選任しなければならない。

Q5 ☐☐ 石炭を入れてあるホッパー（セメント、砂利等を一時貯蔵する漏斗型の装置）の内部における作業は、法令上、作業主任者を選任しなければならない。

Q6 ☐☐ 高圧室内作業主任者の資格は、労働安全衛生法に基づく技能講習を修了することによって取得できる。

Q7 ☐☐ 石綿作業主任者の資格は、労働安全衛生法に基づく技能講習を修了することによって取得できる。

A1 ✕ 潜水作業については、作業主任者の選任は不要であるので誤り。

A2 ✕ 作業主任者の選任は義務付けられていない。

A3 〇 硝酸、アンモニア、塩化水素といった第3類物質でも、特定化学物質を製造し、または取り扱う作業については、法令上、作業主任者を選任しなければならない。

A4 ✕ 塩素は特定化学物質の第2類物質だが、試験研究として取り扱う作業の場合は作業主任者の選任は不要であるので誤り。

A5 〇 酸素欠乏危険作業主任者を選任すべき作業である。

A6 ✕ 高圧室内作業主任者の資格は、高圧室内作業主任者免許試験に合格することによって取得できるため誤り。

A7 〇

受験申請書の請求について

　第1種衛生管理者の受験申請書は、公益財団法人安全衛生技術試験協会の本部や各地のセンター、各受験申請書取扱機関にて無料配布しており、郵送でも請求することが可能です。

　窓口での配布時間は8：30 〜 17：00〔土曜日、日曜日、国民の祝日・休日、年始年末（12月29日〜1月3日）および設立記念日（5月1日）を除く〕となっています。詳細については、公益財団法人安全衛生技術試験協会のウェブサイトにてご確認ください。

● 本部・各センターの一覧

・公益財団法人 安全衛生技術試験協会 〒 101-0065　東京都千代田区西神田 3-8-1 千代田ファーストビル東館 9 階 TEL：03-5275-1088	・中部安全衛生技術センター 〒 477-0032 愛知県東海市加木屋町丑寅海戸 51-5 TEL：0562-33-1161
・北海道安全衛生技術センター 〒 061-1407 北海道恵庭市黄金北 3-13 TEL：0123-34-1171	・近畿安全衛生技術センター 〒 675-0007 兵庫県加古川市神野町西之山字 迎野 TEL：079-438-8481
・東北安全衛生技術センター 〒 989-2427 宮城県岩沼市里の杜 1-1-15 TEL：0223-23-3181	・中国四国安全衛生技術センター 〒 721-0955 広島県福山市新涯町 2-29-36 TEL：084-954-4661
・関東安全衛生技術センター 〒 290-0011 千葉県市原市能満 2089 TEL：0436-75-1141	・九州安全衛生技術センター 〒 839-0809 福岡県久留米市東合川 5-9-3 TEL：0942-43-3381

第2章

労働生理

この章では、衛生管理者試験で得点源となる人体の構造や機能について学びます。循環器系(心臓)、血液系、呼吸器系(肺)、運動器系、消化器系(胃、小腸、大腸、膵臓、肝臓)、腎臓・泌尿器系、神経系、内分泌・免疫・代謝系、感覚器系について解説しています。また、生体恒常性(ホメオスタシス)、疲労とその予防についても学習します。

カテゴリ

- ✓ 循環器系
- ✓ 血液系
- ✓ 呼吸器系
- ✓ 運動器系
- ✓ 消化器系
- ✓ 腎臓・泌尿器系
- ✓ 神経系
- ✓ 内分泌・免疫・代謝系
- ✓ 感覚器系
- ✓ 環境条件による人体の機能の変化
- ✓ 疲労とその予防

1 心臓

心臓は、血液を全身に送る握りこぶし大の臓器で、心筋という筋肉でできています。

重要度 ★★★

☑ ☑ ☑

合格のツボ

①動脈血は酸素や栄養素を多く含んだ血液、静脈血は二酸化炭素や老廃物を多く含んだ血液です。

②大動脈と肺静脈には動脈血が流れ、大静脈と肺動脈には静脈血が流れています。

✓ 心臓の構造

心臓は、血液を全身に送る握りこぶし大の臓器で、心筋という筋肉により構成されています。心筋は、人間の意志では動かせない**不随意筋**ですが、意志で動かせる随意筋と同じ**横紋筋**でできています。

①心臓の構造

右図のように、右心房、三尖弁(さんせんべん)、右心室、左心房、僧帽弁(そうぼうべん)、左心室から成っています。上部に心房、下部に心室があります。

②心臓の機能

心臓は全身に血液を循環させるポンプのような役割を果たしており、脳からの指令がなくても律動的に収縮と弛緩を繰り返し、心房で血液を集めて心室に送り、心室から血液を送り出します。

心臓が周期的に繰り返す収縮・弛緩運動を拍動(はくどう)といい、1分間の心臓の拍動数を**心拍数**(しんぱくすう)といいます。通常、成人で 60 ～ 80 回／分です。また、この際に血液が逆流を防止するための4つの弁（三尖弁、肺動脈弁、僧帽弁、大動脈弁）が拍動と協調して開閉します。

心臓自体は、大動脈の起始部より出る**冠動脈**によって、酸素や栄養素の供給を受けています。

③自律神経との関係

心臓の拍動は自律神経に支配され、右心房にある**洞房結節**(どうぼうけっせつ)からの電気信号で、収縮と拡張を繰り返します。心臓だけでなく、他の臓器も自律神経（交感神経・副交感神経）の支配を受けています。交感神経は運動時などに心臓の働きを促進し、副交感神経は休息時に心臓の働きを抑制します。

● 心臓の構造と血液循環

✔ 血液循環

①体循環

　心臓から送り出された血液が全身を巡って、また心臓に戻ってくる循環を体循環といいます。心臓の左心室から大動脈に入り、毛細血管を経て静脈血となり、大静脈を経て右心房へ戻るというルートをたどります。

②肺循環

　心臓から送り出され、全身を巡って右心房に戻ってきた血液は、今度は右心室から肺動脈を経て肺の毛細血管に入り、肺静脈を通って左心房に戻ります。

③動脈血と静脈血

　大動脈と肺静脈には酸素を多く含んだ動脈血が流れ、大静脈と肺動脈には二酸化炭素や老廃物を多く含んだ静脈血が流れています。

☑ここをチェック

大動脈・肺動脈といった動脈は心臓から出ていく血管で、大静脈・肺静脈といった静脈は心臓へ戻る血管と覚えましょう。

● 体循環と肺循環のルート

循環名	循環経路
体循環（大循環）	左心室→大動脈（酸素多）･･･ 全身 ･･･ 大静脈（酸素少）→右心房→右心室　⇒　肺循環へ
肺循環（小循環）	右心室→肺動脈（酸素少）･･･ 肺 ･･･ 肺静脈（酸素多）→左心房→左心室　⇒　体循環へ

受かる！ 一問一答

Q1 □□ 心臓の中にある洞結節（洞房結節）で発生した刺激が、刺激伝導系を介して心筋に伝わることにより、心臓は規則正しく収縮と拡張を繰り返す。

Q2 □□ 肺循環は、右心室から肺静脈を経て肺の毛細血管に入り、肺動脈を通って左心房に戻る血液の循環である。

Q3 □□ 体循環とは、左心室から大動脈に入り、静脈血となって右心房に戻ってくる血液の循環をいう。

Q4 □□ 大動脈および肺動脈を流れる血液は、酸素に富む動脈血である。

Q5 □□ 血圧は、血液が血管の側面を押し広げる力であり、高血圧の状態が続くと、血管壁の厚さは減少していく。

Q6 □□ 動脈硬化とは、コレステロールの蓄積などにより、動脈壁が肥厚・硬化して弾力性を失った状態であり、進行すると血管の狭窄や閉塞を招き、臓器への酸素や栄養分の供給が妨げられる。

A1 ○

A2 ✕ 「肺静脈」は「肺動脈」、「肺動脈」は「肺静脈」であるので誤り。

A3 ○

A4 ✕ 「肺動脈」ではなく、「肺静脈」であるので誤り。

A5 ✕ 高血圧の状態が続くと血管壁の厚さは「増加」していくので誤り。

A6 ○

2 血液の組織と機能

重要度 ★★★

✓ ✓ ✓

人体の血液量は、体重のおよそ8%（約13分の1）です。

合格のツボ
①血液中に占める赤血球の容積の割合をヘマトクリットといい、貧血になるとその値は低くなります。
②血液の凝固とは、血漿に含まれるフィブリノーゲン（線維素原）がフィブリン（線維素）に変化する現象のことです。

✓ 血液の組成

　人体の血液量は、体重のおよそ8%（約13分の1）を占めています。血液は、液体成分と有形成分に分けられ、**液体成分は約55%**、**有形成分は約45%**を占めています。

①液体成分

　血漿（けっしょう）とも呼ばれ、**アルブミン、グロブリン、フィブリノーゲンといったタンパク質**が含まれています。アルブミンは血漿中に最も多く含まれるタンパク質で、さまざまな物質を血液中で運搬するとともに浸透圧の維持に関与し、グロブリンは免疫物質の抗体を含みます。

● **血液の成分**

②有形成分

　赤血球、白血球、血小板があります。特徴は次のとおりです。

● 血液の成分の特徴

成分	割合	寿命	作用	男女差
赤血球	40%	120日	骨髄中で産生され、ヘモグロビンが酸素や炭酸ガスを運搬する	男性のほうが多い
白血球	0.1%	3～4日	体内への異物の侵入等を防御する	なし
血小板	4.9%	約10日	動脈血中に多く含まれ、止血作用がある	なし

✓ 赤血球

　細胞内にヘモグロビンを含み、酸素を運搬して組織に供給します。血液中に占める血球（主に赤血球）の容積の割合をヘマトクリットといい、通常、男性は45%、女性は40%ほどですが、貧血時はその値が小さくなります。

　ＡＢＯ式血液型は赤血球による血液型分類のひとつで、最も広く利用されています。赤血球にはA抗原[※1]とB抗原の２種類があり、A抗原を持つタイプをA型、B抗原を持つタイプをB型、A・B両方の抗原を持つタイプをAB型、いずれも持たないタイプをO型としています。

　一方、血清[※2]には抗A抗体[※3]と抗B抗体の２種類の抗体（抗原に対する自然抗体）があり、A型は抗B抗体、B型は抗A抗体、O型は抗A抗体と抗B抗体を持っていますが、AB型の血清にはいずれの抗体もありません。

　同種の凝集原（抗原）と凝集素（抗体）があることによって生じる反応を凝集反応といいます。たとえば、A型の血液とB型の血液が混ざるとA型が持つ抗原（A抗原）とB型が持つ抗A抗体が反応して凝集（固まること）したり、溶血により赤血球の破壊を起こしたりします。

（※1）抗原とは、赤血球の表面にあり免疫反応を引き起こす物質のことをいう。
（※2）血清とは、血漿からフィブリノーゲンを除いたものをいう。
（※3）抗体とは、抗原に特異的に結合する物質のことをいう。

● ABO式血液型

血液型	赤血球（抗原）	血清（抗体）
A型	A抗原	抗B抗体
B型	B抗原	抗A抗体
AB型	A抗原・B抗原	—
O型	—	抗A抗体・抗B抗体

✓ 白血球

　形態や機能などの違いにより、好中球、好酸球、好塩基球、リンパ球、単球などに分類されます。感染や炎症が起きると、白血球の数が増加します。好中球は、白血球の約 60% を占めています。好中球や単球等は偽足を出し、アメーバ様運動を行い、体内に侵入した細菌やウイルスを貪食（どんしょく）します。リンパ球は白血球の約 30% を占め、リンパ節、胸腺（きょうせん）、脾臓（ひぞう）のリンパ組織で増殖し、細菌や異物を認識する T リンパ球、抗体を産生（さんせい）する B リンパ球などの種類があります。

✓ 血小板

　血小板には止血作用があり、血管が損傷して血液が血管外に出ると、血液の凝固を促進する物質が放出され、血液の流出を抑えようとします。血液の凝固とは、血漿に含まれるフィブリノーゲン（線維素原）がフィブリン（線維素）に変化する現象です。

✐ 受かる！　一問一答

Q1 ☐☐　血液は、血漿（しょう）成分と有形成分から成り、血漿（しょう）成分は血液容積の約 55% を占める。

Q2 ☐☐　血漿（しょう）中のタンパク質のうち、アルブミンは血液の浸透圧の維持に関与している。

Q3 ☐☐　白血球のうち、好中球には、体内に侵入してきた細菌や異物を貪食する働きがある。

Q4 ☐☐　血小板のうち、リンパ球には、B リンパ球、T リンパ球などがあり、これらは免疫反応に関与している。

Q5 ☐☐　血液の凝固は、血漿（しょう）中のフィブリノーゲンがフィブリンに変化し、赤血球などが絡みついて固まる現象である。

A1 ○

A2 ○

A3 ○

A4 ✕　B 細胞（B リンパ球）、T 細胞（T リンパ球）などのリンパ球は、白血球の一部である。

A5 ○

3 肺

重要度 ★★★

☑ ☑ ☑

呼吸とは、生体が酸素を体内に取り込み、二酸化炭素を体外に排出するガス交換のことです。

合格のツボ

①呼吸運動は肺自体が動くのではなく、呼吸筋（肋間筋）と横隔膜の協調運動によって行われます。

②呼吸中枢は、脳の延髄にあります。

✓ 呼吸のしくみと働き

呼吸とは、人が酸素を体内に取り込み、二酸化炭素を体外に排出する行為をいいます。呼吸は外呼吸（肺呼吸）と内呼吸（組織呼吸）に分けられます。

①外呼吸

肺が酸素を取り入れ、不要となった二酸化炭素を排出する呼吸です。通常、呼吸という場合、外呼吸を指す場合が多いです。肺は、肋骨に囲まれた胸腔に左右一対あり、肺の表面と胸腔を胸膜が覆っています。肺自体が動くことはないため、外呼吸は、呼吸筋（肋間筋と横隔膜）が収縮と弛緩をすることで胸腔内の圧力を変化させ、肺を受動的に伸縮させることで行われます。

● 呼吸のしくみ

②内呼吸

血液と組織との間で行われるガス交換です。血液が運搬した酸素を体内の各組

織が取り込み、代謝で生じた二酸化炭素を血液中に排出します。

● 呼吸のしくみと働き

外呼吸	肺の内部で、空気中の酸素と血液中の二酸化炭素を交換すること
内呼吸	全身の毛細血管と各細胞組織との間で、酸素と二酸化炭素を交換する組織呼吸のこと

● 呼気と吸気

呼気	胸腔が締め付けられることにより内圧が高くなり、肺の中から押し出された空気をいう
吸気	胸郭内容積が増し、内圧が低くなるにつれ、鼻腔、気管などの気道を経て肺内へ流れ込む空気をいう

✓ 呼吸数

　呼吸中枢は脳の延髄にあり、血液中の二酸化炭素が増加すると刺激されて呼吸数が増加します。成人の呼吸数は通常、1分間に **16 ～ 20 回**で、食事、入浴や発熱により増加します。

🖊 受かる！ 一問一答

Q1 ☐☐ 呼吸運動は、主として肋間筋と横隔膜の協調運動によって胸郭内容積を周期的に増減し、それに伴って肺を伸縮させることにより行われる。

Q2 ☐☐ 肺胞内の空気と肺胞を取り巻く毛細血管中の血液との間で行われるガス交換は、内呼吸である。

Q3 ☐☐ 身体活動時には、血液中の窒素分圧の上昇により呼吸中枢が刺激され、1回の換気量および呼吸数が増加する。

Q4 ☐☐ 成人の呼吸数は、通常、1分間に 16 ～ 20 回であるが、食事、入浴、発熱によって減少する。

Q5 ☐☐ 呼吸に関与する筋肉は、間脳の視床下部にある呼吸中枢に支配されている。

- - - - - - - -

A1 ◯ 肺そのものが拡張・収縮するわけではない。

A2 ✕ 「内呼吸」ではなく、「外呼吸」であるので誤り。

A3 ✕ 「窒素分圧」ではなく、「二酸化炭素分圧」であるので誤り。

A4 ✕ 食事、入浴、発熱によって増加するので誤り。

A5 ✕ 「延髄」にある呼吸中枢によって支配されているので誤り。

4 筋とエネルギー

重要度 ★★★

筋肉は、筋細胞内の細長い円柱状または紡錘形の筋線維が集まってできており、横紋筋と平滑筋に分類されます。

合格のツボ

①心臓は横紋筋ですが、不随意筋です。
②酸素が不足すると、グリコーゲンが完全に分解されずに乳酸を発生させます。

✓ 筋の種類と働き

筋肉は大きく、横紋筋と平滑筋に分類されます。

横紋筋のほとんどは両端が腱になって骨に付着しており、身体を動かすときに使われるため、骨格筋と呼ばれています。また、人間の意志で動かせるため、随意筋ともいいます。

平滑筋は、主に内臓に存在することから内臓筋といい、また人間の意志で動かせないことから不随意筋とも呼ばれています。

- **筋肉の種類**

横紋筋	骨格筋	・随意筋（意志によって動かせる） ・運動神経が支配
	心筋	・不随意筋（意志によって動かせない）
平滑筋	内臓筋	・自律神経が支配

✓ 筋収縮の種類

筋肉の収縮には、ATP（アデノシン三リン酸）の加水分解によって得られるエネルギーが用いられます。筋肉や肝臓に存在するグリコーゲンに酸素が十分に与えられると、グリコーゲンが完全に分解されて最後は水と二酸化炭素になり、ATPが大量に供給されます。一方、酸素が不足すると、グリコーゲンが完全に分解されずに乳酸を発生させます。これが蓄積され、筋肉の働きを鈍くさせるといわれています。

筋肉は、神経から送られてくる刺激で収縮しますが、神経に比べて疲労しやすいという特徴があります。また、筋肉が収縮して出す最大筋力は、断面積1cm²あたりの平均値でみると、性差や年齢差はほとんどありません。

強い力を必要とする運動を続けていると、1本1本の筋線維が太くなることで筋肉が太くなり筋力が増強します（**筋肉の活動性肥大**）。

刺激に対して意識とは無関係に起こる定型的な反応を反射といい、四肢の皮膚に熱いものが触れたときなどに、その肢を体幹に近づけるような反射は屈曲反射と呼ばれます。

● 筋収縮の種類

等張性収縮	筋肉の長さを変えて、筋力を発生させる	短縮性収縮	物を持ち上げるとき
		伸張性収縮	物を下ろすとき
等尺性収縮	筋肉の長さを変化させずに、筋力を発生させる（直立の姿勢、情報機器作業※など）		

※情報機器作業とは、パソコンやタブレット端末等の情報機器を使用して、データの入力・検索・照合等、文章・画像等の作成・編集・修正等、プログラミング、監視等を行う作業をいいます

● 筋肉と仕事

引き上げることのできる重さ	筋肉の太さ（筋線維の数と太さ）に比例する
引き上げることのできる高さ	筋肉の長さ（筋線維の長さ）に比例する
最大力	筋肉が収縮しようとする瞬間
仕事量	負荷がかかる重さが適当なときに仕事量が最大となる
仕事の効率	収縮の速さが適当なときに効率が最も高い

受かる！ 一問一答

Q1 ☐☐ 筋肉中のグリコーゲンは、筋肉の収縮時に酸素が不足していると、水と二酸化炭素にまで分解されず乳酸になる。

Q2 ☐☐ 荷物を持ち上げたり屈伸運動をするとき、関節運動に関与する筋肉には、等尺性収縮が生じている。

Q3 ☐☐ 強い力を必要とする運動を続けていても、筋肉を構成する個々の筋線維の太さは変わらないが、その数が増えることによって筋肉が太くなり筋力が増強する。

A1 ◯ これが筋肉疲労現象の原因となる。

A2 ✕ 「等尺性収縮」ではなく、「等張性収縮」であるので誤り。

A3 ✕ 筋線維が太くなることで筋力が増強するので誤り。

第2章 労働生理

45

5 胃・小腸・大腸・膵臓

重要度 ★☆☆

✓ ✓ ✓

消化器は消化管と消化腺からなり、食物の摂取、消化、栄養分の吸収、老廃物の排泄という4つの機能があります。

合格のツボ

①小腸で、糖質はブドウ糖、脂肪はモノグリセリドと脂肪酸、タンパク質はアミノ酸に分解されます。

②タンパク質、脂肪、炭水化物（糖質）を3大栄養素といい、これにビタミン類、ミネラルを合わせて5大栄養素といいます。

✓ 消化器

①胃

上腹部にあり、食道につながる器官です。胃では、水分と栄養の吸収はほとんど行われません。

胃の壁にはペプシノーゲン、胃酸、粘液といった胃液を分泌する胃腺があります。ペプシノーゲンは、胃酸によって**ペプシン**という消化酵素になり、**タンパク質**を分解します。

②小腸

腹部にあり、胃に続く器官で、十二指腸、空腸、回腸に分類されます。小腸の表面はビロード状の絨毛（じゅうもう）という小突起で覆われており、栄養素を吸収する効率を上げるために役立っています。

ほとんどの栄養素は、小腸で分解・吸収されます。また、水分の80%も小腸で吸収されます。

小腸で、糖質は**ブドウ糖**、脂肪は**モノグリセリド**と脂肪酸、タンパク質は**アミノ酸**に分解されます。ブドウ糖とアミノ酸は絨毛の毛細血管に吸収された後、門脈を通り、肝臓に運ばれます。脂肪酸とモノグリセリドは絨毛から吸収された後、再び脂肪となり、リンパ管を通って血管に入り、肝臓に運ばれます。

③大腸

大腸は盲腸、結腸（けっちょう）、直腸、肛門からなる器官です。大腸は大腸液を分泌しますが、ほとんど消化酵素を含んでおらず、小腸までに消化された残りの消化物を移動させながら、水分などを内壁から吸収して固形物（糞便）にします。

④膵臓（すいぞう）

消化酵素を含む膵液を十二指腸に分泌する消化腺であり、血糖値を調節するホルモンを血液中に分泌する内分泌腺でもあります。膵液は、3大栄養素[タンパク質、脂肪、炭水化物（糖質）]の消化酵素をすべて含んでいます。

- ・タンパク質の分解酵素＝トリプシノーゲン
- ・脂質の分解酵素＝膵リパーゼ
- ・炭水化物（糖質）の分解酵素＝膵アミラーゼ

}膵液

● 消化器官の構成

口腔　　　　　　　　　　　　咽頭
食道
肝臓　　　　　　　　　　　　肝臓
胆のう　　　　　　　　　　　胃
十二指腸
膵臓　　　　　　　　　　　　大腸
盲腸　小腸　　　　　　　　　直腸
　　　虫垂　　　　　　　　　肛門

✓ 栄養素

　タンパク質、脂質、炭水化物（糖質）を3大栄養素といい、これにビタミン類、ミネラルを合わせて5大栄養素といいます。

　ほとんどの栄養素はそのままでは吸収されず、消化器官を通過する間に酵素によって分解され、吸収可能な形になります（化学的消化作用）が、水分、ビタミン、塩分、ブドウ糖はそのまま吸収されます。

①タンパク質

　内臓、筋肉、皮膚など、人体の臓器等を構成する主成分です。

②脂質

　体内でエネルギー源などとして使用されます。タンパク質や炭水化物（糖質）

と比べて、約2倍のエネルギーを産生します（1gで9kcal）。また、胆汁酸、ホルモン、細胞膜の原料にもなります。

③炭水化物（糖質）

体内でエネルギー源などとして使用されます。1gで4kcalのエネルギーを産生し、最後に二酸化炭素と水に分解されます。

● 栄養素のまとめ

栄養素	消化酵素による分解後の物質	吸収
タンパク質	アミノ酸	・小腸の腸壁で吸収される ・約20種類のアミノ酸が結合してできている
脂質	脂肪酸・モノグリセリド	・小腸の腸壁で吸収される ・十二指腸で胆汁と混ざり、乳化する
炭水化物（糖質）	ブドウ糖	・小腸の腸壁で吸収される ・肝臓でグリコーゲンとして貯蔵される
ビタミン	分解されない	・小腸の腸壁で吸収される
ミネラル	分解されない	・小腸の腸壁で吸収される

✏️ 受かる！ 一問一答

Q1 ☐☐ 三大栄養素のうち炭水化物（糖質）はブドウ糖などに、タンパク質はアミノ酸に、脂肪は脂肪酸とモノグリセリドに、酵素により分解されて吸収される。

Q2 ☐☐ ペプシノーゲンは、胃酸によってペプシンという消化酵素になり、タンパク質を分解する。

Q3 ☐☐ 膵臓から十二指腸に分泌される膵液には、消化酵素は含まれていないが、血糖値を調節するホルモンが含まれている。

A1 ○

A2 ○

A3 ✕ 膵液にはタンパク質分解酵素のトリプシノーゲン、脂質分解酵素の膵リパーゼ、炭水化物（糖質）分解酵素の膵アミラーゼなど3大栄養素の消化酵素をすべて含んでいるので誤り。

6 肝臓

肝臓は体内で最も大きい臓器で、有毒物質の解毒・分解を行い、再生能力を持ちます。

重要度 ★★★

合格のツボ

①胆汁は食物中の脂肪を乳化し、脂肪の分解を助けます。
②肝臓には、化学物質、アルコール、薬剤などの有害物質を分解し、無害な物質に変える働きがあります。

第2章 労働生理

✓ 肝臓の役割

　肝臓は上腹部の右側、横隔膜の下に、肋骨に守られるようにして位置しています（47 ページ図参照）。体内で最も大きい臓器で、重さは約 1.2kg あり、再生能力が高いことが特徴です。

①胆汁生成作用

　肝臓は、**アルカリ性**の消化液である**胆汁**を生成します。胆汁は胆のうで貯えられて、胆管から十二指腸に分泌されます。胆汁は消化酵素を含みませんが、食物中の**脂肪を乳化**し、脂肪の分解を助けます（脂肪分解作用）。

②代謝作用

　肝臓は、血糖値が上昇すると**グルコース**を**グリコーゲン**に変えて**貯蔵**し、血糖値が**低下**すると**グリコーゲン**を**グルコース**に分解して血中に**放出**し、血糖値を調整します。

　また、肝臓はアミノ酸からアルブミンやフィブリノーゲンなどの血液凝固物質やアンチトロンビンなどの血液凝固阻止物質等のタンパク質を合成します。

　さらに、脂肪酸を分解したり、コレステロールやリン脂質を合成したり、過剰なタンパク質や糖分を脂肪へ変換したりする働きもあります。

③解毒作用

　肝臓は、化学物質、アルコール（アセトアルデヒド）、薬剤などの有害物質を分解し、無害な物質に変えます。

● 肝臓の働き

働き	効果
胆汁生成作用	・胆汁を1日約1,000ml分泌する ・胆汁はアルカリ性の消化液で、消化酵素は含まないが、脂肪分解作用がある
代謝作用	・グリコーゲンの生成・分解（ブドウ糖 ⇔ グリコーゲン） ・アルブミン、フィブリノーゲン（血液凝固物質）などの血漿タンパク質の合成 ・アミノ酸の処理 ・脂肪酸の分解、コレステロールの合成
解毒作用	・血液中の有害物質を分解し、無害な物質に変える
貯蔵作用	・グリコーゲン、ビタミンA・D・Eなどを貯蔵する

※一般健康診断では、肝機能検査として GOT、GPT、γ-GTP の検査が義務づけられている

　GOT、GPT：肝疾患の場合、値が一般的に上昇する

　γ-GTP：アルコールを多飲すると値が上昇するため、アルコール性肝障害の指標となる

✎ 受かる！ 一問一答

Q1 ☐☐ 肝臓では、ヘモグロビンが合成される。

Q2 ☐☐ 成人の肝臓は、グリコーゲンの合成および分解を行う機能がある。

Q3 ☐☐ 肝細胞から分泌される胆汁は、弱酸性で食物中の脂肪を乳化させ、脂肪分解の働きを助ける。

Q4 ☐☐ 肝臓には血液中の有害物を分解したり、無害な物質に変える機能がある。

A1 ✕ ヘモグロビンは骨髄の赤血球細胞で合成される。

A2 ○ 肝臓は、血糖値が上昇するとグルコース（ブドウ糖の一種）をグリコーゲンに変えて貯蔵し、血糖値が低下するとグリコーゲンをグルコースに分解して血中に放出する。

A3 ✕ 胆汁は「弱酸性」ではなく、「アルカリ性」であるので誤り。

A4 ○ アルコール成分の分解がこの作用にあたる。

7 腎臓・泌尿器

重要度 ★★★

☑ ☑ ☑

腎臓はそら豆形で背骨の両側に左右一対あり、それぞれの腎臓から
1本ずつ尿管が出て膀胱につながっています。

合格のツボ

①1個の腎臓中には約100万のネフロン（＝腎単位）があり、
尿の生成に関与しています。

②尿は固有の臭気を有する淡黄色の液体で弱酸性、1日の尿量は
約1,500mlです。

第2章 労働生理

✓ 腎臓

　腎臓は泌尿器系の器官で、腰より少し高い位置に左右に1つずつあり、そら豆状の形をしています。また、それぞれの腎臓から、1本ずつの尿管が出ており、膀胱につながっています。

　腎臓は、表面の皮質と深層の髄質とに分かれています。

　皮質には腎小体と髄質に下降する尿細管があり、1つの腎小体とそれに続く1本の尿細管をネフロン（腎単位）といいます。1個の腎臓中には約100万のネフロンがあり、尿の生成に関与しています。

　腎小体は毛細血管が集合体となった糸球体と、これを包み込むように位置しているボウマン嚢（糸球体嚢）から構成されています。

● 腎臓の構造①

● 腎臓の構造②

✓ 腎臓の働き

腎臓では、次のようにして尿が生成されます。

①原尿の生成

血液を糸球体から**ボウマン嚢**へこし出して、**原尿**が生成されます。この際、血球やタンパク質以外の成分がろ過されます。

②尿細管で再吸収

原尿中の**ブドウ糖**などの栄養物質や**ナトリウム**などの電解質、**水分の大部分**が尿細管で**再吸収**されます。

③尿の生成

残った成分が尿となり、**腎盂**(じんう)を経て膀胱に送られ、体外へ排泄されます。

尿は固有の臭気を有する淡黄色の液体で**弱酸性**、1日の尿量は約 **1,500ml** です。正常な尿には通常、糖やタンパクは含まれていません。

尿の約 **95%** は**水分**で、約 **5%** が**固形物**ですが、その成分は全身の健康状態をよく反映するので、尿検査は健康診断などで広く行われています。

● 尿の経路

> ボウマン嚢 ⇨ 尿細管(近位尿細管→ヘンレ係蹄(けいてい)→遠位尿細管) ⇨ 腎盂
> ⇨ 尿管 ⇨ 膀胱 ⇨ 尿道 ⇨ 体外

● 腎臓の働き (まとめ)

血液中の老廃物	糸球体からボウマン嚢を経て、原尿中にこし出される
血球、タンパク質	血球、タンパク質は分子が大きいためボウマン嚢にこし出されず、毛細血管へ戻される
グルコース (糖の一種)	糸球体からボウマン嚢に濾過されて、原尿中へこし出される。その後尿細管で再吸収される
血液中の血球、タンパク質以外の成分	

電解質	尿細管で血液中に再吸収される
原尿中の水分	

※原尿のうち尿細管で再吸収されなかった成分が尿となり、腎盂を経て膀胱に送られ、排泄される

● 尿検査項目とその原因となる病気

尿検査項目	原因となる病気
尿タンパク（陽性）	腎臓や膀胱、尿道の病気。慢性腎炎、ネフローゼ、糖尿病性腎症等
尿糖（陽性）	糖尿病、腎性糖尿。腎性糖尿は血糖値が正常でも腎機能の異常で糖が漏れる状態
尿潜血（陽性）	尿中に赤血球が混入。腎炎、膀胱炎、尿路結石、腎臓や膀胱の腫瘍等

※その他、腎機能が低下すると血液中の尿素窒素の値が高くなる

受かる！ 一問一答

Q1 □□ 腎臓の腎小体では、糸球体から血液中の血球とタンパク質以外の成分がボウマン嚢にこし出され、原尿が生成される。

Q2 □□ 腎臓は、背骨の両側に左右一対あり、それぞれの腎臓から複数の尿管が出て、膀胱につながっている。

Q3 □□ 腎臓の尿細管では、原尿に含まれる大部分の水分と身体に必要な成分が血液中に再吸収され、残りが尿として生成される。

Q4 □□ ネフロン（腎単位）とは、尿を生成する単位構造であり、1個の腎小体とそれに続く1本の尿細管から構成されており、1個の腎臓中に約100万個存在する。

Q5 □□ 腎臓から出ていく血管を流れる血液には、肝臓から出ていく血管を流れる血液と比較して、尿素が多く含まれている。

A1 ○

A2 × 「複数の尿管」ではなく、「1本ずつの尿管」であるので誤り。

A3 ○

A4 ○

A5 × 腎臓で尿素がろ過されるため、腎臓を通った血液が流れる血管（腎静脈）の血液は、肝臓を通った血液が流れる血管（肝静脈）の血液よりも尿素が少なくなっている。

8 神経系の組織

重要度 ★★☆

☑ ☑ ☑

神経系は、中枢神経と末梢神経に大別されます。

合格のツボ
①神経系を構成する基本的な単位は神経細胞で、ニューロンといいます。
②脊髄の前角（前柱）に運動神経細胞があり、そこから運動神経が筋肉へ伸びています。

✓ 神経の種類と構造

　神経は、肉眼的に見ると頭蓋骨や脊椎に囲まれた**中枢神経**（脳・脊髄）と脳・脊髄から末端に伸びる**末梢神経**に分類されます。機能面から見ると、**体性神経**（感覚神経・運動神経）と**自律神経**（交感神経・副交感神経）に分類されます。

　実際には、ひとつの神経が中枢神経から末梢神経までつながっており、脳と脊髄から出ている末梢神経を、それぞれ脳神経、脊髄神経と呼びます。

● 神経系

● 肉眼的に見た神経の分類

中枢神経（脳・脊髄）	末梢神経（脳神経・脊髄神経）

● 機能面から見た神経の分類

体性神経	感覚神経	自律神経	交感神経
	運動神経		副交感神経

　神経系を構成する基本的な単位は、神経細胞（ニューロン）です。通常、核を持つ１個の細胞体と１本の軸索、複数の樹状突起からなります。
　髄鞘（神経鞘と呼ばれる被膜）を持つ軸索を有髄神経線維、髄鞘を持たない軸索を無髄神経線維といい、有髄神経線維は無髄神経線維よりも神経伝導速度が速いという特徴があります。
　神経細胞が多数集合した部分を灰白質、有髄神経線維が多い部分を白質といいます。

● 神経細胞の構造

樹状突起
核
神経細胞体
軸索
髄鞘
神経細胞
（ニューロン）

✓ 中枢神経の働き

　中枢神経は、脳と脊髄からなります。

①脳
　脳は大脳、脳幹、小脳からなります。大脳は、外側の皮質（灰白質）と内側の髄質（白質）から構成されています。脳幹は脊髄と上位の脳をつないでいる部分で、間脳、中脳、橋、延髄からなります。小脳は、橋と延髄の背側に位置し、手のこぶし大の大きさとなっています。

②脊髄
　脊髄は、延髄から伸びる脳の突起物で、運動系と感覚系の神経の伝導路です。皮膚などの感覚器からの刺激を脳へ、脳からの指令を筋肉などへ伝えたり、反射を

つかさどったりしています。脊髄からは左右に 31 対の末梢神経が出ています。脊髄から出ているので、脊髄神経と呼びます。

　脊髄神経の前角（前柱）には運動神経細胞があり、ここから運動神経が筋肉へ伸びています。

　脊髄神経の後角（後柱）には感覚神経細胞があり、末梢から送られる感覚を伝えます。

● 脳の構造と機能

構成	部分	機能	損傷による障害
大脳	前頭葉 後頭葉 頭頂葉 側頭葉	運動・感覚・記憶・思考・意志・感情を支配	運動性失語、聴覚性失語、失読症
脳幹	間脳 中脳 橋 延髄	呼吸中枢・心臓中枢・体温維持中枢	生命維持のための中枢機能を持つ部分であり、特に延髄の損傷は死に至ることもある
小脳		運動と平衡感覚の中枢	運動失調による歩行困難や複雑な動きができなくなる

※大脳皮質（外側）は、感覚や運動、思考等の作用を支配する中枢として機能する
　大脳の内側は、大脳辺縁系と呼ばれる部位により、情動、意欲、記憶や自律神経の活動に関わる

● 脊髄断面図

✓ 末梢神経の働き

　脳から出る 12 対の末梢神経を脳神経といいます。嗅神経、視神経、動眼神経、滑車神経、三叉神経、外転神経、顔面神経、内耳神経、舌咽神経、迷走神経、副

神経、舌下神経があります。

　体性神経は感覚神経と運動神経からなり、体の感覚や運動をコントロールします。感覚神経は、視覚器、聴覚器、嗅覚器などの感覚器からの刺激を、脳や脊髄の中枢神経に伝える働きをします。運動神経は、中枢神経からの刺激を伝えることによって、身体や内臓の筋肉に命令を出します。

　自律神経は交感神経と副交感神経からなり、呼吸や循環、消化等の生命維持に必要な作用を無意識・反射的に調整します（脳からの指令がなくても自律して働く）。脳幹と脊髄に中枢があり、内臓や血管などの不随意筋に分布しています。交感神経と副交感神経は同じ器官に分布していますが、作用は正反対です。交感神経は身体の機能をより活動的に調節する働きがあり、心拍数を増加させ、消化管の運動を抑制します。副交感神経は身体の機能を回復させるように働きます。一般に交感神経は昼間に活発、副交感神経は夜間に活発となります。これを概日リズム（サーカディアンリズム）といいます。

● 末梢神経系の構成

末梢神経系	体性神経	感覚神経	感覚器からの刺激を脳などの中枢に伝える神経
		運動神経	中枢からの命令を運動器官に伝える神経
	自律神経	交感神経	昼間など体が活発に働いているときに優位。交感神経の亢進は、消化管に対して運動を抑制させ、心臓に対して心拍数を増加させる
		副交感神経	夜間など休息や睡眠、リラックスしているときに優位。副交感神経の亢進は、消化管に対して運動を促進させ、心臓に対して心拍数を減少させる

受かる！ 一問一答

Q1 ☐☐ 自律神経は、運動と感覚に関与し、体性神経は、呼吸、循環などに関与する。

Q2 ☐☐ 大脳の皮質は、神経細胞の集まっている灰白質で、感覚、思考などの作用を支配する中枢として機能する。

Q3 ☐☐ 交感神経系は、身体の機能をより活動的に調節する働きがあり、心拍数を増加させたり、消化管の運動を高めたりする。

A1 ✕ 「自律神経」と「体性神経」の内容が逆であるので誤り。

A2 ○

A3 ✕ 交感神経系は心拍数を増加させ、消化管の運動を抑制するので誤り。

9 内分泌系・免疫

重要度 ★★☆

☑ ☑ ☑

内分泌腺を含む器官には、視床下部、下垂体、副腎、甲状腺、副甲状腺、膵臓、胃、十二指腸等があります。

合格のツボ

①アドレナリンは副腎髄質から分泌され、血糖値や血圧を上昇させます。

②インスリンは膵臓から分泌され、血糖値を低下させます。

✓ 内分泌系

　人間の体内では、体内の**恒常性**を維持するためにそれぞれの器官が協調して働いていますが、このような調節を担っている系統のひとつが**内分泌系**です。

　内分泌とは、ホルモンを直接、血液中などに放出する現象のことです。

　内分泌を行う腺を内分泌腺といい、松果体、胸腺、副甲状腺、副腎などがあげられます。一方、導管を通じて分泌する腺を外分泌腺といい、汗腺や唾液腺などがあります。

✓ ホルモンの働き

　ホルモンは化学物質ですが、内分泌腺で生成され、血液などに分泌されて運ばれ、特定の器官ごとに特異的な作用を持っています。

　たとえば、**インスリン**は、膵臓の中にあるβ細胞でつくられています。食事によって**血糖値**が上がると、膵臓のβ細胞がこの動きを把握して**インスリン**を分泌します。血糖が全身の臓器に届くと、インスリンの働きによって臓器は血糖をとり込み、エネルギーとして利用したり、たくわえたり、さらにタンパク質の合成や細胞の増殖を促します。このようにして食後に増加した血糖はインスリンによって処理され、一定量を保つことで**恒常性が維持**されます。

☑ここをチェック

メラトニンは松果体で分泌され、睡眠を誘発する機能があります。分泌物質と内分泌器官、そして機能をセットで覚えるようにしましょう。

● 内分泌系

視床下部
松果体
下垂体
甲状腺
副甲状腺
副腎
膵臓
卵巣
（女性）
睾丸
（男性）

● **主なホルモンの種類**

分泌物質	内分泌器官		働き
メラトニン	松果体		睡眠と覚醒のリズムの調節
ノルアドレナリン	副腎	副腎髄質	血圧上昇、血管収縮
アドレナリン			血糖上昇、心拍数の増加
コルチゾール		副腎皮質	グリコーゲン合成促進（血糖上昇）
アルドステロン			血中の塩類バランス調節
インスリン	膵臓		血糖量の低下
グルカゴン			血糖量の上昇
甲状腺ホルモン	甲状腺		酸素消費促進、体温上昇
パラソルモン	副甲状腺		血中カルシウムバランスの調節
ガストリン	胃		胃酸分泌刺激
セクレチン	十二指腸		消化液分泌促進

✓ 免疫

　病原体（細菌やウイルス等）の体内への侵入を防いだり、体内に侵入した病原体や異物（以下、「病原体等」）を排除したりするしくみを生体防御といいます。

　病原体等が、生体防御のしくみを破って体内に侵入したときは、白血球などを中心とした免疫というシステムがこの病原体等を排除しようとします。

　免疫には、生まれつき備わっている自然免疫と、後天的に異物の刺激に応じて形成される獲得免疫（特異免疫）があります。獲得免疫には、リンパ球が産生する抗体（免疫グロブリンと呼ばれるタンパク質）が働いて抗原を排除する体液性免疫とリンパ球が直接働いて抗原を排除する細胞性免疫があります。

● 免疫に関連する用語

生体防御	病原体等の体内への侵入を防いだり、体内に侵入した病原体等を排除するしくみ
体液性免疫	体内に侵入した病原体等の異物を、リンパ球が、抗原と認識し、その抗原に対してだけ反応する抗体を血漿中に放出する。この抗体が抗原に特異的に結合し、抗原の働きを抑制して体を防御するしくみ
細胞性免疫	リンパ球が直接、病原体等の異物を攻撃するしくみ
抗原	免疫に関係する細胞によって異物と認識される物質をいう
抗体	体内に入ってきた抗原に対し体液性免疫でつくられる免疫グロブリンといわれるタンパク質のことをいい、抗原の働きを抑える作用がある

① アレルギーとは、抗原に対して身体を守る働きをする免疫が、逆に人体の組織や細胞に傷害を与えてしまうことをいいます。主なアレルギー疾患としては、気管支ぜんそく、アトピー性皮膚炎、アレルギー性結膜炎、アナフィラキシーなどがあります。

② 免疫の機能が失われたり低下したりすることを免疫不全といいます。免疫不全になると、感染症にかかったり、がんに罹患しやすくなったりします。免疫不全疾患には、遺伝的に免疫不全である場合（原発性）、とHIVなどに感染したことが原因で免疫不全になる場合（続発性）の2種類があります。

Q1 ☐☐ 副腎皮質から分泌されるコルチゾールは、血糖値を上昇させる。

Q2 ☐☐ 副腎髄質から分泌されるアドレナリンは、血糖値を低下させる。

Q3 ☐☐ 副甲状腺から分泌されるパラソルモンは、睡眠と覚醒のリズムの調節を行う。

Q4 ☐☐ 松果体から分泌されるメラトニンは、体内のカルシウムバランスの調節を行う。

Q5 ☐☐ 胃粘膜から分泌されるガストリンは、胃酸の分泌を抑制する。

Q6 ☐☐ 膵臓から分泌されるグルカゴンは、血糖量を増加させる。

Q7 ☐☐ 副腎皮質から分泌されるアルドステロンは、体液中の塩類バランスの調節を行う。

Q8 ☐☐ 膵臓から分泌されるインスリンは、血糖量を減少させる。

Q9 ☐☐ 抗体とは、体内に入ってきた抗原に対して細胞性免疫においてつくられる免疫グロブリンと呼ばれるタンパク質のことで、抗原に特異的に結合し、抗原の働きを抑える。

Q10 ☐☐ 体内に侵入した病原体などの異物を、血小板が抗原と認識し、その抗原に対してだけ反応する抗体を血漿中に放出する。この抗体が抗原に特異的に結合し抗原の働きを抑制して体を防御するしくみを体液性免疫と呼ぶ。これに対し、血小板が直接、病原体などの異物を攻撃する免疫反応もあり、これを細胞性免疫と呼ぶ。

A1 ○

A2 ✕ アドレナリンは、血糖値を「上昇」させるので誤り。

A3 ✕ パラソルモンは「血中カルシウムバランスの調節」を行うので誤り。

A4 ✕ メラトニンは「睡眠と覚醒のリズムの調節」を行うので誤り。

A5 ✕ ガストリンは胃酸の分泌を「促進する」ので誤り。

A6 ○

A7 ○

A8 ○

A9 ✕ 「細胞性免疫」ではなく、「体液性免疫」であるので誤り。

A10 ✕ 「血小板」ではなく、「リンパ球」であるので誤り。

10 代謝系

重要度 ★★☆

☑ ☑ ☑

代謝とは栄養素を生体に必要な物質に変えたり（同化）、分解してエネルギーに変えたり（異化）することです。

合格のツボ

①基礎代謝量は、覚醒・横臥・安静時の値です。

②基礎代謝量は、同性同年齢であれば、ほぼ体表面積に正比例します。

✓ エネルギー代謝

摂取された栄養素が化学反応によって生体に必要な物質に合成されることを同化、分解によって生体に必要なエネルギーを得ることを異化といいます。この同化と異化をあわせて代謝といいます。

このように、代謝はエネルギーの転換を伴うので、エネルギー代謝とも呼ばれます。

☑ここをチェック

より具体的に説明すると、同化は、体内に摂取された栄養素が種々の化学反応によって、アデノシン三リン酸（ATP）に蓄えられたエネルギーを用いて細胞を構成するタンパク質などの生体に必要な物質に合成されることをいいます。異化は、細胞に取り入れられた体脂肪やグリコーゲンなどが分解されてエネルギーを発生し、ATPが合成されることをいいます。

✓ エネルギー代謝率（RMR）

「作業（仕事）に要したエネルギー量が、基礎代謝量の何倍に当たるか」を表す数値を、エネルギー代謝率（RMR）といいます。

基礎代謝量とは、覚醒（目がさめている）・横臥（横になっている）・安静時における呼吸や体温保持など、生命維持に必要とされる最小限のエネルギー代謝量のことをいいます。

エネルギー代謝率は、作業の強度を示します。

$$RMR = \frac{（作業中の総消費エネルギー）-（その時間の安静時消費エネルギー）}{基礎代謝量}$$

エネルギー代謝率は性別、年齢、体格等の差による影響は少なく、同じ作業であれば、ほぼ同じ値となります。**動的筋作業の強度を表す指標として役立ち、エネルギーをあまり消費しない精神的作業や静的筋作業（座って行うパソコンでの作業など）には適用できません。**

● 代謝の種類

代謝名	内容
基礎代謝量（BMR）	・覚醒・横臥・安静時の心臓の拍動、呼吸、体温保持など、生命維持に必要なエネルギー代謝量 ・年齢や性別で異なる（女性は男性より低い）が、**同性同年齢で**あれば、ほぼ**体表面積に正比例する** ・基礎代謝量は、成年男性は1日約1,500kcal、女性は約1,150kcalである
睡眠時代謝量	・通常の代謝より5 〜 10%低くなる
安静時代謝量	・座位における代謝量のこと ・座っているだけでも、基礎代謝の1.2 〜 1.3倍になる

✓ 肥満測定（BMI）

身長と体重との関係から、体重が適正であるかどうかを表す指標がBMI（Body Mass Index）です。標準値は22であり、25以上は肥満とされます。たとえば、170cmで60kgの人は60/2.89 ≒ 20.76となります。

$$BMI = \frac{体重（kg）}{身長（m）× 身長（m）}$$

※算出時は、身長をメートルに直して計算すること。

✓ メタボリックシンドロームと診断基準

メタボリックシンドロームとは、内臓肥満に高血圧・高血糖・脂質代謝異常が組み合わさることにより、心臓病や脳卒中などになりやすい病態をいいます。日本人のメタボリックシンドローム診断基準で、腹部肥満（内臓脂肪の蓄積）とされるのは、腹囲が男性では**85cm**以上、女性では**90cm**以上の場合となります。

● メタボリックシンドローム診断基準（日本内科学会等）

①腹部肥満（内臓脂肪量）
　ウエスト周囲径　男性 ≧ 85cm、女性 ≧ 90cm（内臓脂肪面積 ≧ 100cm²に相当）
②上記に加え、次のうち 2 項目以上
　・トリグリセライド ≧ 150mg/dl　かつ／または
　　HDL コレステロール＜40mg/dl
　・収縮期血圧 ≧ 130mmHg　かつ／または　拡張期血圧 ≧ 85mmHg
　・空腹時血糖 ≧ 110mg/dl

✎ 受かる！　一問一答

Q1 ☐☐　エネルギー代謝率は、動的筋作業の強度を表す指標として有用である。

Q2 ☐☐　基礎代謝は、心臓の拍動、呼吸運動、体温保持などに必要な代謝で、基礎代謝量は、睡眠・横臥・安静時の測定値で表される。

Q3 ☐☐　エネルギー代謝率の値は、体格、性別などの個人差による影響は少なく、同じ作業であれば、ほぼ同じ値となる。

Q4 ☐☐　代謝において、体内に摂取された栄養素が、種々の化学反応によって、細胞を構成するタンパク質などの生体に必要な物質に合成されることを同化という。

Q5 ☐☐　日本人のメタボリックシンドローム診断基準で、腹部肥満（内臓脂肪の蓄積）とされるのは、腹囲が男性では 90cm 以上、女性では 85cm 以上の場合である。

A1　○

A2　✕　「睡眠・横臥・安静時」ではなく、「覚醒・横臥・安静時」であるので誤り。

A3　○

A4　○　代謝において、細胞に取り入れられた体脂肪やグリコーゲンなどが分解されてエネルギーを発生し、ＡＴＰが合成される「異化」も押さえておこう。

A5　✕　メタボリックシンドローム診断基準において腹部肥満とされるのは、ウエスト周囲径が男性では 85cm 以上、女性では 90cm 以上の場合とされるので誤り。

11 視覚

重要度 ★★★

✓ ✓ ✓

視覚は、眼の感覚器が刺激に反応して、その情報が感覚神経から大脳に伝わって意識されます。

合格のツボ

色を感じる視細胞を錐状体、明暗を感じる視細胞を杆状体といいます。

✓ 眼の構造

眼は、周りの明るさによって瞳孔の大きさが変化して眼に入る光量が調節され、暗い場合には瞳孔が広がります。虹彩は、瞳孔の大きさを調節して網膜に入る光の量を調節します。水晶体は、その厚みを変えることで焦点距離を調節して、網膜の上に像を結びます。網膜は、視神経の感覚器であり、**明るい光と色を感じる細胞**（錐状体）と弱い光、**明暗を感じる細胞**（杆状体）の2種類の視細胞があります。カメラに例えると虹彩は絞り、水晶体はレンズ、網膜はフィルムです。

● 眼球の水平断面図

硝子体

虹彩

瞳孔 ── 水晶体

網膜

角膜

視神経

瞳孔から入ってくる光を虹彩で調節し、その光を水晶体で集めて網膜に映し出す

眼軸長（角膜から網膜までの長さ）

● 錐状体と杆状体

錐状体	明るい光と色を感じる細胞		
杆状体	弱い光、明暗を感じる細胞	暗順応	明るい所から急に暗い所へ 慣れるのに30分から1時間かかる
		明順応	暗い所から急に明るい所へ

第2章 労働生理

✓ 眼の機能

　正視とは、眼に入る平行光線が角膜や水晶体で屈折して、網膜に正しく像を結ばせる（ピントが合っている）状態をいいます。一方、近視とは、眼軸が長すぎるために、平行光線が網膜の前方で像を結ぶ状態をいいます。逆に、遠視とは、眼軸が短いために、平行光線が網膜の後方で像を結ぶ状態です。乱視は、角膜が完全な球面ではない（歪んでいる）、表面に凹凸があるために、網膜に正しく像を結べない状態です。

	状態	原因	矯正
近視	遠くの物が見にくい	眼球の眼軸長が長い → 網膜の前に像が写る	凹レンズ
遠視	近くの物が見にくい	眼球の眼軸長が短い → 網膜の後ろに像が写る	凸レンズ
乱視	多重に見える	角膜が歪んでいる、表面に凸凹がある → 網膜に正しい像を写せない	円柱レンズ

✓ 視力検査

　視覚を評価する検査として広く行われている方法は、遠距離視覚検査です。一般に、検査を受ける人と視力表の間を5m離して実施されています。近年では、労働者の高齢化に伴い、老視の影響がみられるため、30cmや50cmの距離での検査（近見視力）もあわせて実施されることがあります。

✎ 受かる！ 一問一答

Q1 □□ 角膜が歪んでいたり、表面に凹凸があったりするために眼軸などに異常がなくても、物体の像が網膜上に正しく結ばないものを乱視という。

Q2 □□ 眼は、硝子体の厚さを変えることにより焦点距離を調節して網膜の上に像を結ぶようにしている。

Q3 □□ 網膜には、明るい所で働き色を感じる錐状体と、暗い所で働き弱い光を感じる杆状体の2種類の視細胞がある。

A1 ○

A2 ✕ 「硝子体」ではなく、「水晶体」であるので誤り。

A3 ○

12 聴覚・その他の感覚

重要度 ★★★

耳は聴覚や平衡感覚等をつかさどる器官で、外耳、中耳、内耳の3つの部位に分かれています。

合格のツボ

①身体の位置判断と平衡保持の感覚をつかさどる重要な器官は、内耳の前庭と半規管です。

②嗅覚は、わずかなにおいでも感じる反面、同一臭気に対しては疲労しやすいという特徴があります。

✓ 聴覚

①耳の構造

耳は聴覚と前庭感覚（平衡感覚）をつかさどる器官であり、**外耳・中耳・内耳**の3つの部分があります。鼓室は耳管によって咽頭に通じており、その内圧は外気圧と等しく保たれています。飛行機に乗って耳の感覚がおかしくなったことはありませんか。耳の内圧が外界の環境圧より低くなると耳が痛くなったり、ひどい場合は障害が残ったりするといわれています。

● 耳の構造とそれぞれの役割

②聴覚のしくみ

音は、次の経路をたどって認識されます。

外耳道 ⇒ 鼓膜 ⇒ 耳小骨 ⇒ 前庭 ⇒ 蝸牛 ⇒ 蝸牛神経 ⇒ 聴覚中枢（大脳）

✓ 健康診断の聴力検査

検査では **1,000Hz**（ヘルツ）（低：日常会話の領域）と **4,000Hz**（高音域）で測定します。騒音ばく露によって生じる**聴力低下**は、**4,000Hz** 付近から始まり、この聴力低下の型を c^5**dip**（シーゴディップ）といいます。c はドイツ式の音名表記のドの音（ツェー）で、c^5 はピアノの鍵盤の真ん中のド（c^4）の次に高いドの音です。ディップは「くぼみ」という意味です。

● 音の単位

Hz（ヘルツ）	音の周波数を表す単位（高低）
dB（デシベル）	音の強さを表す単位（音圧）

✓ その他の感覚

聴覚以外の感覚について、押さえておきたいポイントをまとめます。

① 嗅覚と味覚は物質の化学性質を感じるもので、化学感覚ともいわれる

② 嗅覚は、わずかなにおいでも感じる反面、同一臭気に対しては疲労しやすい（慣れやすい）

③ 皮膚感覚には、触覚、痛覚、温度感覚がある

④ 痛覚点は、皮膚に広く存在し、他の感覚点に比し、分布密度が大きい（＝最も多い）

⑤ 温度感覚は冷覚と温覚があり、冷覚点の密度は、温覚点に比べて大きい。また、冷覚のほうが温覚よりも鋭敏である

⑥ 温度感覚は、皮膚のほか口腔などの粘膜にも存在する

⑦ 深部感覚は、筋肉や腱にある受容器から得られる身体各部位の位置や運動などの感覚である（骨格筋や関節の感覚はほとんど意識に上ることはないが、姿勢の維持などに関与する。具体的には、目隠しをした状態でも手足の位置を認識することができる）

✏ 受かる！ 一問一答

Q1 □□ 騒音ばく露によって生じる聴力低下は、4,000Hz 付近から始まり、この聴力低下の型を c⁵dip という。

Q2 □□ 半規管は体の傾きの方向や大きさを感じ、前庭は体の回転の方向や速度を感じる。

Q3 □□ 内耳は側頭骨内にあって、前庭と半規管が平衡感覚を、蝸牛は聴覚を分担している。

Q4 □□ 耳の中を音の振動が伝わり、音の刺激を受け取るまでの経路は、外耳道→鼓膜→耳小骨→前庭→蝸牛神経→蝸牛である。

Q5 □□ 鼓室は耳管によって咽頭に通じており、その内圧は外気圧と等しく保たれている。

Q6 □□ 嗅覚は、わずかなにおいでも感じるほど鋭敏で、同じ臭気に対しても疲労しにくい。

Q7 □□ 温度感覚は、一般に温覚のほうが冷覚よりも鋭敏である。

Q8 □□ 皮膚感覚には、触覚、痛覚、温度感覚（温覚・冷覚）などがあり、これらのうち冷覚を感じる冷覚点の密度は、他の感覚点に比べて大きい。

A1 ○

A2 ✕ 「半規管」と「前庭」の記載が逆であるので誤り。

A3 ○

A4 ✕ 音の伝わり方は、外耳道→鼓膜→耳小骨→前庭→蝸牛→蝸牛神経であるので誤り。

A5 ○ 鼓室の圧力が変化すると鼓膜の振動が制限され、一時的な難聴となる。航空機等で感じる耳の違和感が、この作用にあたる。

A6 ✕ 嗅覚は同一臭気に対して疲労しやすいので誤り。

A7 ✕ 温覚より冷覚のほうが鋭敏であるので誤り。

A8 ✕ 「冷覚点」ではなく、「痛覚点」であるので誤り。

13 生体恒常性（ホメオスタシス）

重要度 ★★★

☑ ☑ ☑

生体恒常性とは、体温など、体の内部の状態を一定に保つ働きのことです。

合格のツボ

①体温調節のための中枢は、間脳の視床下部にあります。

②発汗していない状態でも、皮膚や呼吸器から若干の水分の蒸発があり、これを不感 蒸 泄といいます。

✓ 生体恒常性（ホメオスタシス）

外部環境の変化に対して、体温等の内部の状態を一定に保つ働きを恒常性（ホメオスタシス）といいます。恒常性は、脳からの指示により調整されます。

たとえば、身体は寒さにさらされ体温が正常以下になると、脳が皮膚の血管を収縮させて、体表面の血流を減らし、熱の放散を減らします。それでも足りないと、体を震えさせ、その運動で熱を生み出そうとします。逆に暑熱な環境では、皮膚の血流量が増加して体表からの放熱が促進され、また体内の代謝活動を抑制することで産熱量が減少します。こうした体温調節の働きなど、恒常性を保つための指令を出す中枢は、間脳の視床下部にあります。

● 脳の構造

✓ 産熱、放熱

ホメオスタシスの働きのひとつに、熱を生み出す産熱があります。これは、主に栄養素の酸化燃焼または分解によって行われます。一方、熱くなりすぎた体を冷やすために行われる放熱には、対流、ふく射、伝導、蒸発などがあります。

また、体は暑さにさらされて体温が上がると、発汗し、体温を下げようとします。発汗には、こうした温熱性発汗のほかに、精神的緊張や感動による精神性発汗があり、労働時には一般にこの両方が現れます。

発汗していない状態でも、皮膚や呼吸器から若干（1日約850ml）の水分の蒸発がみられますが、これを不感蒸泄といいます。不感蒸泄に伴う放熱は、全放熱量の25%です。

● 環境条件による人体の機能の変化

✓ ストレス

外部環境からの刺激は、人間の心身にいろいろな変化を生じさせます。また、それとともにその変化を元の状態に戻そうとする反応も心身に生じさせます。この外部環境からの刺激をストレッサー、ストレッサーによって生じる変化をストレスといいます。また、ストレッサーに対する心身の反応をストレス反応といいます。

ゴムボールを指で押さえたときの反応を例に出して考えると、ゴムボールを指で押さえつける力がストレッサー、それによってボールがへこむことがストレス、ボールがへこんだ状態から元に戻ろうとする反応がストレス反応です。

個人にとって適度なストレッサーは、活動の高まりや意欲の高揚をもたらしますが、個人の能力や感性に適合しないストレッサーは、不安、焦燥感、抑うつ感や疲労をもたらします。

ストレッサーの種類が異なっても、ストレス反応は同じことが多いです。たとえば、物理的・心理的なストレッサーのどちらであっても、自律神経系にはノル

アドレナリンなどのカテコールアミンが、内分泌系には副腎皮質ホルモンが深く関与しています。それぞれストレッサーの強弱や質に応じて分泌が亢進します。

また、ストレス反応は、個人差が大きいものです。ストレス反応が大きすぎたり長く継続しすぎたりすると、自律神経系や内分泌系によるホメオスタシスの維持ができなくなり、健康障害を起こす場合があります。このような疾病には、神経症性障害などの精神神経科的疾患や高血圧症、胃・十二指腸潰瘍等の内科的疾患があります。

職業生活でストレスを感じる人の割合は、全体の**5割超**を占めています。ストレスの内訳で最も高いのは、**仕事の量**です。

職場で適度なストレッサーを維持し、従業員一人ひとりが心身の健康を保持しながら働きがいを感じて仕事をするためには、会社が健康管理を徹底するだけなく、充実した労働衛生管理体制があること、職場の管理者を含めた労働衛生教育が行われることが大切です。

✏️ 受かる！ 一問一答

Q1 ☐☐ 体温調節のように、外部環境が変化しても身体内部の状態を一定に保つ生体のしくみを同調性といい、筋肉と神経系により調整されている。

Q2 ☐☐ 不感蒸泄とは、水分が発汗により失われることをいう。

Q3 ☐☐ ストレスにより、自律神経系や内分泌系によるホメオスタシスの維持ができなくなり、心の健康障害が発生することがある。

Q4 ☐☐ 発汗していない状態でも皮膚や呼吸器から若干の水分の蒸発がみられるが、この放熱は全熱量の10%以下である。

A1 ✕ 外部環境が変化しても身体内部の状態を一定に保つ生体のしくみを「恒常性（ホメオスタシス）」といい、自律神経とホルモンにより調整されているので誤り。

A2 ✕ 発汗していない状態でも皮膚および呼吸器から若干の水分の蒸発がある。これを不感蒸泄という。

A3 ○

A4 ✕ 皮膚や呼吸器からの水分蒸発に伴う放熱は、全放熱量の25%であるので誤り。

14 疲労の分類と回復・予防

重要度 ★★★

☑ ☑ ☑

疲労は、①身体的疲労と精神的疲労、②動的疲労と静的疲労、③全身疲労と局所疲労に分類されます。

合格のツボ

近年は、ストレスを感じる社会生活環境となっているためか、精神的疲労が身体的疲労を上回っています。

第2章 労働生理

✓ 疲労の分類

　身体的な活動によって生じる疲労を**身体的疲労**といい、適度であれば爽快感を得ることができますが、過度になると筋肉痛などの身体症状とともに、疲労感が現れます。精神的な活動によって生じる疲労を**精神的疲労**といい、主観的な不快感が長引くといわれています。また、身体活動によって生じる疲労を**動的疲労**、座位など安静時によって生じる疲労を**静的疲労**といいます。全身の負担となる疲労を**全身疲労**、身体の一部だけに負担となる疲労を**局所疲労**といいます。

✓ 疲労徴候の現れ方

　作業を行ったことによる疲労を**産業疲労**といいます。疲労徴候の現れ方により、**急性疲労**、**慢性疲労**、**日周性疲労**などに分類することができます。安静や休息によって回復する場合は急性疲労、それでも疲労が継続する場合は慢性疲労になります。

☑ここをチェック
疲労回復の三大因子は 休息・休養・睡眠です。しかし、近年では単純に休むことが疲労回復につながらないケースが増えています。

✓ 疲労の回復と予防

　過度の産業疲労は、労働負荷が大きすぎるために引き起こされますが、その回復や蓄積は余暇や睡眠、食事など、日常生活とも関わっています。

　その日の疲労は、その日のうちに回復させ、疲労をため込まないようにすることは、産業疲労対策として大切なことです。

　近年、産業疲労では、全身疲労のみならずキーボード入力等、体の一部の筋肉

を使う情報機器作業による**局所疲労**が問題となっています。また、精神的疲労が身体的疲労を上回っています。

疲労の測定方法にはフリッカー検査やRMRなどがありますが、いくつかの検査を組み合わせて総合的に判断すべきです。筋肉労働の負荷の尺度には、**エネルギー代謝率**（作業に要したエネルギーが基礎代謝量の何倍に当たるかを示す数値）や**身体活動強度**（メッツ：身体活動の強さが「座位安静時」の何倍に相当するかを表す単位）がよく用いられています。

● **疲労の検査方法**

検査方法	検査内容
フリッカー検査	光のちらつきに対する反応を測定する検査
2点弁別閾検査	皮膚上の2点に加えられる感覚刺激の距離を徐々に狭めていき、2刺激が1点と感じる最長の間隔を調べる検査
エネルギー代謝率（RMR）	労働の強度を表す指標だが、疲労度の検査でも使われる
厚生労働省「労働者の疲労蓄積度自己診断チェックリスト」	労働者用と家族用があり、過重労働の状態をチェックできる
作業能率	作業能率は疲労により低下する
心拍変動解析	心拍変動を分析することにより、疲労により自律神経の機能が不安定になることを調べる

✏️ **受かる！ 一問一答**

Q1 ☐☐ 産業疲労は、疲労徴候の表れ方により、急性疲労、慢性疲労、日周性疲労などに分類することができる。

Q2 ☐☐ 近年の職場では、全身疲労のみならず、体の一部の筋肉を使う情報機器作業などによる局所疲労が問題となっている。

Q3 ☐☐ 身体活動強度（メッツ）は、身体活動の強さが軽作業時の何倍に相当するかを表す単位である。

A1 ○

A2 ○

A3 ✗ 身体活動強度（メッツ）は、身体活動の強さが「座位安静時」の何倍に相当するかを表す単位であるので誤り。

15 睡眠

重要度 ★☆☆

最適な睡眠は夜10時頃から翌朝の6、7時頃までとされています。

合格のツボ

睡眠中には、副交感神経の働きが活発となるため心拍数が減少し、体温が低下します。

✓ 睡眠

　睡眠は疲労回復のための重要な要素のひとつです。松果体から分泌される**メラトニン**は、夜間に分泌が上昇して睡眠と覚醒のリズムに関与するホルモンです。副腎皮質から分泌される**コルチゾール**は、血糖値の調節などを行うホルモンで、通常、その分泌量は明け方から増加し始め、起床前後で最大となります。睡眠中には、副交感神経の働きが活発となるため心拍数が減少し、体温が低下します。

　食事と睡眠は深く関係しており、就寝前の過食は肥満と不眠を招きます。また、極度の空腹は不眠の原因ともなるため、軽い食事をとることもよい睡眠を得るためのひとつの方法です。

　睡眠は、睡眠中の目の動きなどによって**レム睡眠**と**ノンレム睡眠**に分類されます。レム睡眠は、眼球が動いている浅い眠りで、脳は活発な状態です。ノンレム睡眠は、眼球が動いていない深い眠り（安らかな眠り）で、脳は休んでいる状態です。

　夜間に働いた後、昼間に睡眠する場合は、一般に就寝から入眠までの時間が長くなり、睡眠時間が短縮し、睡眠の質も低下します。体内時計の周期は、一般に約**25時間**であり、外界の24時間周期に同調して、約1時間のずれが修正されます。しかし、不規則な生活が続くなどして、体内時計の周期を適正に修正させることができなくなり、睡眠障害を生じることがあります。これを概日リズム（サーカディアンリズム）睡眠障害といいます。

　睡眠は疲労回復に有効ですが、寝つけない場合、横になって安静を保つだけでも、疲労はある程度回復します。

📝 受かる！ 一問一答

Q1 ☐☐ 睡眠と覚醒のリズムは、体内時計により約1日の周期に調節されており、体内時計の周期を外界の24時間周期に適切に同調させることができないために生じる睡眠の障害を概日リズム睡眠障害という。

Q2 ☐☐ 睡眠中には、体温の低下、心拍数の減少、呼吸数の減少がみられる。

Q3 ☐☐ 睡眠中は、副交感神経の働きが活発になる。

Q4 ☐☐ 夜間に働いた後で昼間に睡眠する場合は、一般に就寝から入眠までの時間が長くなり、睡眠時間が短縮し、睡眠の質も低下する。

Q5 ☐☐ 睡眠が短くなると感覚機能や集中力は低下し、作業効率が落ち、周囲の刺激に対する反応も鈍り、災害が発生しやすい状況となる。

Q6 ☐☐ 脳下垂体から分泌されるセクレチンは、夜間に分泌が上昇するホルモンで、睡眠と覚醒のリズムの調節に関与している。

A1 ◯

A2 ◯ 睡眠中は覚醒時より基礎代謝が低くなる。これを睡眠時代謝という。

A3 ◯ 睡眠中には副交感神経の働きが活発になって、心身の安定を図るよう調節が行われている。

A4 ◯ 正しい。また昼間は、音や明るさなど外因性リズムによる妨害も睡眠の量と質を下げる要因のひとつといわれている。

A5 ◯

A6 ✕ 「脳下垂体から分泌されるセクレチン」ではなく、「松果体から分泌されるメラトニン」であるので誤り。

第 3 章

労働衛生

この章では、労働者の生命を衛(まも)るために基本となる①作業管理、②作業環境管理、③健康管理という3つの管理を中心に、作業環境要素、職業性疾病について学習します。また、労働衛生管理統計や救急処置についても解説しています。

カテゴリ

✓ 労働衛生管理　　　　✓ 作業管理

✓ 作業環境要素　　　　✓ 健康の保持増進対策

✓ 職業性疾病　　　　　✓ 労働衛生管理統計

✓ 作業環境管理　　　　✓ 救急処置

1 労働衛生管理

重要度 ★☆☆

労働衛生管理は、危険・有害要因の除去や低減、健康障害防止のほか、健康増進や快適な職場の形成も目的としています。

合格のツボ

①労働衛生管理は、作業環境管理、作業管理、健康管理の3管理を基本とします。

②作業環境管理では、作業環境中の有害因子の状態を把握するために、作業環境測定が行われます。

✓ 労働衛生の3管理

　労働衛生管理は、①作業環境管理、②作業管理、③健康管理の3管理が基本です。これらの管理を円滑かつ効率的に進められるように、「衛生管理体制の整備」および「労働衛生教育」を実施することになっています。

　労働衛生管理の目標は、職場での危険・有害要因を除去または低減することや、労働に起因する健康障害を防止することだけでなく、労働者の健康増進と快適な職場の形成を図ることにもあります。

● 労働衛生の3つの管理

作業環境管理	・作業場内にあるさまざまな有害因子を作業環境から除去し、良好な作業環境を維持し、労働者の健康を確保する ・作業環境中の有害因子の状態を把握するため、作業環境測定が行われる
作業管理	・職業性疾病の予防という観点から、作業方法、作業量、作業時間、作業姿勢、一定の者以外の立入禁止など、作業自体を適正に管理するとともに、人と作業を調和させるために行う
健康管理	・労働者の健康の保持・増進を図るために行われる、労働者の心身を中心とした管理 ・健康診断の実施、メンタルヘルス対策、長時間労働者に対する面接指導など

✓ 作業環境要素

労働者の健康に影響を与える作業環境要素は、一般作業環境か有害作業環境かによって分けられます。

一般作業環境の作業環境要素には、たとえば温熱環境や視環境があげられます。これらは直ちに労働者の健康に悪影響を及ぼすものではありませんが、快適性や安全性、長期間にわたる健康レベルの良否にかかわります。

有害作業環境の作業環境要素は、有害化学物質や有害エネルギーなどであり、単独あるいは複合して直接的に労働者の健康に有害な影響を及ぼします。

✐ 受かる！ 一問一答

Q1 □□ 作業管理の内容には、労働衛生保護具の適正な使用により、有害な物質への身体ばく露を少なくすることが含まれる。

Q2 □□ 作業管理とは、局所排気装置等の工学的な対策によって、作業環境を良好な状態に維持することをいう。

Q3 □□ 水深 10m 以上の場所における潜水業務において、水深、潜水時間およびその日の潜水回数に応じた浮上方法を遵守することは、作業管理に該当する。

Q4 □□ 作業管理の内容には、作業方法の変更などにより作業負荷や姿勢などによる身体への悪影響を減少させることが含まれる。

Q5 □□ 作業管理を進めるには、作業の実態を調査・分析し、評価して作業の標準化、労働者の教育、作業方法の改善等を行っていくことが重要である。

Q6 □□ 介護作業等腰部に著しい負担のかかる作業に従事する労働者に対し、腰痛予防体操を実施することは作業管理である。

- -

A1 ○

A2 ✕ 作業環境管理の内容であるので誤り。

A3 ○

A4 ○

A5 ○

A6 ✕ 健康管理の内容であるので誤り。

2 温熱環境

重要度 ★★★

✓ ✓ ✓

温熱環境とは温度感覚を左右する環境のことをいいます。

合格のツボ

①人間の温度感覚を左右する環境条件は、気温、湿度、気流、ふく射熱です。

②暑からず寒からずの快適な温度を至適温度といいます。

✓ 温熱条件

　温度感覚を左右する環境条件は、①気温、②湿度、③気流、④ふく射（放射）熱の４つです。

　健康障害が発生するかどうかは、これらに加えて作業強度、作業時間、服装、保護具、暑熱順化、水分・塩分の摂取量、皮下脂肪量、体調・持病なども関係します。特に気温の高低は、温度感覚を左右する最大の要因です。

　また、暑からず寒からずの快適な温度感覚を実効温度（気温、湿度、気流の総合効果を実験的に求め、温度目盛で表したもの）で示したものを至適温度といいます。作業強度や作業時間、年齢などによって異なりますが、一般的に作業強度が強く、作業時間が長いと、至適温度は低くなります。

✓ 気温や湿度の計測器

①アウグスト乾湿計

　最も一般的な湿度計です。棒状の温度計が２本あり、１本は気温測定に、他は球部をガーゼなどで覆い、常に湿潤させて湿度測定に使用します。温度計が露出しているため、気流やふく射熱の影響を受けるので、戸外での測定には不向きです。

②アスマン通風乾湿計

　乾球・湿球温度計２本と通風管からなり、湿球温度計の球部にはガーゼが巻いてあります（観測時には湿らせておく）。気流とふく射熱の影響を受けないため、戸外での使用も可能です。

③黒球温度計

　ふく射熱を計測するために、つや消しした中空の黒球の中心で測定します。修正実効温度の計測に利用します。

アウグスト
乾湿計

アスマン
通風乾湿計

黒球
温度計

● 温熱指標の種類

指標	定義	ポイント
実効温度 （感覚温度）	・気温、湿度、気流の総合効果を指標で表したもの ※計算ではなく、ヤグロー実効温度図表が多く用いられる	・ふく射熱は考慮されない ※ふく射熱の影響を受ける場合は修正実効温度を用いるほうが合理的である
修正実効温度	・ふく射熱を考慮した実効温度 ・乾球温度ではなく、黒球温度を用いて測定する	・直射日光等の放射熱源にさらされ、周壁の温度が気温と等しくない場合等に用いられる
不快指数	・蒸し暑さの程度を表したもの ・計算式 0.72 ×（乾球温度＋湿球温度）+40.6	・一般的に 80 以上で大多数が不快と感じるとされるが、気流が考慮されていないため、学問的に合理的な目安とはいえない
WBGT 指数 （湿球黒球温度指数）	・気温、湿度、ふく射熱を加味した暑さの総合指数 ①日射がある場合 0.7 ×自然湿球温度＋ 0.2 ×黒球温度＋ 0.1 ×乾球温度 ②日射がない場合 0.7 ×自然湿球温度＋ 0.3 ×黒球温度	・暑熱環境で作業者が受ける熱ストレスの評価を行う簡便な指標として用いる ・負荷が大きい仕事をすると熱中症になりやすくなるため、WBGT 基準値は小さな値となる。また、熱に順化（暑さに慣れる）している人に用いる基準値は、順化していない人に用いる基準値よりも大きな値となる

- 必要な測定データ

	乾球温度	湿球温度	気流	黒球温度
湿度（＝相対湿度）	○	○	×	×
実効温度	○	○	○	×
修正実効温度	×	○	○	○
不快指数	○	○	×	×

🖊 受かる！ 一問一答

Q1 ☐☐ デスクワークの場合の至適温度は、筋的作業の場合の至適温度より低い。

Q2 ☐☐ WBGT（湿球黒球温度）指数は、作業者が受ける暑熱環境による熱ストレスの評価を行うための指標として有用であるが、温熱要素の測定値のうち、日射がない場合のWBGT指数を算出するために必要なものは、自然湿球温度と黒球温度である。

Q3 ☐☐ 不快指数は、気温と気流、ふく射熱を要素として計算で求められる。

Q4 ☐☐ ふく射熱は、アスマン通風乾湿計で測定することができる。

A1 ✕ デスクワークの場合の至適温度は、筋的作業の場合の至適温度より高いので誤り。

A2 ○ WBGT指数は、日射がない場合は、0.7×自然湿球温度＋0.3×黒球温度で、日射がある場合は、0.7×自然湿球温度＋0.2×黒球温度＋0.1×乾球温度の式により算出される。

A3 ✕ 不快指数は、気温と湿度から一定の計算式で求められる。気流およびふく射熱は加味されないので誤り。

A4 ✕ ふく射熱は、黒球温度計で測定することができる。アスマン通風乾湿計は、気温と湿度を測定する。

3 視環境

視環境とは、人間の視覚に関わる物理的環境のことです。

重要度 ★★★

合格のツボ

①前方から明かりを採るときは、眼と光源を結ぶ線と視線がつくる角度を 30°以上にします。

②全般照明と局部照明を併用する場合、全般照明の照度は局部照明の 10 分の 1 以上にします。

✓ 視環境

視環境とは、人間の視覚に関わる物理的環境のことであり、採光、照明方法、光源の種類、グレア、照度や輝度のレベルと分布、色彩などから総合的に構成されます。作業場の視環境、すなわち採光や照明、彩色は、快適性や作業能率、健康に大きな影響を与えます。

✓ 視環境の要素

①照度

照度とは、単位面積あたりに供給された光の量を示す指標で、**ルクス（lx）**という単位で示されます。1 ルクス（lx）は、1 カンデラ（cd）の光源から 1 m 離れた場所でその光に直角な面が受ける明るさのことです。

照度は労働安全衛生規則で作業ごとに最低基準が定められており、**一般的な事務作業は 300 ルクス以上**、**付随的な事務作業は 150 ルクス以上**の照度が必要とされています。

なお、付随的な事務作業には、資料の袋詰めなど、事務作業のうち、文字を読み込んだり資料を細かく識別したりする必要のないものが該当します。

● 作業の種類と照度

作業の区分	基　準
一般的な事務作業	300 ルクス以上
付随的な事務作業	150 ルクス以上

第3章 労働衛生

②まぶしさ（グレア）

視界内に過度のまぶしさ（グレア）が生じると不快感や疲労を生じるので、照明の光源やその反射が作業者の視野に入らないように、作業位置を工夫したり、天井や壁に光を当て、反射光により作業面を照らす間接照明を利用したりすることが望ましいです。

前方から明かりをとるときは、まぶしさを避けるため、眼と光源を結ぶ線と視線がつくる角度を 30° 以上にします。

③彩色

室内の彩色は、明度（色の明るさ）を高くすると、光の反射率が高くなって照度を上げる効果がありますが、彩度（色のあざやかさ）を高くしすぎると交感神経の緊張を招きやすく、長時間にわたると疲労をしやすくなります。

したがって、部屋の彩色は、眼より低い位置は濁色、眼より高い位置は明るい色にするとよいとされています。

④照明の種類と方法

照明の種類と方法		
照明の種類	全般照明	作業場全体を明るくする照明
	局部照明	手元などの局所を特に照らす照明
照明の方法	直接照明	光源から直接照らす方法 強い影を作るので、眼が疲れやすくなる
	間接照明	天井や壁に反射させた光を作業面に照らす方法 影が出にくく、グレアの少ない照明になる 立体感を出す作業には不向き

✓ 照明の効果

全般照明と局部照明を併用する場合、全般照明は局部照明の照度の 10 分の 1 以上にします。

普通の作業では白色光を使用し、作業面や床面に強い影をつくらないようにします。一方、立体視を要する作業では、適度な影が必要です（影ができない照明がよいというわけではない）。

✏ 受かる！ 一問一答

Q1 ☐☐ 部屋の彩色にあたり、眼の高さから上の壁および天井は、まぶしさを防ぐため濁色にするとよい。

Q2 ☐☐ 室内の彩色で、明度を高くすると光の反射率が高くなることから照度を上げる効果があるが、彩度を高くしすぎると交感神経の緊張を招き、長時間にわたる場合は疲労が生じやすい。

Q3 ☐☐ 前方から明かりをとるとき、眼と光源を結ぶ線と視線とがつくる角度は、30°未満になるようにする。

Q4 ☐☐ 照度の単位はルクスで、1 lx は光度 1 カンデラの光源から 10 m 離れたところで、その光に直角な面が受ける明るさに相当する。

Q5 ☐☐ 光源からの光を壁に反射させて照明する方法を全般照明という。

Q6 ☐☐ 全般照明と局部照明を併用する場合、全般照明による照度は、局部照明による照度の 15 分の 1 以下となるようにする。

A1 ✕ 眼より高い位置は明るい色にするほうがよいので誤り。

A2 ◯

A3 ✕ 「30°未満」ではなく、「30°以上」であるので誤り。

A4 ✕ 1 lx とは、光度 1 カンデラの光源から 1 m離れたところで、その光に直角な面が受ける明るさに相当する。カンデラは光度の単位で、ルクスは照度の単位である。

A5 ✕ 光源からの光を壁に反射させて照明する方法を間接照明というので誤り。

A6 ✕ 「15 分の 1 以下」ではなく、「10 分の 1 以上」であるので誤り。

4 有害化学物質の分類と状態

重要度 ★★☆

有害化学物質は、固体か液体かなど、状態（存在様式）によって分類されます。

合格のツボ

①ヒュームは、固体が加熱により溶解し、気化し、冷やされて微粒子となったものです。
②ミストは、液体の微粒子が空気中に浮遊しているものです。

✓ 職業性疾病

　職業性疾病は職業病ともいわれます。一定の職業に従事し、その職業上の有害な因子（有害物質、有害エネルギー、作業要因等）にさらされることで起きる病気が広く含まれます。

✓ 有害化学物質

　物質の有害性は、その種類のみならず、吸収量や発生する状態などでも変わります。体内への侵入経路が気道の場合、直接肺に達するため、特に有害作用が高まります。

　次ページの表では、有害化学物質の分類と生成原因についてまとめていますので、赤字を中心に確認しておきましょう。

● 有害化学物質の存在様式

状態	分類	生成原因と物質例
固体	粉じん	・研磨や摩擦により粒子となったもの ・粒子が大きい場合、有害性は低いが、粒子が小さいほど有害性が高い ・米杉やラワン等の植物性粉じんも喘息やじん肺の原因となる 　例）石綿、無水クロム酸、ジクロロベンジジン、オルトートリジン、二酸化マンガン等
	ヒューム	・固体が加熱により溶解し、気化し冷やされて微粒子となったもの ・一般に粉じんより小さく、有害性が高い 　例）酸化亜鉛、銅、酸化ベリリウム等
液体	ミスト	液体の微粒子が空気中に浮遊しているもの 　例）硫酸、硝酸、クロム塩酸等
気体	蒸気	常温・常圧（25℃、1気圧）で液体または固体の物質が蒸気圧に応じて気体となったもの 　例）水銀、アセトン、ニッケルカルボニル、ベンゾトリクロリド、トリクロロエチレン、二硫化炭素、硫酸ジメチル、アクリロニトリル等
	ガス	常温・常圧で気体のもの 　例）塩素、一酸化炭素、ホルムアルデヒド、二酸化硫黄、塩化ビニル、アンモニア、硫化水素、エチレンオキシド等

受かる！ 一問一答

Q1 □□ 有害物質とその常温・常圧（25℃、1気圧）での空気中における状態との組合せとして、塩素＝ガスは正しい。

Q2 □□ 有害物質とその常温・常圧（25℃、1気圧）での空気中における状態との組合せとして、硫酸ジメチル＝粉じんは正しい。

Q3 □□ 有害物質とその常温・常圧（25℃、1気圧）での空気中における状態との組合せとして、ジクロロベンジジン＝粉じんは正しい。

A1 〇 常温・常圧で気体のものをガスという。塩素、一酸化炭素、ホルムアルデヒド、二酸化硫黄などがある。

A2 ✕ 硫酸ジメチルは、常温・常圧で「蒸気」であるので誤り。

A3 〇 粉じんには、ほかに石綿、無水クロム酸などがある。

5 有害物質による疾病

重要度 ★★★

✓ ✓ ✓

有害物質による疾病は、物質の種類によって異なります。

合格のツボ

①有機溶剤は常温では液体ですが、一般に揮発性が高いため、蒸気となって作業者の呼吸を通じて体内に吸収されやすく、油脂に溶ける性質のため皮膚からも吸収されます。

②水銀には発がん性はありません。

✓ じん肺

じん肺は、有害な粉じんの吸入によって肺に線維増殖性変化（線維化）が起こる肺疾患の総称であり、肺の機能が失われていきます。

自覚症状は初期にはあまりみられませんが、進行すると、咳、痰、呼吸困難がみられます。他覚症状としては、進行すると、ヘモグロビンの酸素飽和度が低下して皮膚や唇が青白く見える**チアノーゼ**などが起こります。

✓ じん肺による健康障害

じん肺は、ある程度進行すると、粉じんへのばく露を中止しても肺に発生した病変は治らず、さらに進行することがあり、肺結核のほか、続発性気管支炎、続発性気胸、原発性肺がんなどを合併することがあります。

じん肺には、遊離けい酸の粉じんによる「けい肺」、炭素を含む粉じんによる「炭素肺・黒鉛肺」、石綿による「石綿肺」、アルミニウムやその化合物による「アルミニウム肺」、鉄化合物による「溶接工肺」などがあります。

✓ 有害物質が引き起こす健康障害

①有機溶剤

有機溶剤とは、他の物質を溶かす性質を持つ有機化合物の総称であり、溶剤として塗装、洗浄、印刷等の作業に幅広く使用されています。有機溶剤は一般的に**揮発性**が高く、蒸気の比重が空気より大きく（空気より重い）拡散しにくいため、地下室やピット、貯槽の底部など通気不十分な場所で取り扱うと、高濃度で滞留しやすくなります。

また、すべて**脂溶性**である（油脂に溶けやすい）ほか、**揮発性**、**引火性**のものが多いことが特徴です。体内に入ると、脂溶性が高いほど脂肪組織や**脳**など神経系に取り込まれやすく、悪影響を及ぼします。

● 有機溶剤の特徴

①一般的に空気より重く、揮発性である
②皮膚や呼吸器、粘膜から吸収され、脂肪に溶けやすい（脂肪の多い脳に取り込まれやすい）
③肝障害や腎障害を起こすものがある。共通する毒性としては、中枢神経麻痺（頭痛、めまい、記憶力減退、不眠等）、皮膚粘膜刺激作用（皮膚炎）、呼吸器中毒症状（咳、上気道の炎症）等がある

②金属

・鉛

　粉じんやヒュームを吸入すると、鉛中毒を発症します。体内では骨に蓄積されます。

・水銀とその化合物

　金属水銀は手指の震え、精神障害、無機水銀は腎障害、アルキル水銀は求心性視野狭窄、聴覚障害、運動失調を引き起こします。

✓ここをチェック

金属熱は咳、胸部の圧迫感や頭痛といった症状から、一見すると熱中症に似ていますが、原因は高温環境で作業したためではなく、亜鉛や銅等の金属ヒュームを吸入したことにより起こります。

③刺激性ガス

・二酸化硫黄

　皮膚や粘膜の水分に溶けて亜硫酸となり、粘膜刺激症状を引き起こします。急性中毒では咳、眼の痛み、呼吸困難を生じ、慢性中毒では歯牙酸蝕症（しがさんしょくしょう）や慢性気管支炎などが生じます。

・アンモニア

　非常に水に溶けやすいため、鼻、喉、上気道、結膜の粘膜で溶け、咳、痰、流涙などの症状が生じます。

④窒息性ガス

・一酸化炭素

　空気とほぼ同じ重さで無臭、無色、無刺激の気体であるため、吸入しても気づきにくいという特徴があります。一酸化炭素は赤血球中のヘモグロビンとの親和

性が高いため、**血液の酸素運搬障害が生じやすくなります。**

・硫化水素

　腐卵臭の気体であり、低濃度では眼や気道の粘膜刺激症状が生じます。高濃度では、脳細胞が障害され、意識消失、呼吸麻痺、肺水腫による窒息死の危険もあります。

☑ここをチェック

体内に吸収された化学物質の多くは、肝臓などで分解、抱合など多様な化学変化をし、代謝物となって排泄されます。化学物質の体内への吸収が長時間に及ぶと、ある時点で、吸収量と排泄量が等しくなり、それ以上吸収し続けても体内の濃度は上昇しなくなる平衡状態になります。

✓ 職業性がん

　職業性がんとは、従事する職業に特有な発がん要因にばく露して発症するがんのことです。

● 主ながんの種類と発がん物質

	がんの種類	発がん物質
職業性がん	肺がん	クロム酸、タール、石綿、砒素、ベンゾトリクロリド、ビス（クロロメチル）エーテル
	皮膚がん、肺がん、膀胱がん	コールタール
	膀胱がん	ベンジジン、ベータナフチルアミン
	白血病	ベンゼン、電離放射線
	肝臓がん	塩化ビニル

● 粉じん、有機溶剤、金属等による主な職業性疾病

	主な原因物質	疾病・症状
粉じん	遊離けい酸（石英等の岩石）	けい肺
	石綿	石綿肺、肺がん、中皮腫
	鉄・アルミニウム化合物等	溶接工肺、アルミニウム肺、鉛じん肺、炭素肺
有機溶剤	ベンゼン	造血器障害、白血病
	二硫化炭素	脳血管障害、精神異常、肝障害、腎障害
	メタノール、酢酸メチル	視神経障害
	グリコール酸	貧血や溶血
	ノルマルヘキサン	多発性神経炎
金属	鉛（鉛中毒）	貧血、末梢神経障害、腹部の疝痛
	水銀（水銀中毒）	金属水銀、有機水銀＝脳疾患 無機水銀＝腎臓疾患
	カドミウム(カドミウム中毒)	急性＝上気道炎、肺炎 慢性＝肺気腫、腎機能障害、肺がん、門歯・犬歯の黄色環
	クロム（クロム中毒）	皮膚障害、がん（肺がん、上気道がん）、鼻中隔穿孔
	マンガン（マンガン中毒）	筋のこわばり、震え、歩行困難
	亜鉛、銅のヒューム吸入	金属熱（発熱や関節痛）
	コバルト、ニッケル、ベリリウム	共通の症状として、接触による皮膚障害がある
	砒素	角化症、黒皮症、鼻中隔穿孔
刺激性ガス	二酸化硫黄	上気道の刺激、歯牙酸蝕症
	二酸化窒素	急性肺水腫、気管支炎、歯牙酸蝕症
	塩素	咽頭痛、肺水腫
	フッ化水素	骨の硬化、斑状歯、肺炎、肺水腫、歯牙酸蝕症
窒息性ガス	硫化水素	眼や気道の刺激、高濃度では意識消失、呼吸麻痺、肺水腫
	シアン化水素（青酸）	気道や皮膚からも吸収され、細胞内の呼吸障害を起こす呼吸困難、けいれん
その他	塩酸、硫酸、硝酸	歯牙酸蝕症
	酸、アルカリ類	職業性皮膚障害（高濃度では火傷と同様の症状になる）

第 **3** 章

労働衛生

Q1 ☐☐ 有機溶剤は呼吸器から吸収されやすいが、皮膚から吸収されるものもある。

Q2 ☐☐ メタノールによる障害として顕著なものは、網膜細動脈瘤を伴う脳血管障害である。

Q3 ☐☐ 金属熱は金属の溶融作業において、高温環境により体温調節中枢が麻痺することにより発生し、長期間にわたる発熱、関節痛などの症状がみられる。

Q4 ☐☐ 酢酸メチルによる健康障害では、視力低下、視野狭窄などがみられる。

Q5 ☐☐ 化学物質とそれにより発症するがん（悪性腫瘍）との組合せとして、コールタールと皮膚がんは誤りである。

Q6 ☐☐ ノルマルヘキサンによる健康障害では、頭痛、めまい、多発性神経炎などがみられる。

Q7 ☐☐ 塩化ビニルによる慢性中毒では、慢性気管支炎、歯牙酸蝕症などがみられる。

Q8 ☐☐ 塩素による中毒では、再生不良性貧血、溶血などの造血機能の障害がみられる。

A1 ◯ 有機溶剤が皮膚から吸収された場合、皮膚に痛みを伴ったり水疱を呈したりすることがある。

A2 ✕ メタノールによる障害として顕著なものは、視神経障害や精神神経障害等であるので誤り。

A3 ✕ 金属熱は、高温環境下により発症するものではなく、亜鉛や銅等の金属ヒューム吸入により発症する症状であるので誤り。

A4 ◯

A5 ✕ コールタールにより発症するがんは、皮膚がん、肺がん、膀胱がんであるため、正しい記述である。

A6 ◯ ノルマルヘキサン（第2種有機溶剤）は肺や皮膚から吸収されやすいことも押えておくこと。

A7 ✕ 「塩化ビニルによる慢性中毒」ではなく、「二酸化硫黄による中毒」である。塩化ビニルは、がん（肝臓がん、肝血管肉腫）が発症するおそれがあるといわれている。

A8 ✕ 塩素による中毒では、咽頭痛や肺水腫などがみられる。

6 リスクアセスメント

重要度 ★★☆

✓ ✓ ✓

SDS は事業者が化学物質等を他の事業者に譲渡・提供する際に交付する文書で、危険有害性情報が記載されています。

合格のツボ

① SDS は、危険・有害性のある化学物質または製造許可物質（通知対象物）に対して交付が義務づけられています。

② リスクアセスメントしなければならない一定の物質（以下「リスクアセスメント対象物」）については、事業者によるリスクアセスメントが必要です。

✓ 化学物質等の危険有害性に関する表示・文書交付制度

　労働者に健康障害を生じるおそれのある化学物質については、譲渡・提供の際には SDS（安全データシート）の交付が義務づけられています。SDS の交付対象となる物質は、安衛法 56 条に基づく製造許可物質のほか、安衛令 18 条の 2 の爆発等の危険性がある化学物質です。記載内容は、①名称、②成分およびその含有量、③人体に及ぼす作用、④貯蔵または取扱い上の注意等の化学物質に関する重要な情報です。

✓ リスクアセスメント（危険性または有害性の調査）

　リスクアセスメント対象物については、事業者にリスクアセスメント（有害性の調査）が義務づけられています。

　リスクアセスメントは次に掲げる時期に行います。

① リスクアセスメント対象物を原材料等として新規に採用または変更するとき

② リスクアセスメント対象物を製造または取り扱う業務に係る作業方法や手順を新規に採用または変更するとき

③ リスクアセスメント対象物による危険性または有害性等について変化が生じまたは生じるおそれがあるとき

✓ここをチェック

業種、事業場規模にかかわらず、リスクアセスメント対象物の製造・取扱いを行うすべての事業場でリスクアセスメントを実施しなければなりません。

第 3 章 労働衛生

✓ リスクアセスメントの実施

リスクアセスメントでは、以下を実施することが求められています。

① リスクアセスメント対象物に係る危険性 ┐
　または有害性の特定 　　　　　　　　　　　　リスク
② リスクの見積り 　　　　　　　　　　　　　　アセスメント
③ リスクの見積り等に基づくリスク低減措置の内容の検討 ┘
④ リスク低減措置の実施
⑤ リスクアセスメント結果等の記録および保存ならびに労働者への周知

　なお、リスクアセスメントの実施にあたっては、次の資料等を入手し、その情報を活用する必要があります。

・安全データシート（SDS）
・リスクアセスメント等の対象となる作業を実施する状況に関する情報（作業標準、作業手順書等、機械設備等に関する情報等）
・リスクアセスメント対象物に係る機械設備のレイアウト等、作業の周辺の環境に関する情報
・作業環境測定結果等

①リスクアセスメント対象物に係る危険性または有害性の特定

　まず、リスクアセスメントの対象となる業務を洗い出します。国連勧告のGHS（化学品の分類および表示に関する世界調和システム）等に示されている危険性または有害性の分類に即して行います。

②リスクの見積り

　リスクアセスメント対象物を製造または取り扱う業務ごとに次のいずれかの方法またはこれらの併用などで見積りを行います。

【労働者に危険を及ぼしまたは健康障害を生ずるおそれの程度（発生可能性）と危険または健康障害の程度（重篤度）を考慮する方法】

マトリクス法	発生可能性と重篤度を相対的に尺度化し、それらを縦軸と横軸とし、あらかじめ発生可能性と重篤度に応じてリスクが割り付けられた表を使用する方法
数値化法	発生可能性と重篤度を一定の尺度によりそれぞれ数値化し、それらを加算または乗算等する方法
枝分かれ図を用いた方法	発生可能性と重篤度を段階的に分岐していく方法

※上記以外に「ILOの化学物質リスク簡易評価法（コントロール・バンディング）を用いる方法」や「化学プラント等の化学反応のプロセス等による災害のシナリオを仮定して、その事象の発生可能性と重篤度を考慮する方法」がある。

【労働者がリスクアセスメント対象物にさらされる程度（ばく露濃度など）とこのリスクアセスメント対象物の有害性の程度を考慮する方法】

管理濃度と比較する方法	管理濃度が定められている物質については、作業環境測定により測定した当該物質の第一評価値を当該物質の管理濃度と比較する方法
濃度基準値と比較する方法	濃度基準値が設定されている物質については、個人ばく露測定により測定した当該物質の濃度を当該物質の濃度基準値と比較する方法
実測値による方法	管理濃度または濃度基準値が設定されていない物質については、対象業務について作業環境測定などによって測定した作業場所におけるその物質の気中濃度などを、その物質のばく露限界と比較する方法
使用量などから推定する方法	数理モデルを用いて対象業務の作業を行う労働者の周辺のリスクアセスメント対象物の気中濃度を推定し、その物質の濃度基準値またはばく露限界と比較する方法
あらかじめ尺度化した表を使用する方法	リスクアセスメント対象物への労働者のばく露の程度とその物質による有害性の程度を相対的に尺度化し、それらを縦軸と横軸とし、あらかじめばく露の程度と有害性の程度に応じてリスクが割り付けられた表を使用する方法

③リスクの見積り等に基づくリスク低減措置の内容の検討

　リスク低減措置は、法令に定められた事項がある場合には必ず実施します。同時に、次の図にある優先順位で検討し、実施します。

● リスク低減措置の優先順位

①設計や計画の段階における危険性または有害性の除去または低減

危険な作業の廃止・変更、危険性や有害性の低い材料への代替、化学反応のプロセス等の運転条件の変更、より安全な施工方法への変更等

②衛生工学的対策　　カバー、局所排気装置、防音囲いの設置等

③管理的対策　マニュアルの整備、立入禁止措置、ばく露管理、教育訓練等

④リスクアセスメント対象物の有害性に応じた有効な保護具の選択および使用

④リスク低減措置の実施

検討したリスク低減措置の内容を実施しなければなりません。

⑤リスクアセスメント結果等の労働者への周知

リスクアセスメント対象物の名称、対象業務の内容、リスクアセスメント結果（特定した危険性または有害性、見積もったリスク）、実施するリスク低減措置の内容を作業場に常時掲示または備え付ける等の方法により、労働者に周知します。

✏ 受かる！ 一問一答

Q1 ☐☐ SDSに記載する「人体に及ぼす作用」としての化学物質の有害性は、急性毒性、慢性毒性、発がん性に限られている。

Q2 ☐☐ SDSは化学物質に関する重要な情報が記載されている文書なので、厳重に保管して閲覧できる者を限定しなければならない。

Q3 ☐☐ 発生可能性および重篤度を段階的に分岐していく方法は、「リスクアセスメント等に関する指針」において示されているリスクアセスメント対象物に係るリスクを見積もる方法として適切である。

Q4 ☐☐ リスクアセスメント対象物に係るリスク低減措置を検討する場合、優先度の高い順に並べると、①危険性または有害性のより低い物質への代替 → ②リスクアセスメント対象物に係る機械設備等の密閉化、局所排気装置の設置等の衛生工学的対策 → ③作業手順の改善、立入禁止等の管理的対策 → ④リスクアセスメント対象物の有害性に応じた有効な保護具の選択および使用、となる。

A1 ✗ 設問のほか、皮膚腐食性、刺激性、生殖毒性等があるので誤り。

A2 ✗ SDSは常時作業場の見やすい場所に掲示し、誰でも確認できるようにしておかなければならないので誤り。

A3 ○ なお、リスクアセスメント等に関する指針によれば、リスクアセスメントの実施にあたっては、安全データシート（SDS）、作業標準、作業手順書、作業環境測定結果等の資料を入手し、その情報を活用するものとされている。

A4 ○

7 有害エネルギーによる疾病等①

有害エネルギーによる疾病とは、高熱・騒音・放射線などの
有害エネルギーが引き起こす職業性疾病です。

重要度 ★★★

合格のツボ

①潜水業務における減圧症は、浮上時の減圧に伴い、血液中の窒素が気泡化して起こります。

②大量の汗をかいて脱水を起こしたときに水だけを補給していると、血液中の塩分濃度が低下して熱けいれんを起こします。

✓ 温熱環境による健康障害

①高温

熱射病、熱虚脱、熱けいれんなど、暑熱環境によって生じる身体の適応障害の状態を総称して熱中症といいます。

熱中症	症状	対処法
熱射病 （日射病）	・高温多湿の環境による体温調節中枢の機能障害 ・40℃以上の体温、発汗停止、意識障害やけいれん、呼吸困難等の症状がみられる	早急に体温を下げる処置が必要
熱虚脱	・身体の熱を外へ逃そうとして皮膚の血管が拡張するため血液が滞留し、脳への血液の流れが少なくなり、めまいや失神を起こす状態 ・発熱はない	涼しい所で頭を低くして安静にする
熱けいれん	・高温下での発汗により大量の水分と塩分が失われた状態で、水分だけを補給し塩分を補給しない場合に発症する ・体温の上昇はない	涼しい所で塩分を補給する

②低温

低温の環境では、人間は震えなどによって熱を産生し、体温の低下を防ごうとしますが、やがて体熱の喪失が産生を上回ると、体の中心部の温度が **35℃以下** となり、低体温症になります。

さらに体温が低下して **32℃以下** になると熱産生が十分に行われなくなり、中枢神経機能や呼吸・循環機能不全により **死に至り** ます。低温環境では、手や足の末梢部は凍瘡（しもやけ）を起こしたり、**0℃以下** の寒冷下では組織が凍結して凍傷壊死を起こしたりすることもあります。

第3章 労働衛生

- 低温による障害

種類	症状
凍傷	組織の凍結壊死
凍瘡	寒冷のばく露により発症。俗に、「しもやけ」とよばれる炎症

✓ 気圧変化による健康障害

潜水作業や高圧室内作業（圧気工法）などの作業に従事する場合は、高圧の影響や高圧環境から常圧環境に戻るときに受ける減圧の影響から、下表のような健康障害が生じやすくなります。

障害を予防するためには、加圧や減圧に十分時間をかける必要があります。

- 異常気圧と職業性疾病

気圧の状態	職業性疾病	原因
加圧時	スクイーズ（しめつけ）	不均等な加圧による
高圧環境作業時（維持）	窒素酔い、炭酸ガス中毒、酸素中毒	高圧の環境下で、これらのガスが血中に大量に溶け込むことによる
減圧時	①不均等な減圧 →気胸、リバースブロック、空気塞栓症 ②減圧症 →チョークス（胸内苦悶）、ベンズ（関節痛）、中枢神経症状、皮膚症状	高圧の環境下で、大量に体内組織に吸収されていた窒素ガスが、減圧によって血中で気化し、気泡が血管を詰まらせることによる

✓ 騒音・振動による健康障害

①騒音

騒音下では著しい精神疲労が生じ、自律神経系や内分泌系にも影響を与えます。騒音が引き起こす代表的な疾患には、騒音性難聴があります。騒音に長期間ばく露されたことによる内耳（蝸牛）の有毛細胞の変性が原因です。騒音性難聴は感音性の難聴で、耳鳴りを伴うことが多く、また、高周波音（高い音）のほうが低周波音（低い音）より難聴になりやすいといわれています。

人が聴くことのできる音の周波数は、およそ 20 〜 20,000Hz といわれますが、**4,000Hz の高音**から聞こえにくくなるため、初期は気づかないことが多く、また、治りが悪いという特徴があります。この聴力低下の型を $c^5 dip$（シーゴディッ

プ）といいます。

- 音の単位

Hz（ヘルツ）	音の周波数を表す単位（高低）
dB（デシベル）	音の強さを表す単位（音圧）

※音圧レベルは、通常、その音圧と人間が聴くことができる最も小さな音圧（20μPa）との比の常用対数を20
　倍して求められ、その単位はデシベル（dB）で表される
※さまざまな音の高さを人間にとっての聴こえ方に応じて音圧レベルを補正することをA特性による補正とい
　い、dB（A）で表す

②騒音防止対策

　多筒抄紙機により紙を抄く業務等著しい騒音を発する屋内作業場については、
6カ月以内ごとに1回、定期に、等価騒音レベルを測定し、その結果を評価して
作業環境管理を行います（音源対策）。

　また、労働者から騒音について苦情が出たときや、定期健康診断の聴力検査の結
果、有所見者が多く出たときは、その騒音の伝ぱを防ぐため、隔壁を設ける等遮
音、消音、吸音等の伝ぱ経路対策や騒音特性に応じた耳栓・耳覆いの選定といっ
た受音者対策が効果的であるといわれています。騒音対策で最も効果的であるの
は、音源対策とされていますが、実際には、一つの対策だけでは不十分で、いく
つかの対策を組み合わせなければならないことが多いとされています。

✓ここをチェック
等価騒音レベルとは、時間とともに変動する騒音について一定時間内の平均
的な騒音の程度を表す指標のことをいいます。

③振動

　振動による健康障害は、全身振動障害と局所振動障害に分類されます。レイノー
現象（白指症・白指発作）は、削岩機やチェーンソー等の振動工具の長時間使用
による局所振動障害のひとつであり、冬季に発生しやすくなります。他覚所見よ
りも、自覚症状のほうが先行して発症します。

Q1 ☐☐ 熱けいれんは、高温環境下での労働において、皮膚の血管に血液がたまり、脳への血液の流れが少なくなることにより発生し、めまい、失神などの症状がみられる。

Q2 ☐☐ 凍瘡は、皮膚組織の凍結壊死を伴うしもやけのことで、0℃以下の寒冷にばく露することによって発生する。

Q3 ☐☐ 潜水業務における減圧症は、浮上による減圧に伴い、血液中に溶け込んでいた酸素が気泡となり、血管を閉塞したり組織を圧迫することにより発生する。

Q4 ☐☐ 騒音性難聴は、騒音により中耳の有毛細胞が変性することにより生じる。

Q5 ☐☐ 騒音性難聴は初期には気づかないことが多く、また、治りにくいという特徴がある。

Q6 ☐☐ 騒音レベルの測定は、通常、騒音計の周波数補正回路の A 特性で行い、その大きさは dB(A) で表示する。

A1 ✕ 「熱けいれん」ではなく、「熱虚脱」であるので誤り。

A2 ✕ 凍瘡は、日常生活内での軽度の寒冷により発生する皮膚障害であり、凍結壊死は伴わない。

A3 ✕ 「酸素」ではなく、「窒素ガス」であるので誤り。

A4 ✕ 「中耳」ではなく、「内耳」であるので誤り。

A5 ◯ 騒音性難聴は、4,000 H z 付近の高音域から始まるので、日常会話では気づかないことが多い。

A6 ◯ 人間が聴くことができる音の周波数は、20 ～ 20,000Hz とされているが、さまざまな高さの音を人間にとっての聴こえ方で音圧レベルを補正することを A 特性による補正といい、dB(A) と表される。

8 有害エネルギーによる疾病等②

重要度 ★★★

✓ ✓ ✓

放射線などの有害エネルギーが引き起こす職業性疾病に加え、
食中毒による健康障害もあります。

合格のツボ

①波長は、ガンマ線＜エックス線＜紫外線＜可視光線＜赤外線＜
マイクロ波の順に長くなります。
②腸炎ビブリオは、病原性好塩菌と呼ばれています。

✓ 電離放射線・非電離放射線による健康障害

①電離放射線

　電離放射線は、電離作用（放射線によって与えられたエネルギーにより、通り道
にある物質の電子が弾き飛ばされる作用）を有する放射線のことです。物質を透
過したり、電離させたりする性質があり、電磁波と粒子線に大別されます。エッ
クス線、ガンマ線などは電磁波、アルファ線、ベータ線、中性子線、電子線など
は粒子線です。

　電離放射線を放出する元素には、ウラン、ラジウムなど天然に存在するものと、
コバルト60、イリジウム192など、人工的につくられたものがあります。電離
放射線による健康影響には、身体的影響と遺伝的影響があります。身体的影響に
は、被ばく線量が一定のしきい値（影響が出る最低の線量値）以上になると発現
する脱毛や白内障、中枢神経障害などの確定的影響（組織反応）と、しきい値が
なく、被ばく線量が多くなるほど発生率が高くなる白血病、甲状腺がんなどの確
率的影響があります。電離放射線の被ばくによる発がんと遺伝的影響は、確率的
影響に分類され、発生する確率が被ばく線量の増加に応じて増加します。

● 電離放射線の種類と健康被害

放射線	種類	症状
電離	ガンマ線	・早期障害（被ばく後数週間以内に発生する障害） 　造血器障害（白血病を除く）、消化管障害、中枢神経障害、 　皮膚障害
	エックス線	・晩発障害（被ばく後数年または数十年にわたる潜伏期間を 　　　　　　経て発生する障害） 　発がん、白内障、白血病、胎児障害

②非電離放射線

　非電離放射線とは、電離作用のない放射線のことをいい、次の表のように分類されます。

● **非電離放射線の種類と健康障害**

放射線	種類	症状
非電離	紫外線	電光性眼炎、皮膚色素沈着、光線過敏性皮膚炎、皮膚がん
	レーザー光線 （波長が単一で一定）	粘膜火傷、失明、網膜火傷、白内障、皮膚火傷
	赤外線	白内障、皮膚熱傷（火傷）、熱中症
	マイクロ波 （赤外線より長い波長）	組織壊死、深部組織発熱、白内障

✓ ここをチェック

波長の長さは以下の通りです。

ガンマ線 < エックス線 < 紫外線 < 可視光線 < 赤外線 < マイクロ波

短 ———————————————————————— 長

✓ 感染症の特徴

①感染の成立

　人間の抵抗力より病原性（身の回りに存在する微生物等が病気を引き起こす力）が強くなったときに感染が成立します。感染が成立するには、感染源、感染経路、感染を受けやすい人の3つの要素が必要となります。感染の成立によって、症状が引き起こされることを感染症といいます。人間の抵抗力が低下した場合は、通常、多くの人には影響を及ぼさない病原体が病気を発症させることがあり、これを日和見（ひ よ り み）感染といいます。また、感染が成立してはいるものの、症状が現れない状態が継続することを不顕性（ふ けんせい）感染といいます。

②キャリア

　感染が成立し、症状が現れるまでの人をキャリア（保菌者）といいます。感染したことに気付かず病原体をばらまく感染源になることがあります。

③感染経路

微生物に感染した人間や動物等の感染源から、微生物が人体内に移行し感染する道筋のことを感染経路といいます。感染経路は、次の6つに分類されます。

● 感染経路の分類

名称	感染経路
接触感染	感染源と直接接触することによる感染（はしか、水ぼうそう等）
飛沫感染	人のくしゃみで唾液などに混じった病原体が飛散することによる感染（インフルエンザウイルス、新型コロナウイルス等）
エアロゾル感染	換気の悪い密室で微細な飛沫の粒子が空気中を漂うことによる感染（インフルエンザウイルス、新型コロナウイルス等）
空気感染	微生物を含む飛沫の水分が蒸発し、乾燥した小粒子として空気中に長時間浮遊することによる感染。長距離でも感染が起こり得る（結核、麻疹、水ぼうそう等）
物質媒介型感染	汚染された食物、水、血液等により伝ぱされることによる感染（食中毒、B・C型肝炎等）
昆虫等を媒介した感染	蚊、ハエ、ネズミ等を経由して伝ぱすることによる感染（マラリア、リケッチア症等）

☑ここをチェック

インフルエンザウイルスにはA型、B型およびC型の3つの型がありますが、流行の原因となるのは、主として、A型およびB型です。

✓ 食中毒の種類

①細菌性食中毒

細菌などが原因で引き起こされる食中毒です。夏季に多く発生し、食中毒の70～90%を占めます。

細菌性食中毒は何に感染したかによって、感染型と毒素型に分けられます。感染型は、増殖した細菌が原因、毒素型は細菌が産生した毒素が原因です。

②ウイルス性食中毒

ノロウイルスによる食中毒は、冬季に集団食中毒として発生するケースが多く

みられます。潜伏期間は1～2日と考えられ、吐き気、嘔吐、下痢を主症状とし、発熱等風邪に似た全身症状を伴うこともあります。ノロウイルスの除去には、エタノールはあまり効果がなく、煮沸消毒または塩素系の消毒剤が効果的です。

③**自然毒食中毒**

きのこ、フグ、貝、じゃがいもの芽などの毒素を持った動植物を食べることによって症状が引き起こされる食中毒です。

フグ毒は、主成分の**テトロドトキシン**によって口唇の麻痺や手足のしびれなどの症状がみられ、呼吸麻痺を起こし、死に至ることもあります。

④**化学性食中毒**

砒素、農薬、有害性金属などの有害な化学物質が混入した食品を摂取することによって発生します。

マグロやカツオなどの赤身魚やチーズなどに含まれる**ヒスチジン**が室内で放置されると、細菌により分解されて**ヒスタミン**を生成し、数時間後に腹痛や嘔吐等の症状を呈することがありますが、これも化学性食中毒に分類されます。加熱処理をしても**分解されにくい**ため、予防には**低温保存**で細菌の増殖を抑えることが重要です。

● 細菌性食中毒

タイプ	原因菌と特徴	主な食材
感染型細菌が原因	サルモネラ菌 （熱に弱い、急性胃腸炎型の症状）	排泄物で汚染された食肉や卵
	腸炎ビブリオ（熱に弱い、好塩性、腹痛、水様性下痢、潜伏期はおおむね10～20時間）	近海産の魚介類（病原性好塩菌）
	カンピロバクター（ニワトリ、ウシ等の腸に住む。下痢、腹痛、発熱等他の感染型細菌性食中毒と酷似する潜伏期間は2～7日）	食品や飲料水
	ベロ毒素産生性大腸菌（腸管出血性大腸菌）（ベロ毒素により腹痛や出血を伴う水様性の下痢等を起こす。潜伏期間は、3～5日。代表的なものにO26、O111、O157がある）	汚染された食肉や野菜等から採取されることがある
毒素型毒素が原因	ボツリヌス菌（熱に強い、神経症状を呈し、致死率が高い）	缶詰等
	黄色ブドウ球菌（熱に強い、嘔吐、腹痛、比較的症状は軽い）	弁当、あんこ等
	セレウス菌（熱に強い、嘔吐、腹痛、下痢、潜伏期間は、30分～16時間）	弁当、焼きそば、プリン等

Q1 ☐☐ 電離放射線による中枢神経系障害は、確率的影響に分類され、被ばく線量がしきい値を超えると発生率および重症度が線量に応じて増加する。

Q2 ☐☐ 電離放射線の被ばくによる白内障は、晩発障害に分類される。被ばく後の半年～30年後に発症することが多い。

Q3 ☐☐ マイクロ波は、赤外線より波長が短い電磁波で、照射部位の組織を加熱する作用がある。

Q4 ☐☐ 赤外線は可視光線よりも波長が長い電磁波で、白内障を起こすことがある。

Q5 ☐☐ ボツリヌス菌は、缶詰、真空パック食品など酸素のない食品中で増殖し、毒性の強い神経毒を産生し、筋肉の麻痺症状を起こす。

Q6 ☐☐ 腸炎ビブリオは、病原性好塩菌ともいわれる。

A1 ✕ 「確率的影響」ではなく「確定的影響」であるので誤り。しきい値があるのが確定的影響である。

A2 ◯ 正しい。設問の通りである。

A3 ✕ マイクロ波は、赤外線より長い波長であるので誤り。

A4 ◯ 赤外線の障害には、ほかに皮膚熱傷、熱中症などがある。

A5 ◯ ボツリヌス菌による毒素は神経毒で、神経症状を呈し、致死率が高い。缶詰などが感染源となる。

A6 ◯ 腸炎ビブリオは病原性好塩菌ともいわれ、感染型である。近海産魚介類が感染源となる。

第**3**章

労働衛生

9 情報機器作業時の労働衛生管理

重要度 ★★☆

情報機器作業における労働衛生管理については、厚生労働省により
ガイドライン（作業指針）が定められています。

合格のツボ

①パソコンなどのディスプレイを用いる場合の書類およびキーボードの照度は 300 ルクス以上が適切です。
②情報機器作業健康診断は、一般健康診断を実施する際に併せて実施できます。

✓ 情報機器作業における労働衛生管理

　情報機器作業は、事務所において行われていますが、具体的には、**パソコンやタブレット端末等の情報機器を使用して**、データの入力・検索・照合等、文章・画像等の作成・編集・修正等、プログラミング、監視等を行う作業をいいます。情報機器作業における労働衛生管理については、厚生労働省により以下のような内容のガイドライン（作業指針）が定められています（抜粋）。

✓ 作業環境管理

　作業環境管理とは、作業者の心身の負担を軽減し、支障なく作業を行うことができるように環境の管理を行うことをいいます。以下は、照明および採光の例です。
① 室内は可能な限り明暗の対照が著しくなく、かつ、まぶしさを生じさせないようにする
② ディスプレイを用いる場合の書類上およびキーボード上における照度は **300 ルクス以上**とし、作業しやすい照度とする。また、画面の明るさ、書類およびキーボード面における明るさと周辺の明るさの差はなるべく小さくする
③ 間接照明等のグレア防止用照明器具を用いる
④ その他グレアを防止するための有効な措置を講じる

✓ 作業管理

　作業時間や業務量に関しては、以下のとおり定められています。
① 1日の作業時間として、情報機器作業が過度に長時間にわたり行われることのないよう指導する
② **一連続作業時間が1時間を超えないようにする**。そして、次の連続作業までの間に **10～15分の作業休止時間**を設け、かつ、**一連続作業時間内において1～2回程度の小休止を設ける**よう指導する

③ 作業者の疲労の蓄積を防止するため、個々の作業者の特性を十分に配慮し、無理のない適度な業務量となるよう配慮する

● 情報機器作業における作業環境管理・作業管理

項目	基準
書類上およびキーボード面の照度	300 ルクス以上
ディスプレイ画面の上端の高さ	画面の上端が眼の高さと同じか、やや下
ディスプレイ画面までの視距離	40cm 以上
ディスプレイ画面の文字の高さ	3 mm以上
一連続作業時間	①１時間を超えない ②作業時間の合間に 10 ～ 15 分の作業休止 ③一連続作業時間内で１～２回程度の小休止

✓ 情報機器作業健康診断

　作業者の健康状態を正しく把握し、健康障害の防止を図るため、作業者に対し情報機器作業への配置前と、その後１年以内ごとに１回、業務歴、既往歴、自覚症状の有無の調査、眼に関する調査（遠近視力、調節機能等）、筋骨格系の検査（上肢の運動機能、圧痛点等の検査）などを行う必要があります。

✏ 受かる！ 一問一答

Q1 □□ ディスプレイを用いる場合の書類上およびキーボード上における照度は、500 ルクス以下になるようにするのが適切である。

Q2 □□ 情報機器作業健康診断では、原則として、視力検査、上肢および下肢の運動機能検査などを行う。

Q3 □□ １日の情報機器作業の作業時間が４時間未満である労働者については、自覚症状を訴える者についてのみ、情報機器作業に係る定期健康診断の対象としている。

A1 ✕ 「500 ルクス以下」ではなく、「300 ルクス以上」であるので誤り。

A2 ✕ 情報機器作業従事者に対する健康診断の健診項目は、①業務歴の調査、②既往歴の調査、③自覚症状の有無の調査、④眼科学的検査、⑤筋骨格系に関する検査であるので誤り。

A3 ○

10 受動喫煙防止対策

重要度 ★★★

受動喫煙防止対策については、厚生労働省により「職場における受動喫煙防止のためのガイドライン」が定められています。

合格のツボ

改正健康増進法のポイントとしては、①望まない受動喫煙をなくし、②受動喫煙による健康影響が大きい子どもや患者等に特に配慮し、③施設の類型・場所に応じた対策を実施することです。

✓ 受動喫煙

受動喫煙とは、自らの意思と関係なく、環境中のたばこの煙を吸入することです。たばこの煙には、吸い口から直接吸う主流煙と、火のついた先から立ち上る副流煙があり、副流煙のほうが**ニコチン**や**タール**などの有害物質が数倍多く含まれています。このため、喫煙者の周りの人たちが無意識に吸い込む受動喫煙は、**脳卒中**や**心筋梗塞**など深刻な健康被害をもたらすおそれがあり、妊婦や子ども、乳児への悪影響も大きいといえます。

職場での受動喫煙防止については、安衛法 68 条の 2 により対策が規定されており、これに関連し、2018 年 7 月に健康増進法の一部を改正する法律が成立・公布されています。

✓ 受動喫煙防止対策

健康増進法で義務づけられる事項および安衛法 68 条の 2 により、事業者が実施すべき事項（努力義務）を一体的に示すことを目的として「職場における受動喫煙防止のためのガイドライン」（厚生労働省）が定められています。

✓ 各種施設における受動喫煙防止対策

事業者は施設の種類に応じて受動喫煙防止対策をとらなければなりません。

①第一種施設と第二種施設

多数の者（2 人以上）が利用する学校や病院、児童福祉施設、そのほか受動喫煙で健康を損なうおそれの高い者が主に使う施設を第一種施設といい、原則敷地内禁煙となります。そのため、たばこの煙の流出を防止するための技術的基準を満たす屋外の喫煙場所を除いて、労働者に敷地内で喫煙をさせてはいけません。

また、多数の者が利用する施設のうち、第一種施設や喫煙目的の公衆喫煙所、喫煙を主たる目的とするバー、スナック等を除く施設（一般の事務所や工場、飲食

店などを含む）を第二種施設といいます。第二種施設についても、第一種施設と同様に原則屋内禁煙となり、喫煙を認める場合は喫煙専用室等の設置が必要です。

②既存特定飲食提供施設

　既存特定飲食提供施設とは、個人または資本金 5,000 万円以下の会社が経営しており、客席面積が 100㎡以下などの条件を満たした小規模な飲食店をいいます。これら施設でも、事業者は受動喫煙を望まない者が業務や飲食を避けることができるよう配慮しなければなりません。

● 喫煙専用室に関する標識

✓ 受動喫煙の組織的対策

　事業者は、下記の事項について、受動喫煙防止対策を組織的に進める必要があります。

①推進計画の策定

　事業者は、事業場の実情を把握したうえで、受動喫煙防止対策を推進するための計画（中長期的なものを含む。以下「推進計画」という）を策定する必要があります。策定にあたっては、事業者が参画し、労働者の積極的な協力を得て衛生委員会等で十分に検討することが必要です。

②担当部署の指定

③労働者の健康管理等

④標識の設置・維持管理

　施設内に喫煙専用室、指定たばこ専用喫煙室などを置こうとする場合は、出入口および施設の主たる出入口の見やすい箇所に必要な事項を記載した標識を掲示しなければなりません。

⑤意識の高揚および情報の収集・提供
⑥労働者の募集および求人の申込み時の受動喫煙防止対策の明示

　また、組織的対策として妊婦等についても、特別な配慮が求められます。妊娠している労働者や呼吸器・循環器等に疾患を持つ労働者、がん等の疾病を治療しながら就業する労働者、化学物質に過敏な労働者など健康への影響を一層受けやすい懸念がある者に対しては、特に配慮を行わなければなりません。

✓ 施設・設備面の対策

　事業場の実情を把握・分析した結果等を踏まえ、次のうち、最も効果的な措置をとります。いずれの場合も、喫煙区域から非喫煙区域にたばこの煙が漏えいしないような設置場所・施設構造とし、あわせて効果的な利用方法を利用者に周知します。
① 屋外喫煙所の設置（屋内全面禁煙）
② 喫煙室の設置（空間分煙）
③ 既存特定飲食提供施設であっても屋外喫煙所や喫煙室の設置が困難な場合には、喫煙可能な区域を設定したうえで、区域内の適切な換気を実施

　また、喫煙室には、たばこの煙を吸引して屋外に排出する装置を設けます。この装置は、たばこの煙がほかの部屋に拡散しないよう適切に稼働させるようにします。健康増進法では、喫煙専用室等の必要な技術的基準を以下の通りとしています。
① 喫煙専用室等出入り口の気流は、扉の全開放時に 0.2 m/s 以上であること
② たばこの煙が室内から室外に流出しないよう、喫煙専用室等は、壁、天井等によって区画されていること
③ 喫煙専用室等のたばこの煙が屋外又は外部の場所に排気されていること

✓ 喫煙可能場所における労働者の作業に関する措置

　健康増進法では、喫煙専用室などの喫煙可能な場所に 20 歳未満の者を立ち入らせることが禁止されています。そのため、それらの場所に案内することはもちろん、20 歳未満の労働者を立ち入らせて業務を行わせてはいけません（喫煙専用室等の清掃作業も含まれる）。

受かる！ 一問一答

Q1 □□ 職場における受動喫煙防止のためのガイドライン（以下「ガイドライン」という）において、「第二種施設」とは多数の者が利用する学校や病院、児童福祉施設、そのほか受動喫煙で健康を損なうおそれの高い者が主に使う施設のことをいう。

Q2 □□ ガイドラインにおいて、「喫煙専用室」を設置する場合に満たすべき事項として、「喫煙専用室の出入口における室外から室内に流入する空気の気流について、6カ月以内ごとに1回、定期に測定すること」は、定められていない。

Q3 □□ ガイドラインにおいて、「喫煙専用室」を設置する場合に満たすべき事項として、「喫煙専用室の出入口において、室外から室内に流入する空気の気流が、0.2m/s以上であること」は、定められていない。

Q4 □□ ガイドラインにおいて、第一種施設で喫煙をすることができる場所である特定屋外喫煙場所を設置する場合は、喫煙することができる場所が区画されていれば、喫煙できる場所である旨を記載した標識を掲示する必要はないとしている。

Q5 □□ 第二種施設においては、特定の時間を禁煙とする時間分煙が認められている。

Q6 □□ たばこの煙の流出を防止するための技術的基準に適合した喫煙専用室においては、食事はしてはならないが、飲料を飲むことは認められている。

A1 ✕ 「第一種施設」の説明であるため誤り。第二種施設は、第一種施設や喫煙目的の公衆喫煙所、喫煙を主たる目的とするバー、スナック等を除く施設が該当する。

A2 ○

A3 ✕ 設問の事項は、ガイドラインに定められているので誤り。

A4 ✕ 標識の掲示および第一種施設を利用する者が通常立ち入らない場所に設置することも必要であるので誤り。

A5 ✕ 第二種施設において、禁煙とされている場所において時間分煙は認められない。

A6 ✕ 喫煙専用室においては、飲食は禁止されている。

第

3

章

労働衛生

11 腰痛予防対策

重要度 ★★★

☑ ☑ ☑

腰痛予防対策については、厚生労働省により「職場における腰痛予防対策指針」が定められています。

合格のツボ

重量物取扱い作業や介護作業など、腰部に著しい負担のかかる作業に常時従事する労働者に対しては、作業へ配置する前およびその後 6 カ月以内ごとに 1 回、健康診断を実施する必要があります。

✓ 職業性疾病としての腰痛

　腰痛は、休業 4 日以上の職業性疾病の 6 割を占める労働災害となっています。職場で腰痛を予防するには、労働衛生管理体制を整備した上で、作業管理・作業環境管理・健康管理の 3 つの管理と労働衛生についての教育を総合的・継続的に実施することが重要です。厚生労働省では、「職場における腰痛予防対策指針」を策定しています。

　以下、指針の内容をまとめています。

✓ 作業態様別の腰痛対策

重量物取扱い作業

　事業者が労働者に重量物を取り扱う作業を行わせる場合、単に重量制限のみを厳守させるのではなく、取扱い回数等の作業密度を考慮し、適切な作業時間、人員配置等に留意しつつ、次の対策を講じなければなりません。

①自動化、省力化を図ります。

②満 18 歳以上の男子労働者が人力で取り扱う物の重量は、体重のおおむね **40％以下**、満 18 歳以上の女子労働者は、男性の重量の **60％**位までとなるよう努めます。

③取り扱う物の重量は、できるだけ**明示**すること等、荷姿の改善、重量の明示を行います。

④労働者が重量物を取り扱うときは、できるだけ腰部に負担をかけない姿勢で行うようにします。具体的には、重量物を持ち上げたり、押したりする動作をするときは、できるだけ**身体を対象物に近づけ、重心を低くするような姿勢を取ること**等を留意させるようにします。

⑤重量、頻度、運搬距離、運搬速度など作業による負荷に応じて、小休止・休息をとります。また他の軽作業と組み合わせる等により、連続した取扱い時

間を軽減して取扱い時間に留意します。

⑥必要に応じて**腰部保護ベルト**の使用を考えます。腰部保護ベルトは、一律に使用させるのではなく、**労働者ごとに効果を確認してから使用の適否を判断**します。

好ましい姿勢

好ましくない姿勢

出典：職場における腰痛予防対策指針（厚生労働省）

立ち作業

　機械・各種製品の組立工程やサービス業等に見られるような立ち作業では、腰部に過度の負担がかかる姿勢となる場合があります。このような姿勢をできるだけ少なくするため、床面が硬い場合、事業者は**クッション性のある作業靴やマット**を利用して、**衝撃を緩和**すること等必要な措置を講ずる必要があります。

座り作業

　座り姿勢は、身体全体への負担は軽いですが、腰椎にかかる力学的負荷は大きくなります。そのため、事業者は腰掛作業において**椅子に深く腰を掛けて、背もたれで体幹を支え、履物の足裏全体が床に接する姿勢**を基本とすることや必要に応じて滑りにくい足台を使用すること等の必要な措置を講じなければなりません。

✓ 腰痛予防の健康管理

①健康診断

　腰に著しい負担がかかる作業に常時従事させる場合は、その作業に**配置する際**に、医師による腰痛の健康診断を実施します。その後は、**6カ月以内に1回**、実施します。

②腰痛予防体操

　ストレッチを中心とした腰痛予防体操を実施させます。

③注意事項

　腰痛は再発する可能性が高いため、腰痛による休職者が職場に復帰する際は産業医などの意見を聴いて、必要な措置をとる必要があります。

● 腰痛健康診断の健診項目

①業務歴の調査
②既往歴の調査
　　腰部に関する病歴およびその経過など
③自覚症状の有無の調査
　　腰痛、下肢痛、下肢筋力減退、知覚障害等
④脊柱の検査
　　姿勢異常、脊柱の変形等
⑤神経学的検査
　　神経伸展試験、深部腱反射等の検査
⑥脊柱機能検査
　　クラウス・ウェーバーテストまたはその変法（腹筋力、背筋力などの機能のテスト）

🖊 受かる！ 一問一答

Q1 ☐☐ 厚生労働省「職場における腰痛予防対策指針」では、腰掛け作業の場合の作業姿勢は、椅子に深く腰掛けて、背もたれで体幹を支え、履物の足裏全体が床に接する姿勢を基本とすることと定められている。

Q2 ☐☐ 腰部に著しい負担のかかる作業に常時従事する労働者に対して実施される健康診断の項目として、自覚症状（腰痛、下肢痛、下肢筋力減退、知覚障害等）の有無の検査がある。

Q3 ☐☐ 満18歳以上の男子労働者が人力のみで取り扱う物の重量は、体重のおおむね50％以下となるようにする。

Q4 ☐☐ 腰部に著しい負担のかかる作業に常時従事する労働者に対しては、1年以内に1回、定期に、腰痛の健康診断を実施する。

Q5 ☐☐ 負荷心電図検査は、厚生労働省の「職場における腰痛予防対策指針」に基づき、腰部に著しい負担のかかる作業に常時従事する労働者に対して当該作業に配置する際に行う健康診断の項目として、適切でない。

A1 ○
A2 ○
A3 ✕ 「50％以下」ではなく、「40％以下」であるので誤り。
A4 ✕ 「1年以内に1回」ではなく、「6カ月以内に1回」であるので誤り。
A5 ○

12 事務室等の作業環境改善

重要度 ★★☆

事務室等の作業環境改善では、事務室における必要換気量を算出して換気を行います。

合格のツボ
①必要換気量は、そこで働く人の労働の強度（エネルギー代謝率）によって増減します。
②必要換気量を算出する場合、室内二酸化炭素基準濃度は 0.1％を基準として用います。

✓ 換気の種類

①自然換気

外風による圧力や、室内・室外の温度差による浮力を利用した換気です。自然換気は、機械換気に比べて小さく、自然環境に左右されるため、多くの効果を期待することはできません。

②機械換気

換気扇、送風機などの機械により強制的に換気する方法です。自然換気に比べ、必要なときに安定した換気量を得ることができます。

また、人間の呼気の成分は、酸素が約 16％、二酸化炭素が約 4％です。酸素濃度が 18％未満になると酸欠の状態になるため、建物の密閉度が高く、自然換気が不十分な場合や室内で燃焼器具を使用する場合には機械換気を実施する必要があります。

✓ 事務所に必要な換気量・換気回数

事務室において、衛生上、入れ換える必要のある空気の量を**必要換気量**といい、**1 時間に交換される空気量**で表します。必要換気量は**労働の強度に応じて増減**します。

事務室の必要換気量は次の式で算出できます。

$$必要換気量（m^3/h）= \frac{①室内にいる人が1時間に呼出する二酸化炭素量（m^3/h）}{②（室内二酸化炭素基準濃度）-③（外気の二酸化炭素濃度）}$$

※二酸化炭素の濃度が％表記のときは 100 倍、ppm 表記のときは 100 万倍して計算する。ppm は百万分率を表す単位で、1ppm＝100 万分の 1 である

必要換気量が同じ場合は、気積が大きいほど換気回数は少なくてすみます。換気回数を増やせば、二酸化炭素濃度などを常に低く抑えられますが、一方で室内

風速の増加、室内温度の低下をもたらします。

$$必要換気回数（回 / h）= \frac{必要換気量（㎥ / h）}{気積（㎥）}$$

☑ ここをチェック

部屋の二酸化炭素濃度は、人間が呼出する二酸化炭素で上昇しても、0.1%以下になるよう換気して調整します。

● 必要換気量を算出するときに用いる数値

項目	数値
①室内にいる人が1時間に呼出する二酸化炭素量	4%（0.04）
②室内二酸化炭素基準濃度	0.1%（0.001）
③外気の二酸化炭素濃度	0.03 〜 0.04%（0.0003 〜 0.0004）

※必要換気量を算出するときに用いる数値は、すべて二酸化炭素の数値である

🖊 受かる！ 一問一答

Q1 ☐☐ 在室者が12人の事務室において、二酸化炭素濃度を1,000ppm以下に保つために最小限必要な換気量の値（㎥/h）は360㎥/hである。ただし、在室者が呼出する二酸化炭素量は1人あたり0.018㎥/h、外気の二酸化炭素濃度は400ppmとする。

Q2 ☐☐ 事務室における必要換気量 Q（㎥/h）を算出する式は、(A) 外気のCO_2濃度、(B) 室内CO_2基準濃度、(C) 室内CO_2の測定値、(D) 在室全員が呼出するCO_2量（㎥/h）とした場合、

$$Q = \frac{D}{B - A} \quad である。$$

A1 ○ 1ppm = 100万分の1である。設問の400ppmは0.0004、1,000ppmは、0.001である。数値をあてはめると
0.018 × 12 ／（0.001 − 0.0004）= 360（㎥/h）となる。

A2 ○

13 局所排気装置

局所排気装置は、作業場等で発生する有害物質を吸い込まないために、ダクトで有害物質を屋外に排出する装置です。

合格のツボ

① ファン（排風機）は、空気清浄後の清浄空気が通る位置に設置します。

② ダクトの長さはできるだけ短く、曲がり（ベント）部分ができるだけ少なくなるように配管します。

✓ 局所排気装置類

局所排気装置とは、有害物の発散源に設けたフード（吸い込み口）により、発散源付近の高濃度の有害物（ガス、蒸気、粉じん等）を効率的に捕捉し、排気する装置です。

● 局所排気装置の構成

①フード → ②ダクト → ③空気清浄装置 → ④ファン → ⑤排気ダクト

✓ ここをチェック

空気清浄装置を設けた局所排気装置を設置する場合は、ファン（排風機）を清浄後の空気が通る位置に設けるようにします。

①フード（吸い込み口）

発生する有害物を発散源の近くで高濃度のまま捕捉する吸気口です。局所排気装置の性能は、フードの設計や使用方法によって大半が決まります。フードは発散源ごとに設置する必要があります。

②ダクト（搬送用導管）

フードで捕捉された有害物を排気口へ搬送するための導管です。ダクトの断面は円形のほうがよく、断面積が大きい（＝太い）と圧力損失（空気の流れを阻害する要因のこと）は小さくなりますが、空気の流速が不足するため、ダクト内に粉じん等が堆積しやすくなります。ダクトはできるだけ短く、曲がり（ベント）部分を少なくするように配管します。また、主ダクトと枝ダクトとの合流角度は、主ダクトの排気の流れを悪くしないために **45°** を超えないようにします。

第 **3** 章

労働衛生

117

③空気清浄装置

ダクトを通って運ばれてくる有害物質の粉じんやガス、蒸気などを大気に放出する前に除去し、清浄空気にする装置です。粉じんを除去する除じん装置と蒸気・ガスを除去する排ガス処理装置の2種類があります。

④ファン（排風機）

フードで有害物質を空気とともに捕捉して吸引する動力源であり、遠心式、軸流式に大別されます。性能は、排風量と圧力損失に対抗する静圧で決まります。

ファンは空気清浄装置の後の、清浄空気が通る位置に設置します。

⑤排気ダクト

ファンから送られてくる空気を排気口へ導き、大気に放出します。有機溶剤の局所排気装置は、空気清浄装置を設けていない場合には、排気口の高さを屋根から 1.5 m以上としなければなりません。排気口は屋外通路、建屋の開放できる窓等から 8 m以内の場所に設置することは適当ではないとされています。

● 局所排気装置の種類

排気効果 大 ↑↓ 小	囲い式 フード	カバー型	
		グローブボックス型	
		ドラフトチェンバー型	
		建築ブース型	
	外付け式 フード	側方吸引型（ルーバー型、スロット型） 下方吸引型（グリッド型）	
		上方吸引型（レシーバー式） キャノピー型	

☑ここをチェック

囲い式は、発散源を囲う形で設置するため、外付け式よりも有効となります。外付け式では一般に上方吸引型よりも側方吸引型・下方吸引型の方が効果が高いとされています。

✎ 受かる！ 一問一答

Q1 □□ ドラフトチェンバー型フードは作業面を除き周りが覆われているもので囲い式フードに分類されている。

Q2 □□ 空気清浄装置を付設する局所排気装置では、排風機はフードに接続した吸引ダクトと空気清浄装置との間に設ける。

Q3 □□ ダクトの形状には円形や多角形などがあるが、その断面積を大きくするほどダクトの圧力損失が増大する。

Q4 □□ 外付け式フードでは、フード開口面から作業点までの距離が大きくなると、作業点において吸引される気流の速度が増大する。

Q5 □□ フード開口部の周囲にフランジを設けると吸引範囲は広くなるが、所要の効果を得るために必要な排風量は増加する。

A1 ○ 囲い式フードには他に、カバー型フード、グローブボックス型フード、建築ブース型フードがある。

A2 ✕ 空気清浄装置を付設する局所排気装置では、排風機は吸引ダクトと空気清浄装置との間ではなく、清浄した後の空気が通る位置に設置するので誤り。

A3 ✕ ダクトの断面積を「小さく」するほどダクトの圧力損失が増大するので誤り。

A4 ✕ 外付け式フードでは、フード開口面から作業点までの距離が大きくなると、作業点において吸引される気流の速度が「減少」してしまう。

A5 ✕ フード開口部の周囲にフランジを設けると吸引範囲は「狭く」なるが、所要の効果を得るために必要な排風量は「減少」するので誤り。

14 作業環境測定

重要度 ★★★

作業環境測定は、空気環境などの作業環境について測定します。

合格のツボ
①作業環境測定の目的は、測定により定量化して評価を加え、問題があれば健康障害を防ぐための対策を講じることです。
②管理濃度は、有害物質に関する作業環境の状態を単位作業場所の作業環境測定結果から評価するための指標として設定されたものであり、ばく露限界を示すものではありません。

✓ 作業環境測定の方法

作業環境測定は、測定方法の設計（デザイン）、サンプリング、分析（解析を含む）から成ります。

①デザイン

測定の対象、単位作業場所の範囲、A測定・B測定（測定する必要のある作業がある場合に実施）の実施方法、測定実施の日時などについて検討し、内容を決定します。

・A測定

単位作業場所における有害物質の空気中の濃度の平均的な状態を把握するための測定

A測定における測定点の高さの範囲は、原則として「床上50cm以上150cm以下」となります。また、騒音の場合は、「床上120cm以上150cm以下」となります。

・B測定

発散源に近接する位置で、労働者がばく露し得る最高濃度を把握するための測定

原材料を反応槽へ投入するなど、一定の時間をおいて繰り返し有害物の発散を伴う作業に従事する労働者のばく露状態は、B測定の実施結果のほうが正しく評価できます。

②サンプリング

空気中に含まれる有害物質を測定するために、作業環境の空気を試料空気として採取します。

③分析

採取した試料は、作業環境測定基準に従って分析します。

✓ 作業環境測定結果の評価

　原則として連続した2作業日での測定が必要です。やむをえず1作業日でのみ作業環境測定を実施する場合は、2作業日の測定に比べて厳しい判定基準となります。評価は、A測定とB測定の結果を総合的に判断して行いますが、A測定とB測定の評価が異なるときは悪いほうの評価を採用します。

● 測定結果による管理区分と講ずべき措置

管理区分	措置
第1管理区分（良）	現在の管理の継続的維持に努める
第2管理区分	施設、設備、作業方法の点検を行い、作業環境を改善するため必要な措置を講ずるよう努める（努力義務）
第3管理区分（悪）	・施設、設備、作業方法の点検を行い、作業環境を改善するため必要な措置を講ずる（必須義務） ・有効な呼吸用保護具を使用する

● 作業環境測定結果の評価

① A測定のみを実施した場合

第1評価値＜管理濃度	第2評価値≦管理濃度≦第1評価値	管理濃度＜第2評価値
第1管理区分	第2管理区分	第3管理区分

②A測定およびB測定を実施した場合

B測定　＼　A測定	第1評価値＜管理濃度	第2評価値≦管理濃度≦第1評価値	管理濃度＜第2評価値
B測定値＜管理濃度	第1管理区分	第2管理区分	第3管理区分
管理濃度≦B測定値≦管理濃度×1.5	第2管理区分	第2管理区分	第3管理区分
管理濃度×1.5＜B測定値	第3管理区分	第3管理区分	第3管理区分

※第1評価値：単位作業場所において、すべての測定地点における気中有害物質濃度の実測値を母集団として分布図を描いた場合の高濃度側から面積で5％に相当する濃度の推定値

※第2評価値：単位作業場所における気中有害物質の算術平均濃度の推定値

✓ここをチェック

単位作業場所とは、労働者の作業中の行動範囲、有害物の分布の状況などに基づいて設定された作業環境測定のために必要な区域のことです。

Q1 ☐☐ A測定は、単位作業場所における有害物質の気中濃度の平均的な分布を知るために行う測定である。

Q2 ☐☐ B測定は、単位作業場所中の有害物質の発散源に近接する場所で作業が行われる場合において、有害物質の気中濃度の最高値を知るために行う測定である。

Q3 ☐☐ A測定の第2評価値は、単位作業場所における気中有害物質の算術平均濃度の推定値である。

Q4 ☐☐ 管理濃度は、有害物質に関する作業環境の状態を単位作業場所の作業環境測定結果から評価するための指標として、行政的見地から設定されたものである。

Q5 ☐☐ A測定の第2評価値およびB測定の測定値がいずれも管理濃度に満たない単位作業場所は、A測定の第1評価値に関係なく第1管理区分になる。

Q6 ☐☐ A測定の第2評価値が管理濃度を超えている単位作業場所の管理区分は、B測定の結果に関係なく第3管理区分に区分される。

Q7 ☐☐ A測定の第2評価値およびB測定の測定値がいずれも管理濃度に満たない単位作業場所は、第1管理区分になる。

A1 ◯ A測定は単位作業場所のほぼ中央を原点とし、縦横6m以内ごとに等間隔に線を引き、原則としてその交点の床上50cm（騒音の場合は120cm）以上150cm以下の位置を測定点とする。

A2 ◯ B測定は、その作業位置で作業環境空気中の濃度が最も高くなると考えられる時間帯に行うものとされている。

A3 ◯

A4 ◯ 管理濃度は、個々の労働者のばく露限界濃度ではないことに注意すること。

A5 ✕ A測定の第1評価値も管理濃度に満たない場合であれば、第1管理区分となるが、A測定の第1評価値が管理濃度以上の場合は、第2管理区分となるので誤り。

A6 ◯ A測定の第2評価値が管理濃度を超えている単位作業場所は第3管理区分となる。B測定の結果は関係ない。

A7 ✕ 設問の場合の単位作業場所は、「第1管理区分」ではなく、「第2管理区分」になるので誤り。

15 有害物質に対する作業環境改善

重要度 ★★☆

有害物質の作業環境改善では、作業方法を適切に管理し、労働者への悪影響を少なくするための対策を実施することが必要です。

合格のツボ

①局所排気装置またはプッシュプル型換気装置の設置によって、有害物質の拡散を防止します。

②全体換気装置は補助的なものであり、これのみに頼らないことが大切です。

✓ 有害物質に対する作業環境改善方法

有害物質に関する作業環境改善には、次の方法があります。

①有害物質の製造・使用の中止、有害性の少ない物質への転換

労働者の健康にきわめて有害な物質の場合は、それに代わる有害性の少ない物質があるときはその有害物質の製造等を中止します。

②生産工程、作業方法の改良による有害物質の発散の防止

粉じんの発生が問題となる場合は、生産工程を見直し、品質等に悪影響がなければ湿式方法等を採用します。

③有害物質を取り扱う設備等の密閉化と自動化

④有害物質を取り扱う生産工程の隔離と遠隔操作の採用

⑤局所排気装置の設置またはプッシュプル型換気装置の設置（有害物質の発散源を密閉化することができない場合）

⑥全体換気装置の設置

⑦作業行動、作業方法、作業工程の改善による発散の防止

本来ならば有害物質の使用停止や発散の防止が優先されるべきですが、上記の方法のうちひとつに全面的に依存するよりも、いくつかを併用するほうが効果的です。

第3章 労働衛生

● 局所排気装置

排気
排気口
外気　排気フード　排気ダクト
給気または吸気

● 全体換気装置

換気
換気
ファンによる強制換気

作業改善方法	作業改善前	作業改善後
有害性の少ない物質への転換	石綿	ロックウール、ガラス繊維、発泡ポリエチレン
	トリクロルエチレン	界面活性剤
有害物質発散の防止	粉じん作業	水分を噴射する湿式工法
有害物質を取り扱う設備の密閉化と自動化	外気と同圧	密閉化 密閉化できない場合は、外気よりも圧力をわずかに低くする
有害な生産工程の隔離と遠隔操作	同じ場所での作業	別の建物への移動 遠隔操作
排気装置による拡散防止	全体換気装置のみ	局所排気装置 プッシュプル型換気装置
汚染物質の希釈排出	特に設置せず	全体換気による空気の入替
有害エネルギーの発しないまたは少ない機械等の採用	ドロップハンマー式杭打機	アースオーガー
作業方法や工程、材料や原料の変更や改良	鋼製ハンマー	合成樹脂製のハンマー
有害エネルギーの隔離	鉄製の遮へい材	鉛製の遮へい材
反射、拡散エネルギーの吸収	ガラス等	コンクリートパネル グラスウール、穴あきボード

※粉末については、粒子が大きいほうが有害性は低い
※全体換気をする場合は、空気の入口と出口を離したほうが換気効果は高い

🖊 受かる！ 一問一答

Q1 ☐☐ 有害物質に関する作業環境改善方法には、設備の密閉化や自動化を局所排気装置などの換気装置の設置に優先して検討することがあげられる。

Q2 ☐☐ 粉じんを発散する作業工程に関する作業環境改善方法には、密閉化や湿式化を局所排気装置の設置に優先して検討することがあげられる。

A1 ◯

A2 ◯

16　労働衛生保護具

労働衛生保護具は、労働者が有害物質を吸入すること等による健康障害を防止するための道具です。

重要度 ★★★

合格のツボ

①酸素濃度が18％未満の場所では、ろ過式の呼吸用保護具（防じんマスク、防毒マスク、電動ファン付き呼吸用保護具）は使用してはなりません。

②防じんマスクは有害ガスの存在する場所では使用できません。

✓ 労働衛生保護具

労働衛生保護具には、有害物質の吸入による健康障害を防止する**防じんマスク、防毒マスク、送気マスク、自給式呼吸器**などの呼吸用保護具、皮膚接触による経皮吸収、皮膚障害を防ぐ不浸透性の化学防護服、化学防護手袋、眼の障害を防ぐための保護眼鏡、有害光線を遮断する遮光保護具、防音保護具などがあります。

✓ 呼吸用保護具

呼吸用保護具は、ろ過式と給気式に大別されます。**ろ過式は酸素濃度18％未満**（酸素欠乏危険場所）**では使用できませんが、給気式は使用可能**です。

①防じんマスク

空気中に浮遊する粒子状物質を、ろ過材（フィルター）で除去する呼吸用保護具です。防毒マスクに比べると、**通気抵抗は小さく**なります。

なお、型式検定合格標章のある防じんマスクは、ヒュームのような微細な粒子に対しても有効です。そして、顔面とマスクの面体の高い密着性が要求される有害性の高い物質を取り扱う作業は、吸気補助具付きの取替え式のマスクを選ばなければなりません。

面体の接顔部に接顔メリヤスを使用すると、密着性が悪くなり有害物等が面体内に入るおそれがあるため、使用してはいけません。

②防毒マスク

吸収缶によって、空気中の有毒ガス・蒸気を除去する呼吸用保護具です。吸収缶は対応可能なガスの種類によって色別標記されています（右表）が、対象ガスの種類によって吸収缶が異なるため、最も毒性の強いガス用の防毒マスクを使用しても他の有害ガスには対応できません。この吸収缶が、除毒能力を喪失するまでの時間

有機ガス用	黒
硫化水素用	黄
一酸化炭素用	赤
アンモニア用	緑
シアン化水素用	青
ハロゲンガス用	灰/黒

第**3**章　労働衛生

● 呼吸用保護具

種類	名称	ポイント
ろ過式	防じんマスク（ミスト、粉じん、ヒュームといった粒子状物質に有効） 防毒マスク（ガスや蒸気の気体物質に有効）	・保護具に頼りすぎず、作業環境改善を第一に考慮する ・防じんマスクのろ過材に付着した粉じんは圧縮空気で吹き飛ばしたり払い落としたりするなど、有害物質が再飛散する方法を取ってはならない
給気式	自給式呼吸器 送気マスク	・ろ過式の場合、酸素濃度18％未満の場所では使用できない ・防毒マスクは対象ガスの種類により吸収缶の色が異なる ・防毒マスクはしめひもを耳にかけたり、顔面との間にタオル等をはさんだりしてはならない
電動ファン付き呼吸用保護具		・作業環境中の粒子状物質（粉じん、ヒューム、ミスト）をフィルターで除去した後、清浄な空気を電動ファンで着用者のフード、面体等へ送風する ・吸収缶で吸収できない有毒ガスには使えない ・酸素濃度18％未満の場所では使用できない

防じんマスク

防毒マスク

自給式呼吸器

送気マスク

を破過時間といいます。防じん機能を有する防毒マスクには、吸収缶のろ過材がある部分に白線が入っています。

　ガスまたは蒸気状の有害物質が粉じんと混在している作業環境中で防毒マスクを使用するときは、防じん機能を有する防毒マスクを選択しなければなりません。ガスの種類や濃度が不明な場合は、送気マスクか自給式呼吸器を使用します。

③電動ファン付き呼吸用保護具

　空気中に浮遊する粒子状物質をフィルターで除去し、清浄化した空気を電動ファンで作業者のフードや面体（密閉性が高いマスク）へ給気するもので、面体

などの内部の圧力が外気圧より高く保たれるため、外気の漏れが少なく、**防護率の高い呼吸用保護具**です。

電動ファン付き呼吸用保護具は、空気中に浮遊する粒子状物質（粉じん・ヒューム・ミスト）をフィルターによって除去し、清浄化した空気を電動ファンで供給するものであるため、有害ガスの濃度が高い場合には使用できません。

④送気マスク

パイプやホースにより、清浄な空気を給気する呼吸用保護具です。**自然の大気を空気源とするホースマスク**、圧縮空気を空気源とする**エアラインマスク**があります。

⑤自給式呼吸器

清浄な空気をボンベに詰めたものを空気源として供給する**空気呼吸器**と、高圧酸素容器等から供給される酸素を供給する**酸素呼吸器**があります。

✓ その他の労働衛生保護具

①保護眼鏡

研磨、研削、切断等の作業で飛散する粒子や薬品の飛沫などから眼を保護します。

②遮光保護具

溶接作業、溶鉱炉等の炉前作業、レーザー作業をしているときに、有害光線を遮断して眼を守ります。

③防音保護具

騒音にさらされる作業者の聴覚を騒音のばく露から保護し、聴力障害の発生を防ぎます。

④防熱衣

熱から顔面を保護するための保護具です。ほとんどがアルミナイズドクロス製です。

⑤化学防護服、化学防護手袋、化学防護長靴

有害物が皮膚に付着して生じる皮膚障害等を防止します。

⑥保護クリーム

作業中に有害物質が直接皮膚に付着するのを防止するために塗布するものです。

● その他の労働衛生保護具

種類	形状
保護眼鏡	研磨等の作業時に眼の障害を防ぐ眼鏡
遮光保護具	眼鏡型、ヘルメット型、溶接作業等に使用

防音保護具	耳栓やイヤーマフ（耳覆い） 120dB 以上では耳栓とイヤーマフ（耳覆い）の併用が有効 チェーンソーによる木材切断作業等に使用
防熱衣	アルミナイズドクロス製、暑熱が著しい作業場に使用
化学防護服等	化学防護服、化学防護手袋、化学防護長靴
保護クリーム	クリームを皮膚の露出部に塗布して保護する 作業終了後は完全に洗い落とす

✏ 受かる！ 一問一答

Q1 ☐☐ 防じんマスクの手入れの際、ろ過材に付着した粉じんは圧縮空気で吹き飛ばすか、ろ過材を強くたたいて払い落として除去する。

Q2 ☐☐ 酸素濃度 18％未満の場所では、電動ファン付き呼吸用保護具を使用する。

Q3 ☐☐ ガスまたは蒸気状の有害物質が粉じんと混在している作業環境中で防毒マスクを使用するときは、防じん機能を有する防毒マスクを選択する。

Q4 ☐☐ 防毒マスクの吸収缶の色は、一酸化炭素用は黒色で有機ガス用は赤色である。

Q5 ☐☐ 防音保護具として、100dB 以下の騒音には耳栓が有効であるが、100dB を超える騒音は耳覆い（イヤーマフ）を併用しなければならない。

A1 ✕ 防じんマスクのろ過に付着した粉じんは、圧縮空気で吹き飛ばしたり払い落としたりするなど、有害物質が再飛散する方法をとってはならない。したがって、誤り。

A2 ✕ 電動ファン付き呼吸用保護具は、酸素濃度 18％未満の場所では使用できないので誤り。

A3 ◯ 設問の作業場では、有害物質だけでなく粉じんが存在するため、防じん機能付きの防毒マスクを使用しなければならない。

A4 ✕ 防毒マスクの吸収缶の色は、一酸化炭素用は「赤」、有機ガス用は「黒」であるので誤り。

A5 ✕ 耳栓と耳覆い（イヤーマフ）の使用は、騒音の大きさで決められているものではなく、作業内容や騒音の性質で決まる。120dB 以上では耳栓と耳覆いとの併用が有効である。

17 健康の保持増進対策

重要度 ★★★

健康の保持増進対策には、健康測定とその結果に基づく運動指導、メンタルヘルスケア、栄養指導、保健指導等があります。

合格のツボ

①健康測定の目的は労働者の健康の保持増進にあり、疾病の早期発見に重点を置く健康診断とはその目的が異なります。

②メンタルヘルスケアは、セルフケア、ラインによるケア、事業場内産業保健スタッフ等によるケア、事業場外資源によるケアの4つが継続的・計画的に行われることが重要です。

✓ 心とからだの健康づくり（THP）

THP（Total Health Promotion Plan）活動を継続的かつ計画的に行うために、衛生委員会等で健康保持増進計画を策定するとともに、衛生管理者や衛生推進者等から健康保持増進計画の総括的推進担当者を選任することとされています。

健康保持増進計画で定める事項は、以下の通りです。

・事業者が健康保持増進を積極的に推進する旨の表明

・健康保持増進計画の目標の設定

・事業場内健康保持増進体制の整備

・労働者の健康測定、運動指導、メンタルヘルスケア、栄養指導、保健指導等、健康保持増進措置の実施

・健康保持増進措置を講ずるために必要な人材の確保および施設・設備の整備

・健康保持増進計画の実施状況の評価および計画の見直し

・その他労働者の健康の保持増進に必要な措置

✓ 健康保持増進対策の内容

労働者の健康を保持増進する具体策には、健康測定とその結果に基づく健康指導（運動指導、メンタルヘルスケア、栄養指導、保健指導等）があります。

①健康測定

労働者の健康状態の把握とその結果に基づいた運動指導、栄養指導、メンタルヘルスケア、保健指導等の健康指導を行うために実施される生活状況調査や医学的検査等を指します。労働者が自らの健康状態について正確な知識を持ち、積極的に健康づくりに取り組むことで健康の保持増進を図ることを目的とします。

②健康指導（運動指導）

健康測定の結果と産業医の指導票に基づいて運動指導担当者が労働者個々人に実行可能な運動プログラムを作成し、運動を実践するための指導を行います。

第3章 労働衛生

● 健康保持増進対策

	調査・指導	内容
健康測定	生活状況調査	仕事の内容、通勤状況のほか、趣味・し好、運動習慣・運動歴、食生活、メンタルヘルスケアなどについて行う
	医学的検査	労働者の健康状態を身体面から調べるもので、疾病の発見が主たる目的ではない。法定の定期健康診断の項目にはなく、健康測定の医学的検査で行われるものには、①皮下脂肪厚、②血中の尿酸の量、③肺活量などがある
	運動機能検査	筋力、柔軟性、平衡性、敏しょう性、全身持久性などの検査
健康指導	運動指導	個々の労働者が健康状態に合った適切な運動を日常生活に取り入れる方法を習得することを目的として行われる
	栄養指導	食生活上問題が認められた労働者に対して、栄養の摂取量のほか、食習慣や食行動の評価とその改善についての指導を行う
	保健指導	勤務形態や生活習慣病からくる健康上の問題を解決するため、睡眠、喫煙、飲酒、口腔保健などの生活指導が含まれる

● 運動機能検査項目と検査内容

検査項目	検査内容
筋力	握力、上体起こし（筋持久力）
柔軟性	立位体前屈、座位体前屈
平衡性	閉眼片足立ち
敏しょう性	全身反応時間
全身持久力	自転車エルゴメーターによる最大酸素摂取量間接測定

● 健康保持増進措置の実施スタッフ

実施スタッフ	業務内容
①産業医	健康測定を実施し、その結果に基づき個人ごとの指導票を作成する。当該指導票をもとに、他の実施スタッフに指導を行う
②運動指導担当者	健康測定の結果に基づき、個々の労働者に運動プログラムの作成や運動実践を行うにあたっての指導を行う
③運動実践担当者	運動プログラムに基づいて、運動指導担当者の指示のもとに労働者個々に運動実践の援助指導を行う
④心理相談担当者	健康測定の結果、ケアが必要な場合や問診の際に労働者が希望するときは、産業医の指示のもとメンタルヘルスケアを行う
⑤産業栄養指導担当官	健康測定の結果により必要に応じて栄養指導を行う
⑥産業保健指導担当官	健康測定の結果により個々の労働者に必要な保健指導を行う

③メンタルヘルスケアの基本的な考え方

　事業者は、自らがストレスチェック制度を含めた事業場におけるメンタルヘルスケアを積極的に推進することを表明するとともに、衛生委員会等において十分調査審議を行い、**心の健康づくり計画**やストレスチェック制度の実施方法等に関する規程を策定する必要があります。

　また、その実施にあたっては**ストレスチェック制度**の活用や職場環境等の改善を通じて、メンタルヘルス不調を未然に防止する「**一次予防**」、メンタルヘルス不調を早期に発見し、適切な措置を行う「**二次予防**」およびメンタルヘルス不調となった労働者の職場復帰の支援等を行う「**三次予防**」が円滑に行われるようにしなければなりません。

　これらの取組みにおいては、教育研修・情報提供を行い、下記の**4つのケア**を効果的に推進し、職場環境等の改善、メンタルヘルス不調への対応、休業者の職場復帰のための支援等が円滑に行われるようにしなければなりません。

● メンタルヘルスケアの4つのケア

4つのケア	内容
①セルフケア	労働者が自ら心の健康について理解し、自らのストレスを予防、軽減または対処する
②ラインによるケア	管理監督者が心の健康に関して職場環境の改善等を行う
③事業場内産業保健スタッフ等によるケア	産業医、衛生管理者等の産業保健スタッフ等が事業場の心の健康対策を推進する
④事業場外資源によるケア	事業場外の専門機関を活用する

　さらに、メンタルヘルスケアの推進には、次の事項に留意することが重要です。

心の健康問題の特性

　心の健康は、客観的な測定方法が十分確立していません。評価のために労働者本人から心身の状況に関する情報を取得する必要があります。また発生過程には個人差が大きく、プロセスの把握は困難です。心の健康問題を抱える労働者には、健康問題以外の観点で評価が行われる傾向が強く、誤解や偏見等解決すべき問題があります。

労働者の個人情報の保護への配慮

　健康情報を含む労働者の個人情報の保護および労働者の意思の尊重に留意することが重要です。心の健康に関する情報の収集や利用について、個人情報を保護する配慮は、労働者が安心してメンタルヘルスケアに参加でき、より効果的に推

進されるための条件です。

人事労務管理との関係

　心の健康は、職場配置、人事異動、職場の組織等の人事労務管理と密接に関係する要因により大きな影響を受けるため、**人事労務管理と連携**しなければ、メンタルヘルスケアが適切に進まない場合が多くなります。

家庭・個人生活等の職場以外の問題

　心の健康問題は、職場のストレス要因だけでなく家庭・個人生活等の職場外のストレス要因の影響を受けている場合も多いです。個人の要因等も影響を与え、これらは複雑に関係し、相互に影響し合っています。

✎ 受かる！　一問一答

Q1 ☐☐　健康測定の結果に基づき、個々の労働者に対して運動実践の指導を行う産業保健指導担当者を配置する。

Q2 ☐☐　健康測定における医学的検査は、個々の労働者の健康状態を主として身体面から調べるが、健康障害や疾病を発見することが目的ではない。

Q3 ☐☐　健康指導は、メタボリックシンドロームの予防など、身体的健康の保持増進を目的とするものであり、メンタルヘルスケアを含むものではない。

Q4 ☐☐　メンタルヘルスケアは、「セルフケア」「ラインによるケア」「事業場内産業保健スタッフ等によるケア」「事業場外資源によるケア」の４つのケアが継続的・計画的に行われることが必要である。

Q5 ☐☐　「セルフケア」とは、労働者自身がストレスや心の健康について理解し、自らのストレスを予防、軽減する、またはこれに対処することである。

Q6 ☐☐　メンタルヘルスケアを中長期的視点に立って継続的かつ計画的に行うため策定する「心の健康づくり計画」は、各事業場における労働安全衛生に関する計画の中に位置付けることが望ましい。

A1 ✕　「産業保健指導担当者」ではなく、「運動指導担当者」であるので誤り。

A2 ◯　健康測定の目的は、労働者の健康の保持増進にあり、疾病の早期発見に重点を置いた健康診断とはその目的が異なる。

A3 ✕　メンタルヘルスケアも含まれるので誤り。

A4 ◯

A5 ◯

A6 ◯

18 労働衛生管理統計

労働衛生管理統計は、記録や指標を客観的、統一的、継続的に分析・評価することで、問題点を明確にします。

合格のツボ

①労働衛生管理では、スクリーニングレベルを低めに設定しているため、偽陽性率が高くなっています。

②ある時点での検査における有所見者の割合を有所見率、一定期間に発生した有所見者の割合を発生率といいます。

✓ 労働衛生管理統計

　労働衛生管理統計は、労働衛生管理に関する集団的情報を数量データとして把握し、起きている現象を定量的にとらえて解析することにより、背景にある問題点を読み取ることで、対応策を検討し、実行することを目的とします。

✓ここをチェック

対象人数など個数を数えることができる要素のデータを「計数データ」、身長・体重や摂取カロリーのように各要素の何らかの量に関するデータを「計量データ」といいます。

✓ 因果関係

　２つの事象の間に相関関係（統計上、一方が増えると他方が増えるという現象）がみられたとしても、因果関係がないこともあります。因果関係が成立するための５つの条件として、①時間的先行性（原因となる事象が結果が出る前に作用していること）、②関係の普遍性（いつ、どこででもその関係をみることができること）、③関係の強さ（原因と結果の事象との間に、強い関連性があること）、④関係の特異性（原因と結果の間が特異的であること）、⑤関係の一致性（過去の知見と大きな矛盾がないこと）が必要とされています。

✓ スクリーニングレベル

　検査で正常と有所見をふるい分ける判定値を**スクリーニングレベル**といいます。労働衛生管理では、スクリーニングレベルを低めに設定しているため、**偽陽性率**が高くなっています。このため、有所見者は再検査または精密検査でチェックされ、最終的には異常なしと判断される場合があります。

第3章 労働衛生

有所見率	ある時点における検査の有所見者の割合（静態データ）	例）健康診断時の有所見者の割合
発生率	一定の期間に有所見者が発生した割合（動態データ）	例）１年度中の有所見者の割合

✓ 疾病休業統計

　疾病休業統計は、労働衛生活動の成果を評価する上で重要な統計です。事業場が使用する疾病休業統計の中で主なものは、次のとおりです。

● 主要な労働衛生管理統計

① 病休強度率（在籍労働者の延実労働時間数1,000時間あたり疾病休業延日数の割合）

$$\frac{\text{疾病休業延日数}}{\text{在籍労働者の延実労働時間数}} \times 1,000$$

② 病休度数率（在籍労働者の延実労働時間数100万時間あたり疾病休業件数の割合）

$$\frac{\text{疾病休業件数}}{\text{在籍労働者の延実労働時間数}} \times 1,000,000$$

③ 疾病休業日数率（在籍労働者の延所定労働日数100日あたりの疾病休業延日数の割合）

$$\frac{\text{疾病休業延日数}}{\text{在籍労働者の延所定労働日数}} \times 100$$

④ 病休件数年千人率（在籍労働者1,000人あたりの１年間の疾病休業件数の割合）

$$\frac{\text{疾病休業件数}}{\text{在籍労働者数}} \times 1,000$$

第3章 労働衛生

☑ここをチェック

・疾病休業延日数には、年次有給休暇のうち疾病によることが明らかなものも含めます。

・負傷が原因となって引き続き発生した疾病についても、疾病休業件数に含めます。

・延実労働時間には、残業時間や休日労働時間数も算入します。

✏ 受かる！ 一問一答

Q1 ☐☐ 在籍労働者数が60人の事業場において、在籍労働者の年間の延所定労働日数が14,400日、延実労働時間が101,300時間である。また、同期日の疾病休業件数が23件、疾病休業延日数が240日である。この時の疾病休業日数率および病休件数年千人率の概算値の組合せとして、適切なものは次のうちどれか。

	疾病休業日数率	病休件数年千人率
①	0.10	227
②	2.37	103
③	2.37	383
④	1.67	227
⑤	1.67	383

Q2 ☐☐ 1,000人を対象としたある疾病のスクリーニング検査の結果と精密検査結果によるその疾病の有無（真の姿）は下表のとおりであった。このスクリーニング検査の偽陽性率および偽陰性率の近似値の組合せとして、正しいものは①〜⑤のうちどれか。ただし、偽陽性率とは、疾病なしの者を陽性と判定する率をいい、偽陰性率とは、疾病ありの者を陰性と判定する率をいう。

精密検査結果による疾病の有無	スクリーニング検査結果	
	陽性	陰性
疾病あり	20	5
疾病なし	180	795

	偽陽性率（%）	偽陰性率（%）
①	18.0	0.5
②	18.5	20.0
③	22.0	0.5
④	22.5	2.5
⑤	90.0	0.6

Q3 □□ 健康診断における各検査において、スクリーニングレベルを高く設定すると偽陽性率は低くなるが、偽陰性率は高くなる。

Q4 □□ 健康診断において、対象人数、受診者数などのデータを計数データといい、身長、体重などのデータを計量データという。

A1　⑤

$$疾病休業日数率 = \frac{疾病休業延日数}{在籍労働者の延所定労働日数} \times [100]$$

$$= \frac{240}{14,400} \times [100] \fallingdotseq 1.666 \fallingdotseq 1.67$$

$$病休件数年千人率 = \frac{疾病休業件数}{在籍労働者数} \times [1,000]$$

$$= \frac{23}{60} \times [1,000] \fallingdotseq 383.333 \fallingdotseq 383$$

A2　②　偽陽性率とは、疾病なしの者を陽性と判定する率
　　　⇒　$180 + 795 = 975$　$180 \div 975 \times 100 = 18.46 \fallingdotseq 18.5(\%)$
　　　偽陰性率とは、疾病ありの者を陰性と判定する率
　　　⇒　$20 + 5 = 25$　$5 \div 25 \times 100 = 20.0 (\%)$

A3　○　スクリーニングレベルは通常低く設定してあり、その場合、有所見者を正常と判定する率（偽陰性率）が低くなる。

A4　○

19 一次救命処置

重要度 ★★☆

心肺蘇生法は、心肺停止状態の傷病者に対して、胸骨圧迫と人工呼吸によって心臓と呼吸の動きを助ける方法です。

合格のツボ

①人工呼吸の技術と意思があれば、胸骨圧迫と人工呼吸を 30：2 の比で繰り返し行います。

②胸骨圧迫の部位は胸骨の下半分とし、傷病者の胸が約 5 cm 沈む強さで、1 分間に 100 〜 120 回のテンポで圧迫します。

✓ 一次救命処置とは

　事業場で傷病者が発生した場合は、居合わせた人が適切かつ速やかに一次救命処置を行い、産業保健スタッフや救急隊員に引き継ぐことが重要です。

　心肺蘇生は、傷病者が呼吸停止、心停止、またはこれに近い状態に陥ったときに、人工呼吸と胸骨圧迫で呼吸と血液循環を補助し、救命するために行うものです。心臓が停止して脳血流が途絶えると、15 秒以内に意識が消失し、4 分以上無酸素状態が続くと脳に障害が生じます。手近に AED（自動体外式除細動器）が備え付けられている場合は、AED を用いた除細動（電気ショック）を行うと救命の可能性が高まります。

✓ ここをチェック

AED は、心停止のときに心臓が蘇生するように電気ショックを与える機器で、一次救命処置に用いられ、医療従事者に限らず誰でも使用可能です。駅や空港など、人が大勢集まる場所に多く設置されています。

✓ 一次救命処置の手順

①安全の確認

　周囲の安全を確認し、安全が確保されていないと判断した場合には、傷病者には接触せず、消防や警察等の到着を待ちます。救助者自身の安全を確保して要救助者を増やさないことは、傷病者を助けることよりも優先されます。

②反応の確認

　傷病者の肩を軽く叩きながら大声で呼びかけます。何らかの応答や仕草がなければ「反応なし」とみなします。応答があり会話が可能であれば、具合が悪い部分を傷病者に尋ねます。

第 3 章　労働衛生

● 回復体位

姿勢が安定するように上側の足を90°に曲げる

うつ伏せにして顔の向きを横にする

顔を少し上に反らせて気道を確保する

嘔吐しても自然に流れるように口元は床に向ける

あごを手で支えるように置く

③ 119 番通報

　反応がない場合やその有無に迷う場合、大声で叫んで周囲の注意を喚起し、周囲の者に 119 番通報と **AED** の手配をしてもらいます。人がいなければ、自ら 119 番通報を行い、近くに AED があることがわかれば持ってきます。

④ 呼吸の確認と心肺停止の判断

　呼吸の確認は **10 秒以内** に行います。傷病者に普段通りの呼吸があるときは、傷病者の呼吸状態の観察を続けつつ、救急隊の到着を待ちます。可能な場合は、傷病者を側臥位 **回復体位** としても構いません。

　傷病者に反応がない場合や判断に迷う場合は、心停止すなわち **心肺蘇生** の適応と判断して、直ちに **胸骨圧迫** を開始します。

● 胸骨圧迫の方法

● 頭部後屈あご先挙上法

⑤ 胸骨圧迫

　質の高い胸骨圧迫を行うために、部位は胸骨の下半分とし、深さは胸が約 **5 cm** 沈み **6 cm** を超えないように圧迫します。1 分間当たり **100 〜 120 回** のテンポで胸骨圧迫を行い、胸骨圧迫の解除時は完全に胸を元の位置に戻すため、力がかからないようにします。胸骨圧迫の **中断を最小** にします。

なお、訓練を受けていない救助者や訓練を受けた者であっても気道を確保し人工呼吸する技術または意思がないときは、胸骨圧迫のみの心肺蘇生を行います。

⑥気道確保と人工呼吸

　救助者が人工呼吸の訓練を受けており、行う技術と意思がある場合は、**胸骨圧迫と人工呼吸を30：2**の比で繰り返し行います。特に小児の心停止では、人工呼吸を組み合わせた心肺蘇生を行うことが望ましいです。

　人工呼吸を行う際には**気道確保**を行いますが、**頭部後屈あご先挙上法**で行います。人工呼吸を行うための**胸骨圧迫の中断は10秒以内**とし、胸骨圧迫比率（心肺蘇生時間のうち胸骨圧迫を行っている時間の割合）をできるだけ大きく、最低でも**60％**とします。1回の換気量の目安は人工呼吸によって**傷病者の胸の上り**を確認できる程度とし、**1回の吹込みは約1秒**かけて行います。

⑦AED到着後

　AEDが到着したら、速やかに電源を入れ、電極パッドを貼付します。AEDの音声メッセージに従ってショックボタンを押し、**電気ショック**を行います。電気ショック後は、直ちに**胸骨圧迫**を再開します。

　胸骨圧迫・人工呼吸とAEDの使用は、救急隊など二次救命処置を行うことができる救助者に引き継ぐか、明らかに心拍再開と判断できる反応（普段通りの呼吸や目的のある仕草）が出現するまで繰り返し続けます。

● 一次救命処置の手順

① 意識の反応を確認する　　反応あり　→　具合を尋ねる

反応なし

AEDを持って
きてください

救急車を呼ん
でください

② 大声で周囲に協力を求め、
　119番通報するとともに手近なAEDを手配する　　正常な呼吸　→　様子を見ながら
救急隊を待つ

③ 10秒以内で、呼吸と身体の動きを確認する（胸部と腹部の動きに注目する）

呼吸なし、判断に迷う

④ 心停止とみなし、胸骨圧迫を行う

⑤ 人工呼吸の技術と意思があれば、胸骨圧迫と人工呼吸を30：2の比で繰り返し行う

⑥ ⑤のサイクルを救急隊が到着するまで続ける
　（胸骨圧迫の強さは胸が約5cm沈むくらいで、
　　そのテンポは1分間に100～120回）

AED

⑦ AEDを用いる場合、電気ショックを行った後や電
気ショック不要と判断されたときには、自動音声
メッセージに従って胸骨圧迫を再開し、心肺蘇生
を続ける

Q1 ☐☐ 気道を確保するには、仰向けに寝かせた傷病者の顔を横から見る位置に座り、片手で傷病者の額を押さえながら、もう一方の手の指先を傷病者のあごの先端にあてて持ち上げる。

Q2 ☐☐ 傷病者の反応がない場合は、その場で大声で叫んで周囲の注意を喚起し、協力者を確保する。周囲に協力者がいる場合は、119番通報やAED（自動体外式除細動器）の手配を依頼する。

Q3 ☐☐ AEDを用いた場合、心電図の自動解析の結果、「ショックは不要です」などのメッセージが流れたときには、胸骨圧迫を再開し心肺蘇生を続ける。

Q4 ☐☐ 胸骨圧迫は、胸が約5cm沈む強さで、1分間に100～120回のテンポで行う。

Q5 ☐☐ 口対口人工呼吸は、傷病者の気道を確保してから鼻をつまみ、1回の吹き込みに約3秒かけて傷病者の胸の上がりを確認できる程度まで吹き込む。

第
3
章

労働衛生

A1 ○ 気道を確保するには、仰向けにした傷病者のそばにしゃがみ、後頭部を軽く下げて下あごを引き上げる。この方法を、頭部後屈あご先挙上法という。

A2 ○ その後の手順としては、傷病者の呼吸を確認し、正常な呼吸がないときや約10秒近く観察しても判断できない場合は、心肺停止とみなして胸骨圧迫を開始する。

A3 ○ 電気ショックが不要のメッセージが流れたときは、そのまま音声メッセージに従い、胸骨圧迫を再開し、心肺蘇生を続ける。

A4 ○

A5 ✕ 「3秒かけて」ではなく、「1秒かけて」であるので誤り。

20 出血・止血

重要度 ★★★

☑ ☑ ☑

出血の種類によって、止血法は異なります。

合格のツボ

①短時間に全血液量の3分の1が失われると生命が危険な状態
となり、2分の1が失われると出血により死亡します。
②止血法には、直接圧迫法、間接圧迫法、止血帯法があります。

✓ 出血の致死量

　成人の体内を流れる血液量は、**体重の13分の1（約8％）**です。短時間に全血液量の**3分の1が失われると生命が危険な状態**となり、**2分の1が失われると死亡**します。大量出血とは、成人で**500cc以上**の出血をいいます。

✓ 出血の種類

①毛細血管性出血

　擦り傷（擦過傷）のときにみられる、毛細血管という非常に細い血管からにじみ出るような出血です。出血部を圧迫すれば止血できます。

②動脈性出血

　鮮やかな赤色（鮮紅色）の血液が勢いよく拍動性に（心臓の鼓動に合わせて）出血します。大動脈では大量出血し、**短時間でショックに陥る**ため、早急に止血する必要があります。

③静脈性出血

　暗赤色の血液がじわじわと湧き出るような出血です。細い静脈の出血は、出血部を強く圧迫すると容易に止血できるので、通常直接圧迫法で止血します。

✓ 止血法の種類

　止血法には、①直接圧迫法、②間接圧迫法、③直接圧迫法と間接圧迫法の併用、④止血帯を用いる**止血帯法**があります。一般人が行う応急手当としては、直接圧迫法が推奨されています。止血の際は、感染防止に注意して血液に直接触れないようにし、ビニール手袋などを使用します。

止血法	処置
直接圧迫法	・出血部位を直接圧迫する方法 ・簡単で効果に優れていて、一般的な応急手当法 ビニール手袋を使い、ガーゼなどを当てて圧迫する。ない場合はビニール袋などを使ってもよい
間接圧迫法	・出血部位より心臓に近い部位の動脈を圧迫する方法 ・出血部位の止血点を指で骨に向けて強く圧迫して動脈の血流を遮断する
止血帯法	・出血部より心臓に近い部分の動脈を止血帯で縛って血流を遮断する方法で、最後の手段として用いる ・直接圧迫法で止血できないときに、上腕または大腿部を止血帯（三角巾、ネクタイ、手ぬぐいなど、3㎝以上の幅がある帯状の布）でしっかりしばる

✓ ここをチェック

傷口が泥で汚れているときは、泥が組織の中に入らないように水道水で洗い流します。

Q1 ☐☐ 体内の全血液量は、体重の1/13程度で、その1/3を短時間に失うと生命が危険な状態となる。

Q2 ☐☐ 直接圧迫法は、出血部を直接圧迫する方法で、最も簡単で効果的な方法である。

Q3 ☐☐ 間接圧迫法は、出血部より心臓に近い部位の動脈を圧迫する方法である。

Q4 ☐☐ 静脈性出血は、傷口からゆっくり持続的に湧き出るような出血で、通常、直接圧迫法で止血する。

Q5 ☐☐ 止血帯法で使用する止血帯は、ゴムひもなど、できるだけ幅の細いものを使用する。

Q6 ☐☐ 静脈からの出血は、直接圧迫法か間接圧迫法によって止血することができるが、動脈からの出血は、止血帯法によって止血しなければならない。

- -

A1 ○ なお、出血性ショックは、急激な出血により血圧が保てなくなるために起こる。

A2 ○ 直接圧迫法は、出血部を直接圧迫する方法である。最も簡単で効果が優れており、一般的な応急手当法である。

A3 ○ 間接圧迫法は、出血部より心臓に近い部位の動脈を圧迫する方法である。各部位の止血点を指で骨に向けて強く圧迫し、動脈の血流を遮断する。

A4 ○

A5 ✕ 止血帯法で使用する止血帯は、三角巾、手ぬぐい、ネクタイなど3cm以上の幅のある帯状の布を使用する。

A6 ✕ 動脈からの出血は、直接圧迫法で止血できない場合に止血帯法を用いる。止血帯法は出血部より心臓に近い部分の動脈を止血帯で縛って血流を遮断する方法で最後の手段である。

21 骨折・脱臼

骨折は骨組織の連続性が断たれた状態、脱臼は関節を構成する関節面の接触が完全に失われた状態です。

重要度 ★★★

☑ ☑ ☑

合格のツボ
①単純骨折は皮下骨折、複雑骨折は骨折端が外に出ている開放骨折です。
②骨折した手足に副子を当てるときは、その先端が手先や足先から出るようにします。

✓ 骨折の種類

骨折とは、骨組織の連続性が断たれた状態です。骨折部にはズキズキとうずくような痛み（疼痛（とうつう））や圧痛、炎症などによって腫れあがる腫脹（しゅちょう）、皮下出血などが起こります。骨折は、完全骨折と不完全骨折に分けられます。**完全骨折は、骨が完全に折れている状態**で、変形や骨折端どうしが触れ合う軋轢音（あつれき）が認められます。**不完全骨折は、骨にひびが入った状態です。**

皮膚の下で骨が折れ、またはひびが入った状態で皮膚には損傷がない状態を単純骨折といい、骨折とともに皮膚や皮下組織が損傷し、**骨折部が露出した開放性の骨折を複雑骨折**といいます。骨が皮膚から突出している場合、周りの神経や血管を傷つけてはいけないため戻してはいけません。複雑骨折は感染が起こりやすく、治りにくいという特徴があります。

● 骨折の種類と状態

骨折の種類	完全骨折	骨が完全に折れている状態
	不完全骨折	骨にひびが入っている状態
骨折の状態	単純骨折	皮膚には損傷がなく、皮膚の下で骨折（皮下骨折）
	複雑骨折	骨折とともに皮膚、皮下組織が損傷し、骨折端が外に出ている状態（開放骨折）

✓ 骨折の応急手当

まず、**骨折部を動かさない**ようにします。皮膚の損傷がひどいときは、傷と出血の手当も行います。皮膚を突出している**骨は戻しません**。

骨折部の固定のため副子（ふくし）（段ボール、折りたたみ傘、板切れ、雑誌などで代用可能）を手足に当てるときは、その**先端が手先や足先から出る**ようにします。副

子が使用できない部位の場合は、三角巾などで固定します。

脊髄損傷が疑われる場合は、負傷者を硬い板に乗せて搬送します。

● 副子の当て方

✓ 脱臼

脱臼とは、関節を構成する関節面の接触が完全に失われた状態です。関節面の接触が一部保たれている状態の場合は、亜脱臼といいます。

脱臼は肩、ひじ、指に起こりやすいものですが、頚椎や脊椎に起きた場合は生命に危険が及ぶこともあります。

脱臼の手当では、痛む関節を三角巾などで固定し、冷やすことが大切です。

✎ 受かる！ 一問一答

Q1 □□ 単純骨折とは、皮膚の損傷はなく、骨にひびが入った状態のことをいう。

Q2 □□ 骨折部の固定のための副子を手や足に当てるときは、その先端が手先や足先から少し出るようにして安定させる。

Q3 □□ 複雑骨折とは開放骨折のことをいい、皮膚および皮下組織の損傷を伴い、感染が起こりやすい。

Q4 □□ 骨折が疑われる部位は、よく動かしてその程度を判断する必要がある。

A1 ○ 単純骨折は皮下骨折ともいい、皮膚の損傷はなく、皮膚の下で骨折している状態。骨にひびが入った状態も含まれる。

A2 ○

A3 ○

A4 ✕ 骨折が疑われる部位は、できるだけ動かさないようにしなければならない。したがって、誤り。

22 熱傷(火傷)・凍傷

重要度 ★☆☆

熱傷（火傷）は熱による生体の組織障害、凍傷は低温が原因で生じる皮膚や皮下組織の障害です。

合格のツボ ①熱傷の応急手当では、直ちに流水で患部を冷やすことが大切です。
②衣服の上から熱傷を負った場合は、皮膚と衣服が癒着して、無理に脱がせると皮膚が剥離することがあるため、衣服を着せたまま冷やします。

✓ 熱傷とその重症度

　熱傷とは、熱による生体の組織障害のことです。熱による組織破壊は、その作用時間と温度で決まります。通常、45℃の低温熱源では1時間、70℃では1秒間の熱作用で組織が破壊されます。

　熱傷の深さはⅠ度、Ⅱ度、Ⅲ度の3段階に分類されます。Ⅰ度は表皮まで、Ⅱ度は真皮まで、Ⅲ度は皮下組織まで傷害が及んだものをいいます。一般的に、成人でⅡ度以上の熱傷面積が体表面の**30%以上**に及ぶ場合は、重症熱傷と診断されます。

● 熱傷の重症度と症状

重症度		症状
軽 ↓ 重	Ⅰ度	・皮膚表面（表皮）の火傷 ・皮膚が赤くなり、ヒリヒリ痛む
	Ⅱ度	・真皮まで障害が及んでいる状態 ・水疱（水ぶくれ）ができ、強い痛み・灼熱感を伴う
	Ⅲ度	・皮膚が深度（皮下組織）まで火傷している状態 ・皮膚は白っぽくなり、ただれる ・組織は壊死する

✓ 熱傷の応急手当

　熱傷の応急手当では、すぐに水をかけて冷やすことがポイントですが、熱傷の範囲が広い場合は、全体を冷却し続けると低体温となるおそれがあるので注意が必要です。また、水疱ができたときは、清潔なガーゼ等で軽く覆い、医療機関を受診します（水疱を破ってはいけません）。

　45℃程度の熱源への長時間接触による低温熱傷は、軽傷に見えても熱傷深度が

第3章 労働衛生

147

深く、難治性が多いのが特徴です。熱傷部位が広く、ショックに陥ったときは、寝かせて身体を冷やし、ショック体位（仰臥位で足を 15 ～ 30cm 高くする）をとらせます。化学薬品による損傷の場合は、すぐに薬液が染みた**衣服を脱がせ**、流水を患部にかけて**薬液を洗い流した**のち、医療機関で受診することが大切です。

✓ 凍傷と応急手当

凍傷は低温が原因で生じる皮膚や皮下組織の障害です。長時間寒冷にさらされた手足の指、頬、鼻、耳などに生じやすく、受傷直後は皮膚が青白く無感覚になります。寒冷環境から離れた後も、**症状が進行**します。

毛布や衣服で覆うなどして、**体温の低下を防止**した後、患部をこすらないようにして**ぬるま湯で温め**ます。凍傷部位はしめつけないように注意します。

✐ 受かる！ 一問一答

Q1 ☐☐ 水疱ができたときは、周囲に広がらないように水疱を破って清潔なガーゼや布で軽く覆う。

Q2 ☐☐ 高温のアスファルトやタールが皮膚に付着した場合は、水をかけて冷やしたりせず、早急に皮膚から取り除く。

Q3 ☐☐ 化学薬品がかかった場合は、直ちに中和剤により中和した後、水で洗浄する。

Q4 ☐☐ 熱傷部位が広くショックに陥ったときは、寝かせて身体を冷やし、頭部を高くする体位をとらせる。

A1 ✕ 熱傷でできた水疱は破ってはならないので誤り。

A2 ✕ 皮膚からはがさず、その部分を水で冷やさなければならないので誤り。

A3 ✕ 化学薬品がかかった場合でも、水で薬液を洗い流す必要があるので誤り。

A4 ✕ 設問の場合、足を高くするので誤り。

23 脳血管疾患・虚血性心疾患 | 重要度 ★★☆

脳血管疾患は脳の血管が障害を受けたために生じ、虚血性心疾患は
心臓に十分な血液が行きわたらないために起こります。

☑ ☑ ☑

合格のツボ

①業務による明らかな過重負荷は、脳血管疾患・虚血性心疾患の
発生要因となります。

②運動負荷心電図検査は、心筋の異常や不整脈の発見だけでなく、
狭心症や心筋梗塞といった虚血性心疾患の発見にも有用です。

✓ 業務の過重負荷で悪化するケースも

くも膜下出血などの脳血管疾患や狭心症などの虚血性心疾患は、長い年月の生活の営みの中で血管病変等が形成され、徐々に進行して発症するものですが、業務による明らかな過重負荷が加わることで血管病変等が著しく増悪し、発症する場合があります。こうした業務による明らかな過重負荷には、過度のストレスや長期間にわたる疲労の蓄積も含まれます。

✓ 脳血管疾患

脳血管疾患は、脳の血管の病変が原因で生じます。いわゆる脳卒中といわれるもので、出血性病変（くも膜下出血・脳出血）と虚血性病変（脳梗塞）に分類されます。下記の表以外にも、脳血管疾患には「高血圧性脳症（急激な血圧上昇が誘因となり脳が腫脹する病気で、頭痛や悪心、嘔吐、意識障害、視力障害、けいれん発作等の症状を引き起こす）」があります。

● 脳血管疾患

	病変		病名	状態
脳血管疾患	出血性病変		くも膜下出血	・脳表面のくも膜下に出血している ・急な激しい頭痛、意識がなくなる等
			脳出血	・脳実質内に出血している ・頭痛・麻痺、ろれつが回らない等の言語障害等
	虚血性病変	脳梗塞	脳血栓症	・脳血管自体の動脈硬化病変によるもの ・半身麻痺、失語症、けいれん等
			脳塞栓症	・心臓や動脈壁の血栓などがはがれて、脳血管を閉塞する ・突然発症し、半身麻痺、失語症等の後遺症が残る

✓ 虚血性心疾患

虚血性心疾患とは、冠動脈が動脈硬化などの原因で狭くなったり、閉塞したりして心筋に血液が行かなくなること（心筋虚血）で起こる疾患であり、心筋の一部分に可逆的虚血が起こる狭心症や不可逆的な心筋壊死が起こる心筋梗塞などに分類されます。

①狭心症

冠動脈の血液が一時的にとどこおるために起こる心臓発作です。多くの場合、発作は長くても15分以内に治まります。

②心筋梗塞

冠動脈の動脈硬化により血管がつまって起こる心臓発作です。突然激しい胸痛が起こり、胸が締め付けられるように痛い、胸が苦しいなどの症状が長時間続き、1時間以上となることもあります。また、突然死に至ることもあります。

☑ここをチェック

肥満、高血圧症、脂質異常症、糖尿病（耐糖能異常）は「死の四重奏」といわれ、合併すると深刻な脳・心臓疾患に至るリスクが高まるとされています。
運動負荷心電図検査は、運動中および運動直後の心電図を記録することで、狭心症や心筋梗塞などの虚血性心疾患の有無を調べることができます。

🖉 受かる！ 一問一答

Q1 ☐☐ 脳血管疾患は、脳の血管の病変が原因で生じ、出血性病変、虚血性病変などに分類される。

Q2 ☐☐ 虚血性心疾患は、心筋の一部分に可逆的虚血が起こる狭心症と、不可逆的な心筋壊死が起こる心筋梗塞とに大別される。

Q3 ☐☐ 脳梗塞は、脳血管自体の動脈硬化性病変による脳塞栓症と、心臓や動脈壁の血栓がはがれて脳血管を閉塞する脳血栓症とに分類される。

Q4 ☐☐ 高血圧性脳症は、急激な血圧上昇が誘因となって、脳が腫脹する病気で、頭痛、悪心、嘔吐、意識障害、視力障害、けいれんなどの症状がみられる。

Q5 ☐☐ 運動負荷心電図検査は、虚血性心疾患の発見に有用である。

A1 ◯ 脳血管疾患は、脳の血管の病変などが原因で生じる、いわゆる脳卒中といわれるものである。

A2 ◯

A3 ✕ 「脳血栓症」と「脳塞栓症」が逆であるので誤り。

A4 ◯

A5 ◯

第 4 章

労働安全衛生法 および関係法令

労働安全衛生法は、職場における労働者の安全と健康を確保するとともに、快適な職場環境を形成する目的で制定された法律です。第1章では安全衛生管理体制をみました。ここでは機械等・危険有害物に対する規制、安全衛生教育、作業環境測定、健康診断・面接指導・ストレスチェックなどを解説し、事務所衛生基準、有害業務に関する規則も学びます。

カテゴリ ....

✓ 機械等に関する規制

✓ 有害物等に関する規制

✓ 安全衛生教育

✓ 作業環境測定

✓ 健康診断・面接指導

✓ 報告義務

✓ 労働安全衛生規則

✓ 事務所衛生基準規則

✓ 有機溶剤中毒予防規則

✓ 特定化学物質障害予防規則

✓ 酸素欠乏症等防止規則

✓ 石綿障害予防規則

✓ 粉じん障害防止規則

機械等に関する規制	有害

1 定期自主検査

重要度 ★★☆

☑ ☑ ☑

定期自主検査は、一定の機械等について自主的かつ定期的に行う点検のことをいいます。

合格のツボ

①定期自主検査については、原則として検査者の資格は問われません。

②局所排気装置、プッシュプル型換気装置は定期自主検査の対象ですが、全体換気装置は対象ではありません。

✓ 定期自主検査の実施者は？

事業者は、ボイラーその他の機械等について定期に自主検査を行い、その結果を記録しておかなければなりません。原則として検査者の資格は問われません。

☑ここをチェック

建設機械等に係る特定自主検査については、その使用する労働者で一定の資格を有するもの、または検査会社に実施させなれればなりません。

✓ 実施時期と記録の保存

定期自主検査は、原則として1年以内ごとに1回、定期に行います。ただし、特定化学設備については2年以内ごとに1回、ガンマ線照射装置については1カ月以内ごとに1回です。

定期自主検査を行ったときは、一定事項を記録し、原則として3年間保存しなければなりません。

☑ここをチェック

定期自主検査の結果については、労働基準監督署長に報告する義務はありません。

● 定期自主検査が必要となるもの

対象機械・設備	定期自主検査が必要な場合	頻度
局所排気装置 プッシュプル型 換気装置 ※全体換気装置は不要	・特定化学物質の第1類・第2類物質（第3類物質は義務なし）を使用等する場所 ・第1種・第2種有機溶剤等、第3種有機溶剤等（タンク等の内部での作業に限る）を使用等する場所 ・特定粉じん発生源 ・鉛業務を行う場所 ・石綿等の粉じんが発散する屋内作業場	1年以内 ごとに1回
除じん装置	・一定の鉛業務を行う場所に設けられた排気筒、局所排気装置等に取り付けられたもの ・特定化学物質のうち、第2類物質の粉じんを含有する気体を排出する排気筒、第1類、第2類物質の粉じんを含有する気体を排出する局所排気装置等に取り付けられたもの ・一定の特定粉じん発生源に設けられた局所排気装置等に取り付けられたもの ・石綿等の粉じんが発散する屋内作業場に設けられた局所排気装置等に取り付けられたもの	
排ガス処理装置 排液処理装置	特化則に定められた一定の設備（排ガス処理装置－アクロレイン、弗化水素、硫化水素、硫酸ジメチルを取り扱うもの、排液処理装置－アルキル水銀化合物、塩酸、硝酸、シアン化カリウム等）	
特定化学設備※等	特化則に定められた一定の設備等	2年以内 ごとに1回
透過写真撮影用 ガンマ線照射装置		1カ月以内 ごとに1回

※特定化学設備とは、厚生労働省令で定められた特定化学物質を製造し、取り扱う設備のことをいう

✏️ 受かる！ 一問一答

Q1 ☐☐ 硫酸を取り扱う特定化学設備については、法令に基づく定期自主検査の頻度が2年以内ごとに1回とされている。

Q2 ☐☐ 一酸化炭素を含有する気体を排出する製造設備の排気筒に設けた排ガス処理装置については、法令に基づく定期自主検査の頻度が1年以内ごとに1回とされている。

Q3 ☐☐ 透過写真撮影用ガンマ線照射装置は、法令に基づく定期自主検査の頻度が2カ月以内ごとに1回とされている。

Q4 ☐☐ 木材加工用丸のこ盤を使用する作業場所に設けた局所排気装置、アーク溶接を行う屋内作業場に設けた全体換気装置は法令に基づく定期自主検査を行わなければならない。

A1 ◯ 「硫酸」の箇所が他の化学物質で問われても「特定化学設備」で判断すること。

A2 ✕ 一酸化炭素を扱う排ガス処理装置は定期自主検査が義務づけられていないので誤り。アクロレイン、弗化水素、硫化水素、硫酸ジメチルを扱う排ガス処理装置の場合に定期自主検査が義務づけられている。

A3 ✕ 「2カ月以内ごとに1回」ではなく、「1カ月以内ごとに1回」であるので誤り。

A4 ✕ プッシュプル型換気装置、局所排気装置については定期自主検査を1年以内ごとに1回実施する義務があるが、設問の木材加工用丸のこ盤を使用する作業は、特定粉じん発生源作業に該当しないため、定期自主検査の実施義務はない。全体換気装置も定期自主検査の実施義務はない。

2 譲渡等の制限

重要度 ★★☆

譲渡等の制限とは、厚生労働大臣が定めた規格を備えた機械でなければ譲渡・貸与・設置を禁じるという規制です。

合格のツボ

送気マスク、防音保護具、化学防護服、防振手袋は、譲渡等の制限の対象にはなりません。

✓ 譲渡等の制限

特定機械等以外の機械等で、次のうち政令で定めるものは、厚生労働大臣が定める規格または安全装置を具備していなければ、譲渡・貸与・設置をしてはいけません。

① 安衛法別表2に掲げるもの、その他危険もしくは有害な作業を必要とするもの

② 危険な場所で使用するもの、または危険もしくは健康障害を防止するため使用するもの

● **譲渡等の制限の対象となる主な装置（安衛法別表2に掲げるもの等）**

① 防じんマスク（ろ過材および面体を有するものに限る）

② 防毒マスク（亜硫酸ガス用、アンモニア用、一酸化炭素用、有機ガス用等）

③ 交流アーク溶接機用自動電撃防止装置

④ 絶縁用保護具（一定の電圧以上で使用するものに限る）

⑤ 絶縁用防具（一定の電圧以上で使用するものに限る）

⑥ 保護帽（物体の飛来もしくは落下または墜落による危険を防止するためのものに限る）

⑦ 防じん機能を有する電動ファン付き呼吸用保護具

⑧ 防毒機能を有する電動ファン付き呼吸用保護具（ハロゲンガス用または有機ガス用のもの、その他厚生労働省令で定めるものに限る）

⑨ 再圧室

⑩ 潜水器

⑪ 特定エックス線装置

⑫ 工業用ガンマ線照射装置

⑬ 安全帯

⑭ 排気量40㎤以上の内燃機関を内蔵するチェーンソー

第4章 労働安全衛生法および関係法令

Q1 ☐☐ 防じん機能を有する電動ファン付き呼吸用保護具は、厚生労働大臣が定める規格を具備しなければ、「譲渡・貸与・設置してはならない機械等」に該当する。

Q2 ☐☐ 再圧室は、厚生労働大臣が定める規格を具備しなければ、「譲渡・貸与・設置してはならない機械等」に該当しない。

Q3 ☐☐ 検知管方式による一酸化炭素検定器は、厚生労働大臣が定める規格を具備しなければ、「譲渡・貸与・設置してはならない機械等」に該当する。

Q4 ☐☐ 潜水器は、厚生労働大臣が定める規格を具備していなければ「譲渡・貸与・設置してはならない機械等」には該当しない。

Q5 ☐☐ 工業用ガンマ線照射装置は、厚生労働大臣が定める規格を具備していなければ「譲渡・貸与・設置してはならない機械等」には該当する。

A1 ○ なお、防毒機能を有する電動ファン付き呼吸用保護具（ハロゲンガス用または有機ガス用のもの、その他厚生労働省令で定めるものに限る）も厚生労働大臣が定める規格を具備しなければ、譲渡・貸与・設置してはならない。

A2 ✕ 再圧室は、厚生労働大臣が定める規格を具備しなければ、「譲渡・貸与・設置してはならない機械等」に該当するので誤り。

A3 ✕ 検知管方式による一酸化炭素検定器は、厚生労働大臣が定める規格を具備しなければ、「譲渡・貸与・設置してはならない機械等」に該当しないので誤り。

A4 ✕ 潜水器は、厚生労働大臣が定める規格を具備していなければ「譲渡・貸与・設置してはならない機械等」に該当するので誤り。

A5 ○

3 製造等禁止物質・製造許可物質

重要度 ★☆☆

製造等禁止物質は労働者に重度の健康障害を発生させるもの、製造
許可物質は重度の健康障害を発生させるおそれのあるものです。

合格のツボ

①製造等禁止物質は、黄りんマッチ、ベンジジン等の9物質です。
②製造許可物質は、特定化学物質のうち第1類物質である8物質です。

✓ 製造等禁止物質

黄りんマッチ、ベンジジン、ベンジジンを含有する製剤など、労働者に重度の健康障害を生ずる物で、政令で定めるものは、製造し、輸入し、譲渡し、提供し、または使用してはなりません。

ただし、試験研究のため製造し、輸入し、または使用する場合で、「あらかじめ都道府県労働局長の許可を受けること」、「厚生労働大臣が定める基準に従って製造し、または使用すること」に該当するときは、この限りでありません。

● 製造等禁止物質

① 黄りんマッチ
② ベンジジンおよびその塩
③ 4－アミノジフェニルおよびその塩
④ 石綿
⑤ 4－ニトロジフェニルおよびその塩
⑥ ビス（クロロメチル）エーテル
⑦ ベータ－ナフチルアミンおよびその塩
⑧ ベンゼンを含有するゴムのりで、その含有するベンゼンの容量がゴムのりの溶剤（希釈剤を含む）の5％を超えるもの
⑨ ②、③、⑤〜⑦の物質をその重量の1％を超えて含有する製剤、④をその重量の0.1％を超えて含有する製剤など

✓ 製造許可物質

ジクロロベンジジン、ジクロロベンジジンを含有する製剤など、労働者に重度の健康障害を生ずるおそれのある物で政令で定めるものを製造しようとする者は、あらかじめ、厚生労働大臣の許可を受けなければなりません。

第4章 労働安全衛生法および関係法令

● 製造許可物質 （特定化学物質第1類）

① ジクロロベンジジンおよびその塩
② アルファ－ナフチルアミンおよびその塩
③ 塩素化ビフェニル（PCB）
④ オルト－トリジンおよびその塩
⑤ ジアニシジンおよびその塩
⑥ ベリリウムおよびその化合物
⑦ ベンゾトリクロリド
⑧ ①～⑥の物質をその重量の１％を超えて含有し、または⑦の物質をその重量の0.5％を超えて含有する製剤など

受かる！ 一問一答

Q1 □□ オーラミンは労働安全衛生法等により、製造し、輸入し、譲渡し、提供し、または使用することが原則として禁止されている。

Q2 □□ ベンジジンおよびその塩は労働安全衛生法等により、製造し、輸入し、譲渡し、提供し、または使用することが原則として禁止されている。

Q3 □□ ジクロロベンジジンおよびその塩は労働安全衛生法等により、製造し、輸入し、譲渡し、提供し、または使用することが原則として禁止されている。

A1 ✕ オーラミンは、製造等禁止物質ではないため誤り。

A2 ◯

A3 ✕ ジクロロベンジジンおよびその塩は、製造許可物質であるので誤り。

4 雇入れ時・作業内容変更時の安全衛生教育　重要度 ★★☆

新たに労働者を雇い入れたときや従事する作業内容を変更したときは、業務に関する安全・衛生のための教育を行います。

合格のツボ

雇入れ時・作業内容変更時の安全衛生教育は、事業場の規模、労働者の雇用形態、雇用期間にかかわらず実施しなければなりません。

✓ 雇入れ時・作業内容変更時の安全衛生教育

　事業者は、労働者を雇い入れたとき、又は労働者の作業内容を変更したときは、従事する作業に関する安全または衛生のための教育を行わなければなりません。

　その教育内容は、次のとおりです。

① 機械等、原材料等の危険性または有害性および取扱方法に関すること
② 安全装置、有害物抑制装置または保護具の性能および取扱方法に関すること
③ 作業手順に関すること
④ 作業開始時の点検に関すること
⑤ 業務に関して発生するおそれのある疾病の原因および予防に関すること
⑥ 整理、整頓、清潔の保持に関すること
⑦ 事故時等における応急処置および退避に関すること
⑧ ①〜⑦のほか、業務に関する安全または衛生のために必要な事項

✓ 実施を省略できるケース

　教育事項の全部または一部について十分な知識・技能を有すると認められる労働者には、教育を省略することができます。

✓ 安全衛生教育の講師は？

　講師は衛生管理者である必要はありません。また、外部講師であっても可能とされます。

✓ここをチェック

安全衛生教育の対象者は、常時使用する労働者に限りません。パート、アルバイトを含むすべての労働者が対象です。

● 雇入れ時等の安全衛生教育

教育内容	十分な知識・技能を有する者への教育
①機械等、原材料等の危険性または有害性およびこれらの取扱方法に関すること	
②安全装置、有害物抑制装置または保護具の性能およびこれらの取扱方法に関すること	
③作業手順に関すること	
④作業開始時の点検に関すること	省略可能
⑤当該業務に関して発生するおそれのある疾病の原因および予防に関すること	
⑥整理、整頓および清潔の保持に関すること	
⑦事故時等における応急処置および退避に関すること	
⑧①～⑦に掲げるもののほか、当該業務に関する安全または衛生のために必要な事項	

✎ 受かる！ 一問一答

Q1 ☐☐ 労働者の作業内容を変更したときは、当該労働者に対し、その従事する業務に関する安全または衛生のための教育を行わなければならない。

Q2 ☐☐ 教育事項の全部または一部に関し十分な知識および技能を有すると認められる労働者については、当該事項についての教育を省略することができる。

Q3 ☐☐ 1カ月以内の期間を定めて雇用するパートタイム労働者については、雇入れ時の教育を省略することができる。

A1 ○ 事業者は、労働者を雇い入れたときまたは労働者の作業内容を変更したときは、原則として、その従事する業務に関する安全または衛生のための教育を行わなければならない。

A2 ○

A3 ✕ 雇入れ時の安全衛生教育は、事業の規模、労働者の雇用形態、雇用期間にかかわらず実施する必要があるので誤り。

5 特別の安全衛生教育

重要度 ★★☆

特別の安全衛生教育は、労働者を危険な業務や有害な業務に就かせるときに特別に行われる教育です。

合格のツボ

①特別の教育には、雇入れ時の安全衛生教育と異なり、3年間の記録保存義務があります。
②強烈な騒音を発する場所での業務は、特別の安全衛生教育の対象ではありません。

✓ 特別の安全衛生教育と対象業務

　事業者は、危険または有害な業務に労働者を就かせるときは、業務に関する安全または衛生のための特別の教育を行う必要があります。

　対象業務は次のとおりです。

① 高圧または低圧の充電電路の敷設、修理等の業務
② 廃棄物の焼却施設で、ばいじんや焼却灰などの燃えがらを取り扱う業務
③ 特定粉じん作業に係る業務
　　特定粉じん作業とは、粉じんが発生する場所（粉じん発生源）が下記のように一定の場所（特定粉じん発生源）であるものをいいます。
　　・屋内で、セメントを袋詰めする箇所における作業
　　・屋内で、動力（手持ち式動力工具を除く）により金属を研磨する作業
　　・陶磁器を製造する工程で原料を混合する作業等
④ 酸素欠乏危険場所での作業に係る業務
⑤ 石綿等が使用されている建築物または工作物の解体等の作業に係る業務
⑥ エックス線装置またはガンマ線照射装置を用いて行う透過写真の撮影業務
⑦ チェーンソーを用いて行う立木の伐木、かかり木の処理または造材の業務
⑧ 東日本大震災で生じた放射性物質により汚染された土壌等を除染するための業務

　事業者は、特別教育を行ったときは、特別教育の受講者や科目などの記録を作成し、3年間保存しておかなければなりません。

✓ここをチェック

特別教育の内容には、「労働者に対する指導、または監督の方法に関すること」は含まれません。

● 特別教育が必要な主な業務・必要でない業務

特別教育を必要とする業務	特別教育を必要としない業務
・高圧室内業務等 ・廃棄物焼却炉を有する廃棄物の焼却施設で焼却灰等を取り扱う業務 ・特定粉じん作業に係る業務 ・酸素欠乏危険作業（しょう油やもろみなど、発酵する物の醸造槽の内部における作業等） ・石綿等が使用されている建築物の解体等作業 ・エックス線・ガンマ線照射装置を用いた透過写真撮影業務 ・チェーンソーを用いて行う造材の業務 ・東日本大震災で生じた放射性物質により汚染された土壌等を除染するための業務	・水深 10 m 以上の場所の潜水業務 ・ボンベから給気を受けて行う潜水業務 ・特定化学物質を用いて行う製造等業務 ・有機溶剤等を用いて行う接着等の業務 ・紫外線または赤外線にさらされる業務 ・超音波にさらされる業務 ・削岩機、チッピングハンマー等、チェーンソー以外の振動工具を取り扱う業務 ・強烈な騒音を発する場所における業務

※潜水作業者への送気の調節を行うためのバルブやコックを操作する業務は、法令に基づく安全または衛生のための特別教育を行う必要がある

※特定化学物質を用いて行う業務は、第 1 類、第 2 類、第 3 類物質のいずれであっても特別教育の対象とならない

✏️ 受かる！ 一問一答

Q1 ☐☐ 紫外線または赤外線にさらされる業務に労働者を就かせるときは、法令に基づく安全または衛生のための特別の教育を行わなければならない。

Q2 ☐☐ 酸素欠乏危険場所における作業に係る業務に労働者を就かせるときは、法令に基づく安全または衛生のための特別の教育を行わなければならない。

Q3 ☐☐ 特定化学物質のうち第 3 類物質を取り扱う作業に係る業務については、法令に基づく安全または衛生のための特別の教育を行わなければならない。

A1 ✕ 紫外線または赤外線にさらされる業務には、特別教育は義務づけられていないので誤り。

A2 ◯

A3 ✕ 特定化学物質を用いて行う業務は、第 1 類、第 2 類、第 3 類物質のいずれであっても特別教育の対象とならないので誤り。

6 作業環境測定・立入禁止場所

作業環境測定では、環境に有害な因子がどの程度存在し、労働者が
どの程度さらされているかを把握します。

重要度 ★★★

合格のツボ

①特定化学物質および有機溶剤のうち、作業環境測定が義務づ
けられているのは第1類（種）物質と第2類（種）物質です。
②作業環境測定については、労働基準監督署長への報告義務は
ありません。

✓ 作業環境測定とは？

　安衛法において**作業環境測定**とは、「作業環境の実態を把握するため、空気環
境その他の作業環境について行う**デザイン**、**サンプリング**および**分析**（解析を含
む）をいう」と定義されています。

　事業者は、有害な業務を行う屋内作業場などについては必要な作業環境測定を
行い、その結果を記録しておく必要があります。

　そして、作業環境測定の結果の評価に基づいて、労働者の健康を保持するため
必要があると認められるときは、施設・設備の設置または整備、健康診断の実施
など、適切な措置を講じなければなりません。

● 作業環境測定の流れ

作業環境測定　→　測定の結果の評価　→　評価結果に基づく措置

　対象となるのは以下の作業場です。
① 特定粉じん作業（型ばらし装置を用いて砂型を壊す、セメントの袋詰めをす
る等）が行われる屋内作業場
② 暑熱（溶融ガラスや金属の作業等）、寒冷または多湿の屋内作業場
③ 著しい騒音（金属の圧延等）を発する屋内作業場
④ 坑内の作業場
⑤ 中央管理方式の空気調和設備を設けている建築物室内
⑥ 放射線業務を行う作業場（管理区域内）
⑦ 特定化学物質の第1類物質または第2類物質を製造し、または取り扱う屋内
作業場、石綿等を取り扱いまたは試験研究のため製造する屋内作業場、コー
クス製造の作業場

第**4**章　労働安全衛生法および関係法令

⑧ 鉛業務（遠隔操作によって行う隔離室におけるものを除く）を行う屋内作業場

⑨ 酸素欠乏危険場所において作業を行う作業場

⑩ 有機溶剤（第3種有機溶剤等を除く）を製造し、または取り扱う業務を行う屋内作業場

● **作業環境測定の対象作業場と測定頻度**

対象作業場	測定項目	測定頻度（原則）	記録保存（原則）
酸素欠乏危険場所	空気中酸素濃度、硫化水素濃度	その日の作業開始前	3年
坑内の作業場	炭酸ガス濃度、気温、通気量	炭酸ガス濃度は1カ月以内、その他は半月以内ごとに1回	3年
暑熱、寒冷、多湿屋内作業場	気温、湿度、ふく射熱	半月以内ごとに1回	3年
放射線業務を行う作業場	線量当量率、放射性物質濃度	1カ月以内ごとに1回	5年
空気調和設備を設けている建築物の室	一酸化炭素濃度（室温、外気温、相対湿度）	2カ月以内ごとに1回	3年
特定化学物質を取り扱う作業場※	これらの物質の空気中濃度	6カ月以内ごとに1回	3年
有機溶剤を製造、取り扱う屋内作業場※			3年
著しい騒音を発する屋内作業場	等価騒音レベル		3年
特定粉じん作業が行われる屋内作業場	空気中の粉じん濃度、遊離ケイ酸含有率		7年
石綿等を取り扱う屋内作業場	空気中の石綿濃度		40年
一定の鉛業務を行う屋内作業場	鉛の空気中濃度	1年以内ごとに1回	3年

※特定化学物質および有機溶剤について、作業環境測定が義務づけられているのは第1類（種）物質および第2類（種）物質である → 第3類（種）物質については作業環境測定の義務はない

［参考］第3類特定化学物質：アンモニア、一酸化炭素、硝酸等
　　　　第3種有機溶剤等：ガソリン、石油ベンジン等

✓ 測定の基準、頻度、記録の保存

作業環境測定は、厚生労働大臣の定める作業環境測定基準に従って行います。測定の頻度は原則 6 カ月以内ごとですが、暑熱、寒冷、多湿の屋内作業場は半月以内ごと、空気調和設備は 2 カ月以内ごと、放射線業務は 1 カ月以内ごとに 1 回です。

事業者は、作業環境測定を行ったときは、所定の事項を記録し、原則 3 年間、保存しなければなりません。ただし、放射線は 5 年間、土石等の粉じんは 7 年間、石綿等は 40 年間、保存します。

✓ ここをチェック

中央管理方式の空気調和設備を設けている建築物の事務室で、事務所として使われているものについては2カ月に1回、定期に次の①〜③を測定し、結果を記録して、3年間保存しなければなりません。
①一酸化炭素および二酸化炭素の含有率
②室温および外気温
③相対湿度

事業者は放射線業務従事者等には放射線測定器を装着させ被ばく線量を測定する義務があります。

管理区域（法令の基準に従い作業環境測定を実施する区域）内での放射線業務従事者の被ばく限度は以下の通りです。

①全身（男性、妊娠する可能性がないと診断された女性）	100mSv/ 5 年間かつ 50mSv/年
②女性（①、③を除く）	5mSv/3 カ月
③妊娠と診断された女性 （妊娠診断から出産まで）	1mSv（内部被ばくによる実効線量）/ 妊娠診断から出産まで 2mSv（腹部表面に受ける等価線量）/ 妊娠診断から出産まで

✓ 立入禁止場所

事業者は、次の場所に関係者以外の者が立ち入ることを禁止し、その旨を見やすい箇所に表示しなければなりません。
① 高熱の物を大量に扱う、または暑熱な場所
② 低温の物を大量に扱う、または寒冷な場所
③ 有害な光線または超音波にさらされる場所

④ 炭酸ガス濃度が **1.5%** を超える場所、酸素濃度が **18%** に満たない場所、硫化水素濃度が **10ppm**（100万分の10）を超える場所
⑤ ガス、蒸気または粉じんを発散する有害な場所
⑥ 有害物を取り扱う場所
⑦ 病原体による汚染のおそれの著しい場所

🖋 受かる！ 一問一答

Q1 ☐☐ 陶磁器を製造する工程において、乾式で原料を混合する作業を常時行う屋内作業場は、法令に基づく作業環境測定の対象である。

Q2 ☐☐ 特定化学物質のうち、第1類物質を取り扱う屋内作業場における空気中の第1類物質の濃度の測定は、6カ月以内ごとに1回行わなければならない。

Q3 ☐☐ 多量のドライアイスを取り扱う寒冷の屋内作業場における気温および湿度の測定は、半月以内ごとに1回行わなければならない。

Q4 ☐☐ 鉛蓄電池の解体工程において、鉛等を切断する業務を行う屋内作業場における空気中の第1類物質の濃度の測定は、6カ月以内ごとに1回行わなければならない。

Q5 ☐☐ チッパーによりチップする業務を行い、著しい騒音を発する屋内作業場における等価騒音レベルの測定（作業環境測定）は、作業環境測定士に実施させなければならない。

A1 ○ 陶磁器を製造する工程において、乾式で原料を混合する作業を常時行う屋内作業場は、特定粉じん屋内作業場に該当するため作業環境測定（6カ月以内ごとに1回）の対象である。

A2 ○ 特定化学物質については、第1類物質および第2類物質を取り扱う場合に作業環境測定が義務づけられていることに注意すること。

A3 ○ 暑熱、寒冷、多湿の屋内作業場では、気温と湿度の測定を半月以内ごとに1回、定期に行わなければならない。

A4 ✕ 一定の鉛業務を行う屋内作業場では、鉛の空気中の濃度の測定を「1年以内ごとに1回」、定期に行わなければならないので誤り。

A5 ✕ 設問の場合、作業環境測定士に作業環境測定を実施させなくてもよいので誤り。なお、設問の場合の作業環境測定は等価騒音レベルの測定を6カ月に1回定期に行わなければならない。

7 一般健康診断

一般健康診断は、携わっている業務に関係なく労働者に実施される
健康診断です。

重要度 ★★★

合格のツボ
①雇入れ時の健康診断の項目は、医師の判断で省略できません。
②定期健康診断の検査項目である貧血検査、肝機能検査、血中
脂質検査、血糖検査、心電図検査は、35歳と40歳以上の者
に対しては省略できません。

✓ 一般健康診断

事業者は、労働者に対し、医師による健康診断を行う義務があります。そのう
ち、一般健康診断とは、安衛法66条1項に定められた健康診断を指します。こ
れは、事業者が労働者の一般的な健康状態を把握したうえで、適切な就業上の措
置や保健指導を実施することを目的としています。

一般健康診断には、次のようなものがあります。

① 雇入れ時の健康診断
② 定期健康診断
③ 特定業務従事者の健康診断
④ 海外派遣者の健康診断
⑤ 給食従事者の検便

✓ 雇入れ時の健康診断

事業者は、常時使用する労働者を雇い入れるときは、医師による健康診断を行
わなければなりません。ただし、医師による健康診断を受けた後、3カ月を経過
しない者を雇い入れる場合は、その者が健康診断の結果を証明する書面を提出す
れば、重複する項目については省略できます。

検査項目は次のとおりです。

① 既往歴および業務歴の調査
② 自覚症状および他覚症状の有無の検査
③ 身長、体重、腹囲、視力および聴力（1,000Hz および 4,000Hz）の検査
④ 胸部エックス線検査
⑤ 血圧の測定
⑥ 貧血検査
⑦ 肝機能検査

第4章 労働安全衛生法および関係法令

⑧ 血中脂質検査

　低比重リポタンパクコレステロール（LDL コレステロール）、高比重リポタンパクコレステロール（HDL コレステロール）、血清トリグリセライドの量の検査のことです。

⑨ 血糖検査

⑩ 尿検査

⑪ 心電図検査

✓ 定期健康診断

　事業者は、常時使用する労働者（特定業務従事者を除く）に対し、1 年以内ごとに 1 回、定期に、医師による健康診断を行わなければなりません。

　検査項目は次のとおりです。

① 既往歴および業務歴の調査

② 自覚症状および他覚症状の有無の検査

③ 身長、体重、腹囲、視力および聴力（1,000Hz および 4,000Hz）の検査

④ 胸部エックス線検査およびかくたん検査

⑤ 血圧の測定

⑥ 貧血検査（血色素量、赤血球数）

⑦ 肝機能検査（γ-GTP 等）

⑧ 血中脂質検査（HDL コレステロール、血清トリグリセライド等）

⑨ 血糖検査（空腹時血糖、ヘモグロビン A1c）

⑩ 尿検査

⑪ 心電図検査

✓ ここをチェック

健康診断における検査項目で、

① γ-GTP は、正常な肝細胞に含まれている酵素で、肝細胞が障害を受けると血液中に流れ出し、特にアルコールの摂取で高値を示す特徴があります。

② HDL コレステロールは、善玉コレステロールとも呼ばれ、低値であることは動脈硬化の危険因子となります。

③ 血清トリグリセライド（中性脂肪）は、食後に値が上昇する脂質で、内臓脂肪が蓄積している者において、空腹時にも高値が持続することは動脈硬化の危険因子となります。

④ ヘモグロビン A1c は、血液中の糖の状態を調べるために利用される。健康診断の基本検査項目の一つで、糖尿病のリスクを判別するものです。

✓ 特定業務従事者の健康診断

　事業者は、特定業務に常時従事する労働者に対し、その業務への配置替えの際、また6カ月以内ごとに1回、定期に、定期健康診断の項目について医師による健康診断を行わなければなりません。胸部エックス線検査とかくたん検査は、1年以内ごとに1回、定期に行えば足ります。

　特定業務とは、次のような業務を指しています。

① 著しく暑熱または寒冷な場所における業務
② 一定の有害放射線にさらされる業務
③ じんあいまたは粉末を著しく飛散する場所における業務
④ 異常気圧下における業務
⑤ 重量物の取扱い等を行う重激な業務
⑥ 坑内における業務
⑦ 深夜業を含む業務
⑧ 病原体による汚染のおそれが著しい業務
⑨ 強烈な騒音にさらされる業務　等

　特定業務従事者の健康診断は、定期健康診断を受けた者の場合は、医師が必要でないと認めた項目について省略できます。

● 雇入れ時の健康診断・定期健康診断で一部省略できるケース

健診の種類	省略可能なケース	
雇入れ時の健康診断	・入社前3カ月以内に医師による健康診断を受け、当該健康診断の結果を証明する書面を提出したときは、健康診断の重複項目を省略できる ※雇入れ時の健康診断の項目については、医師の判断で省略することはできない	
定期健康診断 ※医師が必要でないと認める場合	①身長の検査	20歳以上の者
	②腹囲の検査	・40歳未満（35歳を除く）の者 ・妊娠中の女性など、腹囲が内臓脂肪の蓄積を反映していないと診断された者 ・BMIが20未満である者 　BMI＝体重（kg）／身長（m）^{2} ・BMIを22未満で自己申告した者
	③胸部エックス線検査	40歳未満の者（20歳、25歳、30歳および35歳の者を除く）であり、感染症法で結核に係る定期健康診断の対象とされている施設等の労働者、じん肺法で3年に1回のじん肺健康診断の対象とされている労働者に該当しない者

④かくたん検査	・胸部エックス線検査を省略された者 ・胸部エックス線検査で病変が発見されない者または 　結核発病のおそれがないと診断された者
⑤貧血検査 ⑥肝機能検査 ⑦血中脂質検査 ⑧血糖検査 ⑨心電図検査	40歳未満（35歳を除く）の者

※血圧検査や尿検査は、医師が必要でないと認めるときに省略することができる項目に該当しない

✓ 海外派遣者の健康診断

　①海外に6カ月以上派遣するとき、②海外に6カ月以上派遣した労働者を国内で業務に就かせるときは、事業者はあらかじめ、労働者に対し、医師による健康診断を行わなければなりません。

● **海外派遣者の健康診断の検査項目と時期**

①腹部画像診断	
②血液中の尿酸の量の検査	派遣前・帰国後
③B型肝炎ウイルス抗体検査	
④ABO式およびRh式の血液型検査	派遣前のみ
⑤糞便塗抹検査	帰国後のみ

※海外派遣者の健康診断は、雇入れ時の健康診断、定期健康診断等を受けた者については、実施日から6カ月間に限り、重複する検査項目を省略することができる

☑ここをチェック

海外派遣労働者の健康診断は、医師が必要と認めた場合に行われますが、特徴的な項目は次の2点です。
・派遣前のみに行う項目…血液型検査（ABO式およびRh式）
・帰国後のみに行う項目…糞便塗抹検査

✓ 給食従事者の検便

　事業者は、事業に附属する食堂または炊事場で給食の業務に従事する労働者に対し、雇入れの際または業務への配置替えの際、検便による健康診断を行わなければなりません。給食従事者の検便については、最初に1回だけ行えばよく、その後定期に行う必要はありません。

● 健康診断の種類と内容のまとめ

種類	対象労働者	実施時期	健康診断結果報告（遅滞なく・50人以上の規模）
雇入れ時の健康診断	常時使用する労働者	雇入れの際	×
定期健康診断	特定業務従事者以外	1年以内ごとに1回	○
	特定業務（有害業務、深夜業務）従事者	配置替えの際、および6カ月以内ごとに1回	○
海外派遣労働者の健康診断	6カ月以上の海外派遣労働者	派遣前・派遣後	×
給食従業員の検便	給食従事者	雇入れの際、および配置替えの際（定期不要）	×

第4章 労働安全衛生法および関係法令

✎ 受かる！ 一問一答

Q1 ☐☐ 雇入れ時の健康診断で35歳未満の者については、医師の意見を聴いて貧血検査と心電図検査を省略することができる。

Q2 ☐☐ 定期健康診断項目のうち尿検査については、厚生労働大臣が定める基準に基づき、医師が必要でないと認めるときは省略することができる。

Q3 ☐☐ 深夜業を含む業務に常時従事する労働者に対し、6カ月以内ごとに1回、定期に健康診断を行っているが、胸部エックス線検査については、1年以内ごとに1回しか行っていないことは法令に違反しない。

- -

A1 × 貧血検査と心電図検査は、雇入れ時の健康診断の項目であるが、雇入れ時の健康診断の項目は、医師の判断では省略することはできないので誤り。

A2 × ①既往歴、業務歴、②自覚、他覚症状の有無、③血圧、体重、尿検査等は省略することはできない。

A3 ○ 深夜業等の特定業務に常時従事する労働者に対しては、胸部エックス線検査およびかくたん検査は、1年以内ごとに1回、定期に行えば足りる。

8 特殊健康診断

重要度 ★★★

✓ ✓ ✓

特殊健康診断は、法定の有害業務に従事する労働者に実施されます。

合格のツボ

定期の特殊健康診断、歯科医師による健康診断を行ったときは、事業者は労働者数にかかわらず、遅滞なく所定の健康診断結果報告書を所轄労働基準監督署長に提出しなければなりません（一般健康診断の場合、提出義務は常時使用する労働者数が50人以上の事業場のみ）。

✓ 特殊健康診断とは？

　特殊健康診断は、労働衛生上、健康に有害な業務に従事する労働者に対して、疾病を予防するために行う健康診断です。**特別の健診項目**によるもので、業務の種類によって項目も異なります。

　特殊健康診断は、事業の遂行に伴い当然実施されなければならないものであるため、**所定労働時間内に行われる**ことを原則としています。また、実施に要する時間は労働時間と解されるので、健康診断が時間外に行われた場合には、事業者は割増賃金を支払わなければなりません。

　また、特殊健康診断を行ったときは、事業者は遅滞なく、特殊健康診断に応じた健康診断結果報告書を事業場の所在地を管轄する**労働基準監督署長**に提出しなければなりません。

● 特殊健康診断の実施間隔と記録の保存期間

特殊健康診断の種類	実施間隔	記録の保存期間
①高気圧業務健康診断	6カ月以内	5年
②電離放射線健康診断	6カ月以内	30年
③特定化学物質健康診断	6カ月以内	5年※1
④有機溶剤等健康診断	6カ月以内	5年
⑤鉛健康診断	6カ月以内※2	5年
⑥四アルキル鉛健康診断	6カ月以内	5年
⑦石綿健康診断	6カ月以内	40年

※1 特別管理物質を取り扱う業務は30年間
※2 一定の業務（はんだ付け等）は1年以内

✓ 対象者

　事業者は、有害な業務に従事する労働者に対し、特別の項目について、医師による健康診断を行わなければなりません。

　以下の有害な業務のうち、③、④、⑦に従事させたことのある労働者で、現に使用している者についても同様とします。

＜対象となる有害業務＞

① 高圧室内業務および潜水業務

② 電離放射線業務

③ 特定化学物質の第１類物質または第２類物質を製造し、または取り扱う業務

④ 屋内作業場において有機溶剤を製造し、または取り扱う業務（第３種有機溶剤等の場合、タンク等の内部の業務に限る）

⑤ 鉛業務（遠隔操作によって行う隔離室におけるものを除く）

⑥ 四アルキル鉛等業務（遠隔操作によって行う隔離室におけるものを除く）

⑦ 石綿を取り扱う業務

● 特殊健康診断の種類と主な検査項目

種類	検査項目
①有機溶剤等健康診断	有機溶剤の種類別に定められた項目 （例：トルエン→尿中の馬尿酸の量）
②鉛健康診断	・尿中のデルタアミノレブリン酸の量の検査
③四アルキル鉛健康診断	・血液中の鉛量の検査
④高気圧業務健康診断	耳鳴り等の自覚症状または他覚症状の有無の検査、聴力の検査、肺活量の検査
⑤電離放射線健康診断	白血球数検査、赤血球数検査、血色素量またはヘマトクリット値検査等
⑥石綿健康診断	胸部エックス線直接撮影による検査

※特定化学物質については、取扱業務に応じて検査項目が定められているため、ここでは割愛する

✓ 歯科医師による健康診断

事業者は、塩酸、硝酸、硫酸、亜硫酸、弗化水素、黄りんなど、歯やその支持組織（機能を支えているもののこと）に有害な物のガス、蒸気または粉じんを発散する場所での業務に常時従事する労働者に対して、雇入れの際やその業務への配置替えの際、また業務に就いた後6カ月以内ごとに1回、定期に、歯科医師による健康診断を行わなければなりません。

✓ 行政指導による特殊健康診断

特殊健康診断には、法律で実施が義務づけられているもののほか、行政指導により実施が勧奨されている以下のものがあります。

種類	検査項目
腰痛健康診断	業務歴、既往歴の調査、自覚症状の有無の検査、脊柱の検査、神経学的検査、脊柱機能検査、医師が必要と認めるときは画像診断・運動機能テスト等
情報機器作業健康診断	業務歴、既往歴の調査、自覚症状の有無の検査、眼科学的検査、筋骨格系に関する検査（配置する際およびその後1年以内ごとに1回、定期実施する）、上肢の運動機能
騒音健康診断	業務歴、既往歴の調査、自覚症状・他覚症状の有無の検査

✏️ 受かる！ 一問一答

Q1 ☐☐ 潜水業務に常時従事する労働者への医師による特別の項目についての健康診断の実施義務は、法令に規定されている。

Q2 ☐☐ 硫酸のガスや蒸気、粉じんを発散する場所における業務に常時従事する労働者については、法令に基づき、定期に歯科医師による健康診断を行わなければならない。

A1 ○ 高圧室内業務および潜水業務に常時従事する労働者に対する特殊健康診断は、原則として6カ月以内ごとに1回実施しなければならない。

A2 ○ 塩酸、硝酸、弗化水素、硫酸等の歯を腐食させる物質を取り扱う業務に常時従事する労働者に対しては、6カ月以内ごとに1回、歯科医師による特殊健康診断を行わなければならない。

9 高気圧業務健康診断・電離放射線健康診断

重要度 ★★★

高気圧業務健康診断は高気圧業務に、電離放射線健康診断は放射線業務に常時従事する労働者に実施されます。

合格のツボ

①高気圧業務健康診断の検査項目には、耳鳴りなどの自覚症状または他覚症状の有無の検査が含まれます。
②電離放射線健康診断個人票の保存期間は30年間です。

✓ 高気圧業務健康診断

　事業者は、高圧室内業務または潜水業務（高気圧業務）に常時従事する労働者に対して、雇入れの際や、その業務への配置替えの際、また業務に就いた後6カ月以内ごとに1回、定期に、医師による健康診断を行わなければなりません。
　検査項目は次のとおりです。
① 既往歴および高気圧業務歴の調査
② 関節、腰もしくは下肢の痛み、耳鳴り等の自覚症状または他覚症状の有無の検査
③ 四肢の運動機能の検査
④ 鼓膜および聴力の検査
⑤ 血圧の測定、尿中の糖およびタンパクの有無の検査
⑥ 肺活量の測定
　また、事業者は、診断結果に基づいて高気圧業務健康診断個人票を作成し、5年間保存しなければなりません。

✓ 電離放射線健康診断

　事業者は、放射線業務に常時従事する労働者で管理区域に立ち入る者に対して、雇入れの際や、その業務への配置替えの際、また業務に就いた後6カ月以内ごとに1回、定期に、医師による健康診断を行わなければなりません。
　検査項目は次のとおりです。
① 被ばく歴の有無の調査と評価
② 白血球数および白血球百分率の検査
③ 赤血球数の検査および血色素量またはヘマトクリット値の検査
④ 白内障に関する眼の検査
⑤ 皮膚の検査

第4章 労働安全衛生法および関係法令

また、事業者は、診断結果に基づいて電離放射線健康診断個人票を作成し、30年間保存しなければなりません。ただし、5年間保存した後、厚生労働大臣が指定する機関に記録を引き渡すときについては、この限りではありません。

- ● 業務内容別の検査項目

業務内容	検査項目
高気圧業務 （高圧室内業務・潜水業務）	四肢の運動機能の検査 鼓膜および聴力の検査 肺活量の測定、尿中の糖とタンパクの有無の検査
放射線業務	白血球数、赤血球数の検査 白内障・皮膚の検査

受かる！ 一問一答

Q1 ☐☐ 皮膚の検査は、放射線業務に従事する労働者に対して、特別の項目について行う健康診断の項目の一部である。

Q2 ☐☐ 事業者は、電離放射線健康診断の結果に基づき、電離放射線健康診断個人票を作成し、原則として、これを30年間保存しなければならない。

Q3 ☐☐ 事業者は、高気圧業務健康診断の結果に基づき、高気圧業務健康診断個人票を作成し、これを3年間保存しなければならない。

A1 ◯ 電離放射線健康診断では、被ばく歴の有無、白血球数および赤血球数、血色素量またはヘマトクリット値、白内障、皮膚の検査が行われる。

A2 ◯

A3 ✕ 「3年間」ではなく、「5年間」であるので誤り。

10 特定化学物質健康診断・石綿健康診断 重要度 ★★★

特定化学物質健康診断は特定化学物質の、石綿健康診断は石綿の製造・取扱業務に常時従事する労働者に実施されます。

合格のツボ

①特定化学物質の第3類物質の製造・取扱業務は、特定化学物質健康診断の対象外です。

②石綿健康診断個人票の保存期間は、その個人が事業場でその業務に常時従事しないこととなった日から40年間です。

✓ 特定化学物質健康診断

事業者は、第1類物質・第2類物質（一定のものを除く）の製造・取扱業務、または試験研究のための製造等禁止物質の製造・取扱業務に常時従事する労働者に対して、雇入れの際や、その業務への配置替えの際、また業務に就いた後6カ月以内ごとに1回、定期に、医師による健康診断を行わなければなりません。

検査項目は、取り扱う物質の種類に応じて定められています。事業者は、診断結果に基づいて特定化学物質健康診断個人票を作成し、5年間保存する義務があります。ただし、特別管理物質の製造・取扱業務に現在、常時従事しているか、過去に従事した労働者の特定化学物質健康診断個人票は、30年間保存することとされています。

✓ここをチェック

「特別管理物質」とは、第1類物質と第2類物質のうち、がん原性物質またはその疑いのある物質をいいます。

✓ 石綿健康診断

事業者は、石綿等の取扱業務、または試験研究のための製造業務に常時従事する労働者に対して、雇入れの際や、その業務への配置替えの際、またその業務に就いた後6カ月以内ごとに1回、定期に、医師による健康診断を行わなければなりません。

検査項目は、①業務歴、②自覚症状・他覚症状の検査、③胸部エックス線直接撮影となります。事業者は、診断結果に基づいて石綿健康診断個人票を作成し、その労働者が事業場で常時その業務に従事しないこととなった日から40年間保存しなければなりません。

第4章 労働安全衛生法および関係法令

● 業務内容別の検査項目

業務内容	検査項目
①特定化学物質（第1類、第2類）の製造・取扱業務	特定化学物質の種類に応じて定められた項目 ※第3類は特殊健康診断は不要
②石綿の粉じんを発散する場所で常時石綿を取り扱う作業	直接撮影による胸部エックス線検査 ※40年間の記録保存義務あり

✓ここをチェック

特別管理物質の製造等を行う事業者が事業を廃止しようとするときは、特定化学物質健康診断個人票について所轄労働基準監督署長に提出しなければなりません（石綿健康診断個人表についても同様です）。

🖊 受かる！ 一問一答

Q1 ☐☐ 尿中や血液中の石綿の量の測定は、石綿等を取り扱う業務に従事する労働者に対して、特別の項目について行う健康診断の項目の一部である。

Q2 ☐☐ 特定化学物質のうち、第3類物質を製造・取り扱う業務に常時従事する労働者に対する医師による特別項目についての健康診断の実施義務は、法令上規定されている。

Q3 ☐☐ 事業者は、特別管理物質を製造し、または取り扱う業務に常時従事し、または従事した労働者に係る特定化学物質健康診断個人票については、これを30年間保存するものとされている。

A1 ✕ 「尿中や血液中の石綿の量の測定」ではなく、「直接撮影による胸部エックス線検査」であるので誤りである。

A2 ✕ 特定化学物質の第3類物質については、特殊健康診断を実施する必要はないので誤り。

A3 ○ 「特別管理物質」とは、第1類物質と第2類物質のうち、がん原性物質またはその疑いのある物質をいう。

11 鉛健康診断・じん肺健康診断

重要度 ★★★

✓ ✓ ✓

鉛健康診断は鉛業務に、じん肺健康診断は粉じん作業に常時従事する労働者に実施されます。

合格のツボ

①事業者は、鉛中毒にかかっている労働者および医師が認めた労働者を、医師の認める期間、鉛業務に従事させてはいけません。

②じん肺管理区分は、地方じん肺診査医の診断または審査により、都道府県労働局長が決定します。

✓ 鉛健康診断

　事業者は、鉛業務に常時従事する労働者に対し、雇入れの際や、当該業務への配置替えの際、またその後6カ月（一定の業務は1年）以内ごとに1回、定期に、医師による特別項目について健康診断を行わなければなりません。

　鉛中毒を起こすと、手足のしびれや筋肉のけいれん、めまいなどが起きて激しい痛みにみまわれ、幻覚症状や最悪の場合死に至ります。

　検査項目は次のとおりです。

① 業務の経歴の調査
② 作業条件の簡易な調査
③ 鉛による自覚症状および他覚症状の既往歴の調査
④ 血液中の鉛の量および尿中のデルタアミノレブリン酸の量の既往の検査結果の調査
⑤ 鉛による自覚症状または他覚症状と通常認められる症状の有無の検査
⑥ 血液中の鉛の量の検査
⑦ 尿中のデルタアミノレブリン酸の量の検査

✓ここをチェック

鉛の生物学的半減期は長いので、健康診断時の尿の採取は任意の時期でかまいません。生物学的半減期とは、体内でその物質の量が最初の半分に減るまでに要する時間のことです（184ページ）。

第4章 労働安全衛生法および関係法令

✓ 結果の保存と就業禁止

　事業者は、鉛健康診断の結果に基づいて鉛健康診断個人票を作成し、5年間保存しなければなりません。

　また、事業者は、鉛中毒にかかっている労働者や、健康診断の結果、鉛業務に従事することが健康の保持のために適当でないと医師が認めた労働者を、医師が必要と認める期間、鉛業務に従事させてはいけません。

☑ここをチェック

有害業務への配置替えの際に行う特殊健康診断は、業務適性の判断と、その後の業務の影響を調べるための基礎資料を得る目的で行われます。有害物質による健康障害は、初期のうちは自覚症状がなく、他覚的所見によって異常が発見されるケースが多くあります。言い換えると、問診はあまり意味をなしません。

✓ じん肺健康診断

　じん肺健康診断は、粉じん作業に従事する労働者を対象に、じん肺を防ぐために行われます。

　じん肺健康診断には、次の4種類があります。

①就業時健康診断

　新たに常時粉じん作業に従事することになった労働者を対象に行います。

②定期健康診断

　現在、常時粉じん作業に従事している労働者を対象に、じん肺管理区分に応じて1年以内（常時粉じん作業に従事する労働者で、じん肺管理区分が管理2または管理3であるもの等）または3年以内（常時粉じん作業に従事する労働者で、じん肺管理区分が管理1であるもの等）ごとに定期に行います。

③定期外健康診断

　常時粉じん作業に従事し、一般健康診断でじん肺の所見があるか、疑いのある者を対象に、遅滞なく行います。

④離職時健康診断

　常時1年以上継続して粉じん作業に従事した者の中で、離職をする際にじん肺健康診断を行うよう求めた者を対象に行います。

● じん肺健康診断の結果によるじん肺管理区分

管理区分	内容	必要とされる措置
管理1	じん肺の所見なし	特になし
管理2	不整形陰影はあるが、著しい肺機能障害はなし	粉じんばく露の低減措置・作業転換
管理3		
管理4	著しい肺機能障害があると認められる	療養
管理2または3 ＋ 合併症に罹患		

✓ここをチェック

じん肺管理区分は、地方じん肺診査医の診断または審査により、都道府県労働局長が決定します。決定の通知を受けた事業者は、遅滞なく、その労働者に、決定されたじん肺管理区分および留意すべき事項を通知し、その事実を記載した書面を作成して3年間保存しなければなりません。常時粉じん作業に従事する労働者は、いつでもじん肺健康診断を受けて、都道府県労働局長にじん肺管理区分を決定するように申請できます。

✓ じん肺健康診断の検査項目と記録の保存

　検査項目は次のとおりです。なお、事業者は、じん肺健康診断に関する記録（じん肺健康診断結果証明書）を作成し、じん肺健康診断のエックス線写真とともに7年間保存しなければなりません。

① 粉じん作業についての職歴の調査
② 直接撮影による胸部エックス線検査
③ 胸部に関する臨床検査
④ 肺機能検査
⑤ 結核精密検査（結核またはその疑いのある者）
⑥ 肺結核以外の合併症の検査

Q1 ☐☐ 尿中の馬尿酸の量の検査は、鉛業務に従事する労働者に対して、特別の項目について行う健康診断の項目の一部である。

Q2 ☐☐ 鉛ライニングの業務に常時従事する労働者に対する、医師による特別項目についての健康診断の実施義務は、法令に規定されている。

Q3 ☐☐ 事業者は、じん肺健康診断に関する記録を作成し、当該記録およびじん肺健康診断に係るエックス線写真を7年間保存しなければならない。

Q4 ☐☐ じん肺健康診断の結果、じん肺の所見があると診断された労働者のじん肺管理区分は、地方じん肺診査医の診断または審査により、都道府県労働局長が決定する。

Q5 ☐☐ じん肺管理区分の決定の通知を受けた事業者は、遅滞なく、当該労働者に対し、決定されたじん肺管理区分および留意すべき事項を通知し、その事実を記載した書面を作成して3年間保存しなければならない。

A1 ✕ 設問の内容はトルエンを取り扱う業務に係る特殊健康診断の項目の一部であるので誤り。馬尿酸とはトルエンの代謝物であり、トルエンが大量に体内に取り込まれたときに尿中に排泄される。
鉛業務に従事する労働者の特殊健康診断では、尿中のデルタアミノレブリン酸の量の検査を行う。

A2 ○ 設問の場合の特殊健康診断は、6カ月以内ごとに1回実施しなければならない。
ライニングとは防錆（給水配管など）や耐火（煙突など）のために、鋼管などの内側にコーティングまたは貼り付ける部分・部材のことをいい、鉛を使用する場合、鉛ライニングという。

A3 ○

A4 ○

A5 ○

12 有機溶剤等健康診断

重要度 ★★★

有機溶剤等健康診断は、屋内作業場などで有機溶剤業務に常時従事する労働者に実施されます。

合格のツボ

①第3種有機溶剤等は、タンク等の内部で常時業務に従事する労働者に限り、有機溶剤等健康診断の対象となります。

②有機溶剤の生物学的半減期は短いので、健康診断時の尿の採取は、作業終了直後に行う必要があります。

✓ 有機溶剤等健康診断

　事業者は、屋内作業場等で有機溶剤業務に常時従事する労働者に対して、雇入れの際や、その業務への配置替えの際、またその後6カ月以内ごとに1回、定期に医師による健康診断を行わなければなりません。

　検査項目は次のとおりです。

① 業務の経歴の調査

② 作業条件の簡易な調査

③ 有機溶剤による健康障害の既往歴の調査

④ 有機溶剤による自覚症状および他覚症状の既往歴の有無の検査

　なお、事業者は、有機溶剤等健康診断の結果に基づいて有機溶剤等健康診断個人票を作成し、5年間保存しなければなりません。

✓ 緊急診断

　事業者は、労働者が有機溶剤により著しく汚染されたり、多量に吸入したりしたときは、速やかに医師による診察または処置を受けさせなければなりません。

✓ 生物学的モニタリング

　有機溶剤等の有害物にばく露すると、それらが体内に取り込まれます。有害物は体内で化学的な変化（代謝）により尿などになって排泄されますが、体内に蓄積されるものもあります。したがって、体内に摂取された有害物の量と、排泄された量との関係が明らかな場合は、排泄された物質の量を分析することで、体内に蓄積された有害物の量をある程度推定することができます。このような方法で有害物へのばく露の程度を把握する手法を生物学的モニタリングといいます。

　また、金属や化学物質等は、生体内に取り込まれた後、排泄作用等により体内

第4章 労働安全衛生法および関係法令

183

から失われていきますが、この物質が最初の半分に減るまでに要する時間を生物学的半減期といいます。

● 生物学的半減期と採取時期

	生物学的半減期	尿等の採取時期
有機溶剤	短い	作業直後である必要あり
鉛	長い	作業期間中の任意の時期でよい

● 有害化学物質と尿中の代謝物等との主な組合せ

物質名	検査内容
トルエン	尿中馬尿酸
キシレン	尿中メチル馬尿酸
スチレン	尿中マンデル酸
ノルマルヘキサン	尿中 2, 5- ヘキサンジオン
鉛	血液中鉛、尿中デルタアミノレブリン酸
N, N- ジメチルホルムアミド	尿中 N- メチルホルムアミド
1, 1, 1- トリクロロエタン	尿中のトリクロロ酢酸又は総三塩化物

✏️ 受かる！ 一問一答

Q1 ☐☐ 屋内作業場において第2種有機溶剤等を用いて行う試験研究の業務に常時従事する労働者に対する、医師による特別の項目についての健康診断の実施義務は、法令に規定されている。

Q2 ☐☐ ノルマルヘキサンのばく露の生物学的モニタリングの指標としての尿中代謝物は、2, 5- ヘキサンジオンである。

A1 ○ 第1種、第2種有機溶剤等（第3種はタンク等内部に限る）を用いて行う業務に常時従事する労働者に対しては、特殊健康診断を実施しなければならない。

A2 ○ ノルマルヘキサンにおける尿中の代謝物は、尿中 2, 5- ヘキサンジオンである。

13 健康診断実施後の措置

重要度 ★★★

健康診断実施後の措置とは、診断結果に基づき、医学的知見をふまえて、労働者の健康管理を実施することです。

合格のツボ

常時50人以上の労働者を使用する事業者は、定期の一般健康診断を行ったときは、遅滞なく、定期健康診断結果報告書を所轄労働基準監督署長に提出しなければなりません。

✓ 保健指導等

事業者は、定期の一般健康診断を行ったときは、下表のような措置を取らなくてはなりません。

また、一般健康診断の結果、特に健康の保持に努める必要があると認められた労働者に対しては、医師または保健師による保健指導を行うように努める必要があります。

保健指導には、栄養指導、運動指導、生活指導の3つがあります。

● 健康診断実施後の措置と内容

健康診断実施後の措置	内容
①医師等からの意見聴取	事業者は、一般健康診断および特殊健康診断の結果、異常の所見があると診断された労働者については、その結果に基づき、健康を保持するために必要な措置について、健康診断が行われた日から3カ月以内に、医師または歯科医師の意見を聴かなければならない。
②事業者の講ずべき措置	事業者は、医師または歯科医師の意見を勘案し、その必要があると認めるときは、労働者の実情を考慮して就業場所の変更、作業の転換、労働時間の短縮、深夜業の回数の減少等の措置を講ずるほか、作業環境測定の実施、施設・設備の設置または整備、医師または歯科医師の意見の衛生委員会等への報告など適切な措置を講じなければならない。
③健康診断の結果の通知	事業者は、一般健康診断および特殊健康診断を受けた労働者に対し、遅滞なく健康診断の結果を通知しなければならない。
④健康診断の結果の記録	事業者は、一般健康診断および特殊健康診断の結果に基づき、健康診断個人票を作成して、原則として5年間保存しなければならない。

第4章 労働安全衛生法および関係法令

185

⑤健康診断結果報告	常時 50 人以上の労働者を使用する事業者は、定期の一般健康診断を行ったときは、遅滞なく定期健康診断結果報告書を所轄労働基準監督署長に提出しなければならない。

☑ここをチェック

特殊健康診断、歯科医師による健康診断の結果は、事業場の規模にかかわりなく、1人でも健康診断を実施した場合は、労働基準監督署長への報告義務があります。

✏ 受かる！ 一問一答

Q1 ☐☐ 雇入れ時の健康診断の結果については、その対象労働者数が 50 人以上となるときには、所轄労働基準監督署長に報告しなければならない。

Q2 ☐☐ 雇入れ時の健康診断の結果に異常の所見があると診断された労働者について、事業者は健康診断実施日から 3 カ月以内に、必要な措置について医師または歯科医師の意見を聴かなければならない。

Q3 ☐☐ 事業者は、定期健康診断を受けた労働者に対しては、異常の所見が認められなかった者を含め、健康診断の結果を通知しなければならない。

Q4 ☐☐ 事業者は一般健康診断の結果に基づき、健康診断個人票を作成して、原則として 7 年間保存しなければならない。

A1 ✕ 雇入れ時の健康診断については常時 50 人以上の労働者を使用する事業場であっても、当該健康診断の結果を所轄労働基準監督署長に報告する義務はないので誤り。

A2 ◯

A3 ◯

A4 ✕ 「7 年間」ではなく、「5 年間」であるので誤り。

14　健康管理手帳

重要度 ★★★

健康管理手帳は、重度の健康障害を発生させるおそれのある業務に
従事する者の申請により交付されます。

合格のツボ

①本人の申請に基づいて所轄の都道府県労働局長（離職後は、
その者の住所を管轄する都道府県労働局長）が交付します。
②水銀、シアン化水素、ベンゼン、鉛の業務は、健康管理手帳
の交付対象となる有害業務に該当しません。

✓ 健康管理手帳の交付要件

　都道府県労働局長は、がんなどの重度の健康障害を生ずるおそれのある業務に
一定期間従事した者に対して、本人の申請により、離職の際または離職の後に、
健康管理手帳を交付しなければなりません。ただし、すでに健康管理手帳を所持
している場合は交付を行いません。

● 健康管理手帳の交付要件

対象となる主な有害業務	交付要件
ベンジジン等の製造・取扱業務	3カ月以上従事
ベータ－ナフチルアミン等の製造・取扱業務	
ジアニシジン等の製造・取扱業務	
1、2－ジクロロプロパン等の取扱業務 （屋内作業場の印刷機等の清掃作業に限る）	2年以上従事
ビス（クロロメチル）エーテルの製造・取扱業務	3年以上従事
ベンゾトリクロリドの特定の方法による製造・取扱業務	
クロム酸・重クロム酸等の製造・取扱業務	4年以上従事
塩化ビニルの重合業務等	
三酸化砒素の製造工程における焙焼・精製業務等	5年以上従事
コークス炉または製鉄用発生炉ガスの製造業務	
粉じん作業に係る業務	じん肺管理区分が管理2または管理3
ベリリウム等の製造・取扱業務	両肺野に慢性の結節性陰影がある者

第4章 労働安全衛生法および関係法令

石綿の製造・取扱業務	・両肺野に石綿による不整形陰影・胸膜肥厚のある者 ・1年以上従事した経験を有し、かつ初めて石綿等の粉じんにばく露した日から10年以上経過していること

☑ここをチェック

ベンゼンは発がん性物質ですが、ベンゼンとの因果関係があるとされるのは白血病（血液のがん）のため、長期潜伏期間を要する健康管理手帳の交付対象とはなりません。

✎ 受かる！ 一問一答

Q1 □□ 水銀を取り扱う業務に3年以上従事した者は、離職時・離職後に、法令に基づく健康管理手帳の交付対象となる。

Q2 □□ 特定粉じん作業に10年以上従事し、かつ、じん肺管理区分が管理1である者は、離職時・離職後に、法令に基づく健康管理手帳の交付対象となる。

Q3 □□ ベーター-ナフチルアミンを取り扱う業務に3カ月以上従事した者で、一定の要件に該当する者は、離職時・離職後に法令に基づく健康管理手帳の交付対象となる。

Q4 □□ 石綿が吹き付けられた建築物の解体作業に1年以上従事し、初めて石綿の粉じんにばく露した日から10年以上経過している者は、離職時・離職後に法令に基づく健康管理手帳の交付対象となる。

A1 ✕ 水銀を取り扱う業務は、健康管理手帳の交付対象業務ではないので誤り。

A2 ✕ 粉じん作業に従事し、じん肺管理区分が管理2、3である者については健康管理手帳の交付対象となるが、じん肺管理区分が管理1の者については、交付対象とならないので誤り。

A3 ○

A4 ○ 設問の条件のほか、「両肺野に石綿による不整形陰影または胸膜肥厚がある者」、「石綿等を取り扱う作業（設問の者を除く）に10年以上従事した者」も健康管理手帳の交付対象となる。

15 面接指導

重要度 ★★★

面接指導は、問診などにより心身の状況を把握し、状況に応じて医師が面接して必要な指導を行うことです。

合格のツボ

①すべての事業場の事業者に、面接指導の実施義務があります。
②面接指導の対象となる労働者は、時間外・休日労働時間が1カ月あたり80時間を超え、かつ疲労の蓄積が認められる者です。

✓ 長時間労働者に対する面接指導

すべての事業場の事業者は、労働時間その他の事項が、労働者の健康の保持を考慮して厚生労働省令で定める要件に該当する場合、その労働者に対し、医師による面接指導を行わなければなりません。

※研究開発業務従事者および高度プロフェッショナル制度の対象労働者に対する面接指導は割愛しています。

> ✓ **ここをチェック**
>
> 面接指導を行う医師は、事業場の産業医に限定されません。

✓ 労働時間数の算定

事業者は、毎月1回以上、一定の期日を定めて労働時間数の算定を行う必要があります。労働時間数の算定を行ったときは、速やかに、1カ月あたり80時間を超えた労働者の氏名と超えた時間に関する情報を産業医に提供しなければなりません。

そして、時間外・休日労働時間の算定を行ったときは、超えた時間が1カ月あたり80時間を超えた労働者本人に対して、速やかに超えた時間に関する情報を通知しなければなりません。

第4章 労働安全衛生法および関係法令

✓ 面接指導の実施方法

　休憩時間を除いて 1 週間あたり 40 時間を超えて労働させた場合、その超えた時間が 1 カ月あたり 80 時間を超え、疲労の蓄積が認められる**労働者からの申出**により面接指導を行います。労働者から申出があったときは、遅滞なく行わなければなりません。

　また、産業医は、面接指導の要件に該当する労働者に対して、面接指導の申出を行うよう勧奨することができます。

　事業者は、面接指導を実施するため、タイムカードによる記録、パーソナルコンピュータの使用時間（ログインからログアウトまでの時間）の記録等の客観的な方法により、労働者の労働時間の状況を把握し、記録を作成して 3 年間保存し、必要な措置を講じなければなりません。

✓ 意見聴取と記録の作成・保存

　事業者は、面接指導の結果に基づき、労働者の健康を保持するために必要な措置について、遅滞なく医師の意見を聴かなければなりません。

　医師による面接指導の結果に基づく記録に記載しなければならない事項は、①実施年月日、②当該労働者の氏名、③面接指導を行った医師の氏名、④当該労働者の疲労の蓄積の状況、⑤当該労働者の心身の状況、⑥面接指導の結果に基づき、当該労働者の健康を保持するために必要な措置について医師から聴取した意見、です。

　また、面接指導の結果に基づいて記録を作成し、これを 5 年間保存しなければなりません。

● 医師による面接指導

要件	休憩時間を除いて 1 週間あたり 40 時間を超えて労働しており、その超えた時間（休日労働時間を含む）が 1 カ月あたり 80 時間を超え、かつ疲労の蓄積が認められる者。ただし、1 カ月以内に面接指導を受けて面接指導を受ける必要がないと医師が認めた者を除く。
実施方法	面接指導の要件に該当する労働者の申出により、遅滞なく行う。
記録	事業者は、面接指導の結果の記録を作成して、5 年間保存する。
意見聴取	面接指導の結果に基づく医師からの意見聴取は、面接指導が行われた後（労働者が、事業者の指定した医師以外の面接指導を受け、その結果を証明する書面を事業者に提出した場合は、その書面提出後）、遅滞なく行う。

※面接指導を行う医師は産業医に限らない

✔ 面接指導後の事後措置

　事業者は、医師の意見を勘案し、その必要があると認めるときは、労働者の実情を考慮して、**就業場所の変更、作業の転換、労働時間の短縮、深夜業の回数の減少等**の措置を講じるほか、医師の意見を衛生委員会等へ報告するなどして適切な措置を講じなければなりません。

✒ 受かる！ 一問一答

Q1 ☐☐ 面接指導の対象労働者とは、「休憩時間を除き1週間あたり40時間を超えて労働させた場合における、その超えた時間（休日労働を含む）が1カ月あたり120時間を超え、疲労の蓄積が認められる者」である。

Q2 ☐☐ 事業者は面接指導の結果に基づき、労働者の健康を保持するために必要な措置について、面接指導実施日から3カ月以内に、医師の意見を聴かなければならない。

Q3 ☐☐ 事業者は、面接指導の結果に基づいて労働者の記録を作成し、5年間保存しなければならない。

Q4 ☐☐ 「面接指導の結果に基づき、労働者の健康を保持するために必要な措置について医師から聴取した意見」については、事業者が医師による面接指導の結果に基づく記録に記載しなければならない事項の一つとして定められている。

A1 ✕ 「120時間」ではなく、「80時間」であるので誤り。

A2 ✕ 「3カ月以内」ではなく、「遅滞なく」であるので誤り。

A3 ◯

A4 ◯ 設問のほか、医師による面接指導の結果に基づく記録に記載しなければならない事項として定められているのは、①面接指導を行った医師の氏名、②面接指導を受けた労働者の氏名、③面接指導を受けた労働者の疲労の蓄積の状況などがあげられる。

16 ストレスチェック

重要度 ★★★

☑ ☑ ☑

ストレスチェックの主な目的はメンタルヘルス不調の防止、すなわち一次予防です。

合格のツボ

①労働者の心理的な負担を把握するために、医師や保健師などによるストレスチェックが事業者に義務づけられています。

②ストレスチェックの実施は、従業員50人未満の事業場については、当分の間、努力義務とされています。

✓ ストレスチェックの実施と結果報告

常時50人以上の労働者を使用する事業者は、労働者に対し、1年以内ごとに1回、定期に、①心理的負担の原因、②心身の自覚症状、③他の労働者による当該労働者への支援の3つの領域に関する項目について、医師、保健師等（以下「医師等」という）による心理的な負担の程度を把握するための検査（以下「検査」という）を行わなければなりません。

そして、事業者は、検査を受けた労働者に対し、検査を行った医師等から、遅滞なく検査結果が通知されるようにしなければなりません。

☑ここをチェック

検査結果は直接、労働者に通知されます。医師等は、あらかじめ検査を受けた労働者の同意を得ずに、検査結果を事業者に提供してはいけません。

✓ 検査結果の記録・保存

事業者は、検査を受けた労働者の同意を得て、検査を行った医師等から検査結果の提供を受けた場合には、検査の結果に基づき記録を作成して、5年間保存しなければなりません。

✓ 面接指導の実施と記録・保存

事業者は、検査の結果、心理的な負担の程度が高い者（高ストレス者）であって、検査を行った医師等が面接指導を受ける必要があると認めた者が、医師によ

る面接指導を受けることを希望する旨を申し出たときは、申出をした労働者に対して遅滞なく面接指導を行わなければなりません。

また、事業者は、面接指導の結果に基づき記録を作成して、5年間保存しなければなりません。

✓ 医師からの意見聴取

面接指導の結果に基づく医師からの意見聴取は、面接指導が行われた後、遅滞なく行わなければなりません。

また、事業者は、医師の意見を勘案して、その必要があると認めるときは、労働者の実情を考慮して、就業場所の変更、作業の転換、労働時間の短縮、深夜業の回数の減少等の措置のほか、医師の意見を衛生委員会等へ報告するなど、適切な措置を講じる必要があります。

✓ 検査と面接指導の結果の報告

常時50人以上の労働者を使用する事業者は、1年以内ごとに1回、定期に心理的な負担の程度を把握するための検査結果等報告書を所轄労働基準監督署長に提出しなければなりません。

● ストレスチェック

要件	事業者は、常時使用する労働者に対し、1年以内ごとに1回、定期に医師・保健師・厚生労働大臣が定める研修を修了した歯科医師、看護師、精神保健福祉士または公認心理師による心理的な負担の程度を把握するための検査（ストレスチェック）を行う必要がある。
実施方法	事業者は、ストレスチェックを受けた労働者に対し、当該検査を行った医師等から当該検査の結果を通知されるようにしなければならない（労働者の同意を得ないで検査を行った医師等から検査結果を事業者に通知することはできない）。
記録	上記の通知を受けて一定の要件に該当する者が医師による面接指導を希望したときは、事業者は申出をした労働者に対して医師による面接指導を行う必要がある。また、結果の記録は5年間保存しなければならない。
検査結果報告	要件に該当する事業者は、ストレスチェックの結果等の報告書を所轄労働基準監督署長に提出しなければならない。

Q1 ☐☐ すべての事業者は、常時使用する労働者に対し、1年以内ごとに 1回、定期にストレスチェックを行わなければならない。

Q2 ☐☐ 事業者は、ストレスチェックの結果、心理的な負担の程度が高い 労働者全員に対し、医師による面接指導を行わなければならない。

Q3 ☐☐ 労働者に対するストレスチェック事項は、「当該労働者の心理的な 負担の原因」、「当該労働者の心理的な負担による心身の自覚症状」 および「他の労働者による当該労働者への支援」に関する項目で ある。

Q4 ☐☐ ストレスチェックについて、医師および保健師以外の検査の実施 者としては、看護師または精神保健福祉士がある。

Q5 ☐☐ 事業者は、ストレスチェックの結果が、衛生管理者およびストレ スチェックを受けた労働者に通知されるようにしなければならな い。

Q6 ☐☐ 事業者は、医師による面接指導の結果に基づき、当該面接指導の 結果の記録を作成し、これを3年間保存しなければならない。

A1 ✕ 「すべての事業者」ではなく、「常時50人以上の労働者を使用す る事業者」であるので誤り。

A2 ✕ 事業者は、ストレスチェックの結果、高ストレス者であって、面 接指導を受ける必要があると当該検査を行った医師等が認めたも のが、医師による面接指導を受けることを希望する旨を申し出た 場合に、面接指導を行わなければならない。したがって、誤り。

A3 〇 ストレスチェックは設問の3領域に関する項目により検査を行 う。

A4 〇 実施者は、医師、保健師、厚生労働大臣が定める研修を修了した 歯科医師、看護師、精神保健福祉士または公認心理師がなる。

A5 ✕ ストレスチェックの結果は、衛生管理者には通知されないので誤 り。

A6 ✕ 「3年」ではなく、「5年」であるので誤り。

17 労働基準監督署への報告義務 | 重要度 ★☆☆

労働基準監督署への報告義務は事業者にあり、所轄労働基準監督署長に報告書を提出することで行います。

合格のツボ

有害物ばく露作業報告は、対象となる対象物質を 500kg 以上製造、または取り扱った場合に必要となります。

✓ 事故報告

事業者は、事業場またはその附属建設物内で、次の事故が発生したときは、遅滞なく、報告書を所轄労働基準監督署長に提出しなければなりません。
① 火災または爆発の事故
② 遠心機械、研削といしその他高速回転体の破裂の事故
③ 機械集材装置、巻上げ機または索道の鎖または索の切断の事故
④ 建設物、附属建設物または機械集材装置、煙突、高架そう等の倒壊の事故等

✓ここをチェック

上記の報告書は、負傷した労働者の有無にかかわらず、提出する必要があります。

✓ 労働者死傷病報告

事業者は、労働者が労働災害その他就業中または事業場内もしくはその附属建設物内における負傷、窒息または急性中毒により死亡し、または休業したときは、遅滞なく、報告書を所轄労働基準監督署長に提出しなければなりません。

第4章 労働安全衛生法および関係法令

ただし、**休業の日数が4日未満のとき**は、1月から3月まで、4月から6月まで、7月から9月まで、10月から12月までの各期間における当該事実について、**報告書をそれぞれの期間における最後の月の翌月末日までに提出すればよいこと**となっています。

● 労働者死傷病報告

┌───┐
│　　　　労働者が労働災害により死亡・休業したとき　　　　│
└───┘

┌───┐
│　遅滞なく、報告書を所轄労働基準監督署長に提出しなければならない　│
└───┘

┌───┐
│　ただし、休業の日数が4日未満のときは、1月から3月まで、4月から6月まで、│
│　7月から9月まで、10月から12月までの各期間における当該事実について、│
│　報告書をそれぞれの期間における最後の月の翌月末日までに提出すればよい │
└───┘

※ 派遣労働者が被災した場合、派遣先および派遣元の事業者は、労働者死傷病報告を
　それぞれの所轄労働基準監督署長に提出しなければならない

☑ここをチェック
労働災害による休業日数が
4日以上　→　遅滞なく「労働者死傷病報告」を提出
4日未満　→　四半期ごとの提出でよい

✓ 有害物ばく露作業報告

　事業者は、労働者に健康障害を生ずるおそれのある物で厚生労働大臣が定めるものを製造し、または取り扱う作業場において、労働者を当該物のガス、蒸気、粉じんにばく露するおそれのある作業に従事させたときは、当該物のばく露防止に関し必要な事項について、**有害物ばく露作業報告書を所轄労働基準監督署長に**提出しなければなりません。

✓ 疾病の報告

　事業者は、化学物質または化学物質を含む製剤を製造し、または取り扱う業務を行う事業場において、**1年以内に2人以上の労働者が同種のがんに罹患**したこ

とを把握したときは、当該罹患が業務に起因するかどうかについて、遅滞なく、医師の意見を聴かなければなりません。

　また、医師が、がんへの罹患が業務に起因するものと疑われると判断したときは、遅滞なく、がんに罹患した労働者が事業場で従事していた業務において製造し、または取り扱った化学物質の名称等所定の事項について、**所轄都道府県労働局長**に報告しなければなりません。

✅ここをチェック

所轄労働基準監督署長への計画の届出の免除を受けていない事業者が次の装置を設置する場合は、所轄労働基準監督署長に計画の届出を行うことが義務づけられています。

①エックス線装置

②アクロレインを含有する気体を排出する製造装置の排気筒に設ける吸引式による排ガス処理装置

③トルエンを使用して有機溶剤業務を行う屋内の作業所に設置するプッシュプル型換気装置

④屋内の鋳物を製造する工程において砂型をこわす型ばらし装置

📝 受かる！　一問一答

Q1 ☐☐　派遣労働者が派遣中に労働災害により休業した場合の労働者死傷病報告書の提出義務者は派遣元事業者であり、その提出先は派遣元の所轄労働基準監督署長である。

Q2 ☐☐　事業者は、事業場またはその付属建設物内で火災事故が発生したときは、負傷した労働者がいない場合であっても、遅滞なく、事故報告書を所轄労働基準監督署長に提出しなければならない。

A1　✕　「派遣元事業者」ではなく、「派遣元および派遣先の事業者双方」であり、その提出先は「それぞれの所轄労働基準監督署長」であるので誤り。

A2　○　事故報告書は、負傷した労働者の有無にかかわらず提出する必要がある。

18 気積・換気

重要度 ★★★

✓ ✓ ✓

気積は事務所の空間の大きさのことです。必要換気量が同じであれば、気積が大きいほど換気回数は少なくなります。

合格のツボ

①労働者1人あたりの気積は、10㎥以上としなければなりません。
②窓その他の開口部の直接外気に向かって開放できる部分の面積は、床面積の20分の1以上が必要です。

✓ 気積と就労可能労働者数の計算式

事業者は、労働者を常時就業させる屋内作業場の気積（室の容積）を、設備の占める容積および床面から4mを超える高さにある空間を除き、労働者1人について10㎥以上としなければなりません。

計算式は次のとおりとなります。

気積＝間口×奥行×高さ※ − 設備の容積

※天井までの高さが4mを超えるときは4mとする

労働者1人について10㎥以上の気積が必要なため、就労できる労働者の人数は、次の式で計算できます（小数点以下は切捨て）。

就労可能労働者数＝気積 ／ 10㎥

✓ 換気

事業者は、換気が十分に行われる性能のある設備を設けたとき以外は、労働者を常時就業させる屋内作業場では、窓などの開口部の直接外気に向かって開放できる部分の面積が、常時、**床面積の20分の1以上**になるようにしなければなりません。

また、屋内作業場の気温が**10℃以下**の場合は、換気に際し、労働者を**毎秒1m以上**の気流にさらしてはなりません。

✓ 坑内の通気設備と通気量の測定

事業者は、自然換気により衛生上必要な分量の空気が供給される坑内の作業場以外では、衛生上必要な分量の空気を坑内に送給するために、通気設備を設けなければなりません。

また、通気設備が設けられている坑内の作業場では、**半月以内ごとに１回**、定期に通気量を測定し、所定の事項について記録し、**３年間保存**しなければなりません。

● 気積と換気

気積
① 気積とは、成人1人が必要とする部屋の容積をいう。 ② 設備の占める容積および床面から**4mを超える高さにある空間を除き**、**労働者1人について10㎡以上**としなければならない。 ③ 気積の求め方 　{間口×奥行×高さ(上限4m)} ー設備の容積

換気
① 換気が十分に行われる性能を有する設備を設けたとき以外は、窓、その他の開口部の直接外気に向って開放することができる部分の面積を、常時**床面積の20分の1以上**になるようにしなければならない。 ② 屋内作業場の気温が**10℃以下**であるときは、換気に際し、労働者を**毎秒1m以上の気流にさらしてはならない**。

✓ 燃焼器具

事業者は、**燃焼器具**を使用する事務室などには、**排気筒や換気扇**などの換気設備を設けなければなりません。また、燃焼器具を使用するときは、**毎日、器具の異常の有無を点検**する必要があります。

Q1 ☐☐ 常時 60 人の労働者を就業させている屋内作業場の気積が、設備の占める容積および床面から 4 m を超える高さにある空間を除き、800㎥となっていることは法令に違反していない。

Q2 ☐☐ 有害業務を行っていない事業場において直接外気に向かって開放することのできる窓の面積が常時床面積の 1/15 である屋内作業場に換気設備を設けていないことは法令に違反していない。

Q3 ☐☐ 燃焼器具を使用するときは、発熱量が著しく少ないものを除き、毎日、異常の有無を点検しなければならない。

Q4 ☐☐ 屋内作業場の気温が 10℃以下の場合は、換気に際し、労働者を毎秒 1 m 以上の気流にさらしてはならない。

Q5 ☐☐ 通気設備が設けられている坑内の作業場では、半月以内ごとに 1 回、定期に通気量を測定し、所定の事項について記録し、5 年間保存しなければならない。

A1 ○ 800㎥ ÷ 60 人 = 13.3（㎥ / 人）> 10㎥ / 人であるので、法令に違反していない。

A2 ○ 1 / 15（≒ 0.067）≧ 1 / 20（= 0.05）であるので、法令に違反していない。

A3 ○

A4 ○

A5 ✕ 「5 年間」ではなく、「3 年間」であるので誤り。

19 採光・照度

採光は外部から光を取り入れることです。照度は単位面積あたりの
光量で、単位はルクス（lx）です。

重要度 ★★★

合格のツボ

①労働者を常時就業させる場所の照明設備は、6 カ月に1回以
上、定期に点検しなければなりません。
②作業面の照度は、精密な作業は 300 ルクス以上、普通の作業
は 150 ルクス以上、粗な作業は 70 ルクス以上が必要です。

✓ 採光・照明

　採光および照明については、明暗の対照が著しくなく、まぶしさを生じさせな
い方法によらなければなりません。また、労働者を常時就業させる場所の照明設
備は、6 カ月以内ごとに1回、定期に点検します。

✓ 照度

　事業者は、労働者を常時就業させる
場所の作業面の照度を、作業の区分に
応じて、右の表に掲げる基準に適合さ
せなければなりません。なお、事務所
衛生基準規則の照度の最低基準は、令
和4年12月より2区分（一般的な事

● 作業場の照度の最低基準（労働安全衛生規則）

作業の区分	基準
精密な作業	300 ルクス以上
普通の作業	150 ルクス以上
粗な作業	70 ルクス以上

務作業：300 ルクス以上／付随的な事務作業：150 ルクス以上）に改正されて
います。

✎ 受かる！ 一問一答

Q1 ☐☐ 事業者は、労働者を常時就業させる場所の照明設備について、6
カ月以内ごとに1回定期に点検しなければならない。

Q2 ☐☐ 労働者を常時就業させる場所の作業面の照度を一般的な事務作業
について 350 ルクスとしていることは法令に違反していない。

A1 ○

A2 ○

第4章 労働安全衛生法および関係法令

20 休養・清掃、食堂・炊事場 | 重要度 ★★★

安全で快適に業務が行えるような基準が休養・清掃、食堂・炊事場に関して労働安全衛生規則で定められています。

合格のツボ

①事業者は、労働者が有効に利用できる休憩の設備を設けるように努めなければなりません。

②常時 50 人以上または常時女性 30 人以上の労働者を使用するときは、労働者が臥床できる休養室または休養所を、男性用と女性用に区別して設けなければなりません。

✓ 休憩設備

事業者は、労働者が有効に利用できる休憩の設備を設けるように**努めなければなりません**。

また、坑内等特殊な作業場で設置できないやむをえない事由がある場合以外は、著しく暑熱・寒冷・多湿の作業場や有害なガス・蒸気・粉じんを発散する作業場等では、作業場外に休憩の設備を設ける必要があります。

✓ 休養室

事業者は、常時 50 人以上または常時女性 30 人以上の労働者を使用するときは、労働者が臥床できる休養室または休養所を、男性用と女性用に区別して設ける必要があります。

✓ 清掃等の実施

事業者は、日常行う清掃のほか、6 カ月以内ごとに 1 回、定期に、統一的に大掃除を行わなければなりません。

ねずみや昆虫等の発生場所・生息場所・侵入経路や、ねずみや昆虫等による被害の状況について、6 カ月以内ごとに 1 回、定期に、統一的に調査を実施します。そして、調査の結果に基づき、ねずみや昆虫等の発生を防止するため必要な措置を講じなければなりません。

✓ 便所

事業者は、坑内等特殊な作業場で設置できないやむをえない事由がある場合で、適当な数の便所または便器を備えたとき以外は、次に定めるところにより便所を設けるとともに、便所または便器を清潔に保ち、汚物を適当に処理しなければなりません。

〈原則〉
① 男性用と女性用に区別する
② 男性用大便所の便房の数
　同時に就業する男性労働者 60 人以内ごとに 1 個以上
③ 男性用小便所の箇所数
　同時に就業する男性労働者 30 人以内ごとに 1 個以上
④ 女性用便所の便房の数
　同時に就業する女性労働者 20 人以内ごとに 1 個以上
〈男女を区別しない独立個室型の便所を設ける場合〉
⑤ 同時に就業する労働者が常時 10 人以内の場合は、独立個室型の便所を 1 つ設けることで足りる
⑥ ② ～④ について、独立個室型の便所を 1 つ設けるごとに男性用大便所の便房・小便所の箇所、女性用便所の便房の数の算定基準となる同時に就業する労働者の数から、10 人ずつ減ずることができる

● 事務所の環境管理を行うための規則等のまとめ

照明設備		6 カ月以内ごとに 1 回定期点検	
休養室 休養所	常時 50 人以上 （男性＋女性）	男女別 休養室・休養所	
	常時女性 30 人以上		
大掃除、ねずみ、昆虫の防除		6 カ月以内ごとに 1 回	
便所	男性	60 人以内ごと	独立個室型便所 1 個につき算定基準労働者数から 10 人ずつ減ずることが可	大便所 1 個以上
		30 人以内ごと		小便所 1 個以上
	女性	20 人以内ごと		便房 1 個以上
	特例	10 人以内の事務所		独立個室 1 個でも可

食堂・炊事場と栄養士

　食堂の床面積は、食事の際の 1 人について、1 ㎡以上とすること、炊事従業員専用の休憩室と便所を設けることなどが定められています。

　炊事場には、炊事場専用の履物を備え、土足のまま立ち入らせないようにします。

　また、事業者は 1 回 100 食以上または 1 日 250 食以上の給食を行うときは、栄養士を置くように努める必要があります。そして、栄養士が衛生管理者および

給食関係者と協力して、食品材料の調査、栄養指導等を行うようにさせなければなりません。

✎ 受かる！ 一問一答

Q1 □□ 常時男性が5人と女性25人の労働者が就業している事業場で、女性用の臥床できる休養室を設けているが、男性用に休養室の代わりに休憩設備を利用させていることは法令に違反していない。

Q2 □□ 事業者は、坑内等特殊な作業場で設置できないやむを得ない事由がある場合以外は、著しく暑熱、寒冷または多湿の作業場、有害なガス、蒸気または粉じんを発散する作業場等においては、作業場内に休憩の設備を設けなければならない。

Q3 □□ 事業者は、ねずみや昆虫などの発生場所、生息場所などやその被害の状況について、夏季に1回、定期に衛生診断を実施しなければならない。

Q4 □□ 事業場に付属する食堂の炊事従業員について、専用の便所を設けているほか、一般従業員と共用の休憩室を設けていることは法令に違反していない。

Q5 □□ 事業場に付属する食堂の床面積を食事の際1人について約1.5㎡となるようにしていることは法令に違反していない。

A1 ○ 常時50人以上または常時女性30人以上の労働者を使用するときは、労働者が臥床することのできる休養室または休養所を、男性用と女性用に区別して設けなければならないが、設問の場合人数が少ないためその必要はない。

A2 × 「作業場内」ではなく、「作業場外」であるので誤り。

A3 × 「夏季に1回」ではなく、「6カ月以内に1回」であるので誤り。

A4 × 食堂と炊事場では、炊事従業員専用の休憩室および便所を設けなければならないので誤り。

A5 ○ 食堂の床面積は、食事の際1人について1㎡以上としなければならない。

21 事務所衛生基準規則

重要度 ★★★

事務所衛生基準規則は、安衛法に基づいて、事務所の衛生基準を定めています。

合格のツボ

①空気調和設備等のある室に供給される空気中の二酸化炭素の含有率は、100万分の1,000以下とされています。

②相対湿度は、40%以上70%以下となるよう設備を調整しなければなりません。

✓ 空気調和設備等による調整

事業者は、空気調和設備または機械換気設備を設けている場合は、下の表に適合するように、設備を調整しなければなりません。

● 空気環境基準

項目	基準
空気中の浮遊粉じんの量	0.15 mg/㎥以下
一酸化炭素の含有率	100万分の10（10ppm）以下
二酸化炭素の含有率	100万分の1,000（1,000ppm）以下
ホルムアルデヒドの量	0.1 mg/㎥以下 床上50cm以上150cm以下の範囲で測定
室内の気流	毎秒0.5m以下
室内の気温	18℃以上28℃以下 床上75cm以上120cm以下の範囲で測定
相対湿度	40%以上70%以下

※ホルムアルデヒドは空気とほぼ同じ重さである

✓ここをチェック

「空気調和設備」とは空気を浄化し、温度、湿度、流量を調節して供給できる設備のこと、「機械換気設備」とは空気を浄化し、流量を調節して供給できる設備のことです。

205

✓ 設備の点検等

①機械による換気のための設備

事業者は、換気設備をはじめて使用するときや分解して改造または修理を行ったとき、および2カ月以内ごとに1回、定期に異常の有無を点検し、その結果を記録して3年間保存しなければなりません。

②空気調和設備の冷却塔・冷却水加湿装置

原則として、1カ月以内ごとに1回、定期に汚れの状況を点検し、必要に応じて、清掃および換水等を行わなければなりません。

③空気調和設備内に設けられた排水受け

原則として、1カ月以内ごとに1回、定期に汚れおよび閉塞の状況を点検し、必要に応じて、その清掃等を行わなければなりません。

✎ 受かる！ 一問一答

Q1 □□ 事業者は、事務室において使用する機械による換気のための設備について、2カ月以内ごとに1回定期に異常の有無を点検しなければならない。

Q2 □□ 空気調和設備を設けている場合は、室の気温が18℃以上28℃以下および湿度が40%以上60%以下になるように努めなければならない。

Q3 □□ 空気調和設備または機械換気設備を設けている場合は、室に供給される空気については、1気圧、温度25℃とした場合の当該空気中に占める二酸化炭素の含有率が100万分の1,000以下となるように、当該設備を調整しなければならない。

Q4 □□ 空気調和設備または機械換気設備により室に流入する空気が、特定の労働者に直接、継続して及ばないようにし、かつ、室の気流を1m/s以下としなければならない。

A1 ○ 点検した結果を記録し、3年間保存しなければならない。

A2 ✕ 「60%以下」ではなく、「70%以下」であるので誤り。

A3 ○ 「1気圧、温度25℃」は「常温、常圧」という意味で、問題を解くうえで気にすることはない。

A4 ✕ 「1m/s以下」ではなく、「0.5m/s以下」であるので誤り。

22 有機溶剤中毒予防規則 | 重要度 ★★★

有機溶剤中毒予防規則は、有機溶剤の安全基準を定めています。

合格のツボ

①作業場所では、第1種有機溶剤等は赤、第2種有機溶剤等は黄、第3種有機溶剤等は青で色分けをしなければなりません。

②局所排気装置の排気口は、屋根から1.5m以上としなければなりません。

✓ 有機溶剤とは？

有機溶剤とは、トルエンやベンゼンなど、他の物質を溶かす性質を持つ有機化合物の総称です。溶剤として塗装、洗浄、印刷等の作業に幅広く使用されています。

有機溶剤は常温では液体ですが、一般に揮発性が高いため、蒸気となって作業者の呼吸を通じて、また、油脂に溶ける性質があることから皮膚を通じても体内に吸収されます。

事業者は、有機溶剤の製造・取扱業務について、**有機溶剤作業主任者技能講習**を修了した者のうちから、**有機溶剤作業主任者**を選任しなければなりません（試験業務に従事させるときは、選任不要）。有機溶剤作業主任者の選任は、第1種有機溶剤等、第2種有機溶剤等、第3種有機溶剤等のすべてについて必要です。

なお、作業場所では、第1種有機溶剤等は赤、第2種有機溶剤等は黄、第3種有機溶剤等は青で色分けをしなければなりません。

● 有機溶剤の区分 （カッコ内は作業場所での表示色）

種　類	第1種有機溶剤等 （赤）	第2種有機溶剤等 （黄）	第3種有機溶剤等 （青）
物質例	二硫化炭素等	アセトン、トルエン等	石油ベンジン等

※作業場所には、有機溶剤に関して、①発生するおそれのある疾病の種類およびその症状、②取扱上の注意点、③中毒時の応急処置等を掲示しなければならない

☑ここをチェック

有機溶剤中毒予防規則の適用対象は、有機溶剤と有機溶剤含有物です。有機溶剤含有物とは、有機溶剤と有機溶剤以外の物との混合物で、有機溶剤を当該混合物の重量5%を超えて含有するものです。

✓ 設備に設ける装置

①第1種有機溶剤等・第2種有機溶剤等に係る設備

事業者は、屋内作業場等で第1種有機溶剤等または第2種有機溶剤等に係る有機溶剤業務に労働者を従事させるときは、作業場所に密閉設備、局所排気装置またはプッシュプル型換気装置を設けなければなりません。

②第3種有機溶剤等に係る設備

事業者は、タンク等の内部で第3種有機溶剤等に係る有機溶剤業務に労働者を従事させるときは、作業場所に密閉設備、局所排気装置、プッシュプル型換気装置または全体換気装置を設けなければなりません。

また、事業者は、タンク等の内部で第3種有機溶剤等に係る有機溶剤業務のうち吹付けによるものに労働者を従事させるときは、作業場所に密閉設備、局所排気装置またはプッシュプル型換気装置を設けなければなりません。

③排気口

事業者は、局所排気装置、プッシュプル型換気装置、全体換気装置または排気管等の排気口を直接外気に向かって開放しなければなりません。

また、空気清浄装置を設けていない屋内作業場に設けた局所排気装置もしくはプッシュプル型換気装置または排気管等の排気口の高さを、屋根から1.5 m以上としなければなりません。ただし、排気口から排出される有機溶剤の濃度が厚生労働大臣が定める濃度に満たない場合は、この限りではありません。

● 屋内作業場で有機溶剤業務を行う場合に必要な労働衛生設備

有機溶剤作業が、タンク内であるかタンク外であるかの区別	第1種		第2種		第3種		
					内		外
	内	外	内	外	吹付作業	吹付作業以外	
①密閉設備、局所排気装置、プッシュプル型換気装置のういずれか	○	○	○	○	○	○ （①または②のいずれかで可）	－ －
②全体換気装置	×	×	×	×	×		－

※「タンク内」とは、通風が不十分な屋内作業場のことであり、地下室の内部も含まれる
※表中「○」は原則として当該設備で要することを表し、「×」は当該設備では不要であることを表す

✓ 局所排気装置の定期自主検査と作業環境測定

事業者は、局所排気装置および**プッシュプル型換気装置**について、**1年以内ご**とに**1回**、定期に所定の事項について自主検査を行い、その結果を記録して**3年間保存**しなければなりません。

また、事業者は、第1種・第2種有機溶剤等に係る有機溶剤業務を行う屋内作業場では、**6カ月以内ごとに1回**、定期に当該有機溶剤の濃度を測定し、そのつど、所定の事項を記録して**3年間保存**しなければなりません。

なお、指定作業場（第1種・第2種有機溶剤等業務を行う屋内作業場）の作業環境測定は、原則として、使用する**作業環境測定士**に実施させる必要があります。

✓ 送気マスク・有機ガス用防毒マスクの使用

事業者は、**全体換気装置**を設けて第3種有機溶剤等に係る有機溶剤業務を行うタンク等の内部における業務に従事する労働者には、**送気マスク**または**有機ガス用防毒マスク**を使用させなければなりません。

ただし、**密閉設備**、**局所排気装置**、**プッシュプル型換気装置**のいずれかを設置したときは不要です。

☑ここをチェック

プッシュプル型換気装置を設けていたとしても、ブース内の気流を乱すおそれのある形状を有するものについて有機溶剤業務を行う屋内作業場等での業務は、送気マスクまたは有機ガス用防毒マスクを使用させなければなりません。

✓ 空容器の処理

事業者は、有機溶剤等を入れてあった空容器が有機溶剤の蒸気を発散するおそれがある場合は、容器を**密閉**するか、**屋外の一定の場所に集積**しておかなければなりません。

✓ 有機溶剤等健康診断

屋内作業場等（第3種有機溶剤等にあっては、タンク等の内部に限る）で有機溶剤業務に常時従事する労働者は、**雇入れの際**、当該業務への**配置替えの際**およびその**6カ月以内ごとに1回**、定期に所定項目について健康診断を行う必要があります（183ページ参照）。

Q1 ☐☐ 屋内作業場において、第2種有機溶剤等を使用して常時洗浄作業を行う場合の措置として、作業中の労働者が有機溶剤等の区分を容易に知ることができるよう容器に赤色の表示をすることは、法令上、正しい。

Q2 ☐☐ 事業者は、第1種・第2種有機溶剤等に係る有機溶剤業務を行う作業場では、1年以内ごとに1回、定期に当該有機溶剤の濃度を測定しなければならない。

Q3 ☐☐ 事業者は、空気清浄装置を設けていない屋内作業場に設けた局所排気装置の排気口の高さを、屋根から 1.5m 以上としなければならない。

Q4 ☐☐ 有機溶剤等を入れたことのあるタンクで、有機溶剤の蒸気が発散するおそれのあるものの内部における業務に労働者を従事させるときは、当該労働者に送気マスクを使用させなければならない。

Q5 ☐☐ 有機溶剤等を入れてあった空容器で有機溶剤の蒸気が発散するおそれのあるものについては密閉するか、または屋外の一定の場所に集積しておかなければならない。

A1 ✕ 第2種有機溶剤等の色区分は「黄色」であるので誤り。

A2 ✕ 「1年以内ごとに1回」ではなく、「6カ月以内ごとに1回」であるので誤り。

A3 〇 空気清浄装置のない屋内作業場の局所排気装置、プッシュプル型換気装置などの排気口は、屋根から 1.5 m以上としなければならない。

A4 〇

A5 〇

23 特定化学物質障害予防規則

重要度 ★★★

特定化学物質障害予防規則は、特定化学物質の種類や措置の概要を
定めています。

合格のツボ

①第1類物質・第2類物質に係る作業には、囲い式フードの局
所排気装置またはプッシュプル型換気装置の設置が必要です。

②酸（硫酸・塩酸・硝酸）を含む排液は、中和方式による排液
処理装置を設けて処理しなければなりません。

✓ 特定化学物質とは？

　特定化学物質とは、労働者に健康障害を発生させる（可能性が高い）物質とし
て、安衛令別表3で定められた化学物質であり、第1類物質、第2類物質、第3
類物質の3種類に区別されています。

①第1類物質

　がん等の慢性障害を引き起こす物質のうち、特に有害性が高く、製造工程で特
に厳重な管理（製造許可）を必要とするもの（製造許可物質）です。

②第2類物質

　がん等の慢性障害を引き起こす物質のうち、第1類物質に該当しないものです。

③第3類物質

　大量漏えいにより、急性中毒を引き起こす物質です。

　事業者は、作業場にはガス・蒸気・粉じんの発散源を密閉する設備、囲い式フー
ドの局所排気装置またはプッシュプル型換気装置を設置しなければなりません。

✓ 用後処理

　特定化学物質を含有する排気・排液等については、一定の方法による除じん、
排ガス処理、排液処理、残さい物処理が定められています。

　たとえば、除じんについては、粉じんの粒径に応じて、ろ過除じん方式、電気
による除じん方式、スクラバによる除じん方式、マルチサイクロンによる除じん
方式によって除じんしなければなりません。排液処理について、塩酸・硝酸・硫
酸は中和方式、アルキル水銀化合物・硫化ナトリウムは酸化・還元方式による排
液処理装置またはそれと同等以上の性能を持つ排液処理装置を設けなければなり
ません。また、残さい物処理についてアルキル水銀化合物を含有する残さい物に
ついては、除毒後でなければ廃棄できないとされています。

第4章 労働安全衛生法および関係法令

- 特定化学物質の区分

特定化学物質		物質	
第1類物質 （製造許可物質）		①ジクロロベンジジンおよびその塩 ②アルファ－ナフチルアミンおよび 　その塩 ③塩素化ビフェニル（ＰＣＢ） ④オルト－トリジンおよびその塩 ⑤ジアニシジンおよびその塩 ⑥ベリリウムおよびその化合物 ⑦ベンゾトリクロリド	特別管理物質 （塩素化ビフェ ニル等を除く）
第2類物質	特定第2類物質	ナフタレン、アクリルアミド、エチレンオキシド、塩化ビニル、塩素、弗化水素、ベンゼン、ホルムアルデヒド、オルトートルイジン等	
	特別有機溶剤等	クロロホルム、エチルベンゼン、１、２－ジクロロプロパン等	
	オーラミン等	オーラミン、マゼンタ	
	管理第2類物質	三酸化ニアンチモン、リフラクトリーセラミックファイバー、アルキル水銀化合物、カドミウム、クロム酸等	
第3類物質		アンモニア、一酸化炭素、塩化水素、硝酸、硫酸等	

※酸（硫酸・塩酸・硝酸）を含む排液処理については、中和方式による排液処理装置を設けて処理しなければならない

✓ 作業主任者と定期自主検査

　事業者は、試験研究のための取扱いを除いて、特定化学物質を製造し、または取り扱う作業には、**特定化学物質作業主任者技能講習**（**特別有機溶剤業務に係る作業は、有機溶剤作業主任者技能講習**）を修了した者のうちから、**特定化学物質作業主任者**を選任し、所定の事項を行わせる必要があります。

　また、事業者は、①局所排気装置、②プッシュプル型換気装置、③除じん装置、④排ガス処理装置、⑤排液処理装置については**1年以内ごとに1回**、定期に自主検査を行い、その結果を記録し、**3年間保存**しなければなりません。ただし、**1年を超える期間使用しない装置**において、使用しない期間は、この限りでありません。

> ☑ここをチェック
>
> 特定化学設備またはその附属設備については、原則2年以内ごとに1回、定期に、それぞれ所定の事項について自主検査を行わなければなりません。

✓ 作業環境測定および記録、測定結果の評価

　第1類物質、第2類物質を取り扱う屋内作業場では、6カ月以内ごとに1回、定期に特定化学物質の空気中における濃度の測定（作業環境測定）を実施し、その都度、速やかに作業環境評価基準に従って結果の評価を行う必要があります。測定結果とその評価については、所定事項を記録し、3年間（特別管理物質については30年間）保存しなければなりません。

✐ 受かる！ 一問一答

Q1 ☐☐　第1類物質は、「クロム酸およびその塩」をはじめとする7種の発がん性の認められた化学物質と、それらを一定量含有する混合物である。

Q2 ☐☐　第1類物質を容器に入れ、容器から取り出し、または反応槽などへ投入する作業を行うときは、発散源を密閉する設備、外付け式フードの局所排気装置を設けなければならない。

Q3 ☐☐　酸（硫酸、塩酸、硝酸）を含む排液処理については、中和方式による排液処理装置を設けて処理しなければならない。

Q4 ☐☐　特定化学物質第1類物質を製造し、または取り扱う場合、第1類物質の粉じんを含む気体を排出する局所排気装置には、スクラバまたはサイクロンのいずれかの方式による除じん装置を設けなければならない。

A1　✕　「クロム酸およびその塩」は、第2類物質であるので誤り。

A2　✕　囲い式フードの局所排気装置かプッシュプル型換気装置を設けなければならないので誤り。

A3　○

A4　✕　除じんを行う場合は粉じんの粒径に応じて、ろ過除じん方式、電気による除じん方式、スクラバによる除じん方式、マルチサイクロンによる除じん方式による必要があるので誤り。

第 **4** 章

労働安全衛生法および関係法令

24　酸素欠乏症等防止規則

重要度 ★★★

✓ ✓ ✓

酸素欠乏症等防止規則は、作業場で酸素欠乏症等にならないための安全基準を定めています。

合格のツボ

①作業の開始前に、第1種酸素欠乏危険作業では空気中の酸素濃度を、第2種酸素欠乏危険作業では、空気中の酸素濃度と硫化水素濃度を測定しなければなりません。

②酸素欠乏危険場所とは、現実に酸素濃度が18%未満であることを必要とするわけではありません。

✓ 用語の定義

まず、酸素欠乏症等防止規則に関する用語を押さえましょう。

①酸素欠乏

空気中の酸素濃度が18%未満の状態です。

②酸素欠乏等

①の状態、または空気中の硫化水素の濃度が100万分の10を超える状態です。

③酸素欠乏症

酸素が欠乏した空気を吸入することにより生ずる症状（頭痛や吐き気など）が認められる状態です。

④酸素欠乏危険作業

安衛令別表6に掲げる酸素欠乏危険場所における作業です。

⑤第1種酸素欠乏危険作業

酸素欠乏危険作業のうち、第2種酸素欠乏危険作業以外の作業をいいます。

⑥第2種酸素欠乏危険作業

酸素欠乏危険場所のうち、硫化水素中毒にかかるおそれのある場所として厚生労働大臣が定める場所における作業をいいます。

● 酸素欠乏危険作業

第1種酸素欠乏危険作業	第2種酸素欠乏危険作業
酸素濃度が18%未満になるおそれのある酸素欠乏危険場所での作業 ①腐泥層に接する井戸の内部 ②ドライアイスを使用して冷蔵等を行う冷蔵庫等の内部 ③しょうゆ等、発酵物を入れた醸造槽の内部	硫化水素濃度が10ppmを超えるおそれのある酸素欠乏危険場所での作業 ①海水が停留している暗きょ、マンホール等の内部 ②し尿、汚泥、汚水その他腐敗しやすい物質を入れたタンク、槽、暗きょ、マンホール等の内部

✓ 酸素欠乏症等防止規則に定められていること

同規則では、労働者が安全に作業できるように、次のようなことが定められています。

①作業環境測定

事業者は、その日の作業を開始する前に、第1種酸素欠乏危険作業では空気中の酸素濃度を、第2種酸素欠乏危険作業では空気中の酸素濃度と硫化水素濃度を測定し、所定の事項を記録して、3年間保存しなければなりません。

②換気

事業者は、酸素欠乏危険作業に労働者を従事させる場合は、作業を行う場所の空気中の酸素濃度を18％以上（第2種酸素欠乏危険作業に係る場所では、空気中の酸素濃度を18％以上、かつ硫化水素濃度を100万分の10以下）に保つように換気しなければなりません。

また、換気するときに純酸素を使用してはなりません。

③呼吸用保護具の使用等

事業者は、爆発、酸化等を防止するため換気することができない場合、または作業の性質上換気することが著しく困難な場合には、空気呼吸器等を備え、労働者に使用させなければなりません。

☑ここをチェック

「空気呼吸器等」とは、空気呼吸器、酸素呼吸器または送気マスクのことです。

● 呼吸用保護具の種類

※酸素欠乏症等防止用保護具として用いるのは給気式の物に限る。ろ過式は粉じん防除用に使用する

④要求性能墜落制止用器具等

事業者は、酸素欠乏危険作業に労働者を従事させる場合で、労働者が酸素欠乏症等にかかって転落するおそれのあるときは、要求性能墜落制止用器具その他の命綱を使用させなければなりません。

⑤人員の点検と監視人等

事業者は、労働者を酸素欠乏危険作業を行う場所に入場・退場させるときには、人員を点検（人数確認）しなければなりません。

また、酸素欠乏危険作業に労働者を従事させるときは、常時作業の状況を監視し、異常があったときに直ちにその旨を酸素欠乏危険作業主任者およびその他の関係者に通報する者を設置するなど、異常を早期に把握するために必要な措置を講じなければなりません。

⑥作業主任者

事業者は、第1種酸素欠乏危険作業では酸素欠乏危険作業主任者技能講習または酸素欠乏・硫化水素危険作業主任者技能講習を修了した者から、第2種酸素欠乏危険作業では酸素欠乏・硫化水素危険作業主任者技能講習を修了した者から、酸素欠乏危険作業主任者を選び、所定の事項を行わせる必要があります。

⑦避難用具等

事業者は、酸素欠乏危険作業に労働者を従事させるときは、空気呼吸器等、はしご、繊維ロープ等や、非常の場合に避難させ、または救出するために必要な用具（避難用具等）を備え、作業の開始前に点検、補修等をしなければなりません。

⑧冷蔵室等に係る措置

事業者は、冷蔵室、冷凍室、むろ、その他密閉して使用する施設・設備の内部で労働者を作業させるときは、「施設・設備の出入口の扉もしくはふたを内部から容易に開けることができる構造のものである場合」「施設・設備の内部に通報装置もしくは警報装置が設けられている場合」以外は、作業している間に施設・設備の出入口の扉またはふたが締まらないような措置を講じなければなりません。

⑨退避等

酸素欠乏危険作業を行う場所で酸素欠乏等のおそれが生じたときは、直ちに作業を中止します。労働者を退避させ、酸素欠乏等のおそれがないことを確認するまでの間、特に指名した者以外の者が立ち入ることを禁止し、かつ、その旨を見やすい箇所に表示しなければなりません。

⑩救出時の空気呼吸器等の使用

酸素欠乏症等にかかった労働者を救出する作業に労働者を従事させるときは、空気呼吸器等を使用させなければなりません。

⑪報告

労働者が酸素欠乏症等にかかったときは、遅滞なく、その旨を当該作業を行う場所を管轄する労働基準監督署長に報告しなければなりません。

✏ 受かる！ 一問一答

Q1 ☐☐ 第1種酸素欠乏危険作業については、その日の作業開始後速やかに当該作業場における空気中の酸素の濃度を測定しなければならない。

Q2 ☐☐ 硫化水素中毒とは、硫化水素の濃度が1 ppm を超える空気を吸入することにより生ずる症状である。

Q3 ☐☐ 酸素欠乏危険作業を行う場所の換気を行うときは、純酸素または新鮮な外気を使用しなければならない。

Q4 ☐☐ 酸素欠乏症等にかかった労働者を酸素欠乏等の場所において救出する作業に労働者を従事させるときは、当該救出作業に従事する労働者に空気呼吸器等を使用させなければならない。

Q5 ☐☐ 法令上、「腐泥層に接する井戸の内部での作業」「汚水その他、腐敗しやすい物質を入れてある槽の内部での作業」は第2種酸素欠乏危険作業に該当する。

A1 ✕ 「その日の作業開始後速やかに」ではなく、「その日の作業開始前に」であるので誤り。

A2 ✕ 「1 ppm」ではなく、「10ppm」であるので誤り。

A3 ✕ 換気を行う際、純酸素を使用すると爆発等の事故を起こすおそれがあるので使用してはならない。

A4 〇 防毒マスクは使用してはならない。

A5 ✕ 「腐泥層に接する井戸の内部での作業」は、第2種酸素欠乏危険作業に該当せず、第1種酸素欠乏危険作業に該当するので誤り。第2種酸素欠乏危険作業とは、酸素欠乏危険場所のうち、硫化水素の濃度が10ppm を超えるおそれのある場所で、①海水が滞留している暗きょ、マンホール等の内部、②し尿、腐泥、汚水などの腐敗しやすい物質を入れたタンク、槽、暗きょ、マンホール等の内部での作業をいう。

25 石綿障害予防規則

重要度 ★★☆

石綿障害予防規則は、石綿の安全な取扱いと、石綿による障害の予防についての安全基準を定めています。

合格のツボ

①石綿障害予防規則の対象となる「石綿等」とは、石綿およびこれを重量の0.1％を超えて含有する物をいいます。

②石綿等を常時取り扱う屋内作業場の作業環境測定は、6カ月以内ごとに1回、定期的に石綿の空気中における濃度を測定し、所定の事項を記録して40年間保存しなければなりません。

✓ 石綿障害予防規則に定められていること

石綿（アスベスト）とは、繊維状を呈しているアクチノライト、アモサイト、アンソフィライト、クリソタイル、クロシドライト、トレモライトをいいます。中皮腫や肺がんなどを引き起こす物質であることがわかっています。

①石綿の製造等の禁止

試験研究のために製造・輸入・使用する場合を除き、石綿および石綿をその重量の0.1％を超えて含有するすべての物について、製造・輸入・譲渡・提供・使用することが禁じられています。

②吹き付けられた石綿等の除去等に係る措置

石綿等が吹き付けられた建築物等の解体等の作業に伴い、石綿等の除去等の作業を行うにあたっては、①隔離の措置、②作業場所に集じん・排気装置を設けて排気を行うこと、③作業場所の出入口に前室、洗身室および更衣室を設置すること、④作業場所および前室を陰圧に保つこと等が必要です。

石綿等の除去作業に労働者を従事させるときは、石綿等を湿潤な状態にする場合を除き、電動ファン付き呼吸用保護具またはこれと同等以上の性能を有する空気呼吸器、酸素呼吸器もしくは送気マスクを使用させなければなりません。

③建築物の解体工事等の条件

建築物の解体の作業を行う仕事の注文者は、石綿等の使用の有無の調査、当該作業の方法、費用または工期等について、法令の遵守を妨げるおそれのある条件を付さないように配慮が求められています。

④除じん

石綿等の粉じんを含有する気体を排出する製造設備の排気筒または局所排気装置もしくはプッシュプル型換気装置には、粉じんの粒径に応じ、次ページの表にある方式の除じん装置を設けなければなりません。

⑤定期自主検査

事業者は、局所排気装置、プッシュプル型換気装置、除じん装置（石綿等に係るものに限る）については、**1年以内ごとに1回**、定期に所定の事項について自主検査を行い、その結果を記録して、**3年間**保存しなければなりません。

● 除じん装置の方式

粉じん粒径 （単位はマイクロメートル：μm）	除じん方式
①5 未満	ろ過除じん方式、電気除じん方式
②5 以上 20 未満	スクラバによる除じん方式、ろ過除じん方式、電気除じん方式
③20 以上	マルチサイクロンによる除じん方式、スクラバによる除じん方式、ろ過除じん方式、電気除じん方式

※特定化学物質障害予防規則において規定される除じん方式も、上表と同じである

✓ 休憩室等各種施設の管理

石綿等を常時取り扱う作業等に労働者を従事させるときは、各施設について次のように配慮することが定められています。

①休憩室は、**作業場以外の場所**に設けます。

②作業場および休憩室の床は、**水洗**等によって容易に掃除できる構造のものにします。

③作業場および休憩室の床等は、**水洗する等粉じんが飛散しない方法**によって、**毎日1回以上**、掃除を行います。

④洗眼、洗身またはうがいの設備、更衣設備および洗濯のための設備を設けなければなりません。

⑤石綿等を取り扱い、もしくは試験研究のため製造する作業場または石綿分析用試料等を製造する作業場で労働者が喫煙・飲食することを禁止し、かつ、その旨を当該作業場の見やすい箇所に表示しなければなりません。

✓ 作業と作業環境測定の記録

事業者は、常時石綿等を取り扱う作業に従事する労働者については、**1カ月を超えない期間ごと**に、所定の項目を記録し、当該労働者が石綿等を取り扱う作業に従事しないこととなった日から**40年間**保存しなければなりません。

また、事業者は、常時石綿等を取り扱う屋内作業場については、**6カ月以内ごとに1回**、定期に空気中の石綿の濃度を測定し、所定の事項を記録し、**40年間**

保存しなければなりません。

📝 受かる！ 一問一答

Q1 ☐☐ 石綿等を取り扱う屋内作業場については、6カ月以内ごとに1回、定期に作業環境測定を行うとともに、測定結果等を記録し、これを40年間保存しなければならない。

Q2 ☐☐ 耐火建築物、準耐火建築物における石綿等の除去作業については、作業開始日の30日前までに、その計画を所轄労働基準監督署長に届け出なければならない。

Q3 ☐☐ 建築物の解体の作業を行う仕事の注文者は、石綿等の使用の有無の調査、当該作業の方法、費用または工期等について、法令の遵守を妨げるおそれのある条件を付さないように配慮しなければならない。

Q4 ☐☐ 石綿等の除去作業に労働者を従事させるときは、隔離式全面形防じんマスクと、それと同等以上の性能を有する空気呼吸器や酸素呼吸器、送気マスクを使用させなければならない。

Q5 ☐☐ 石綿等を常時取り扱う作業場の床等については、水洗する等粉じんの飛散しない方法によって、毎週1回以上掃除を行わなければならない。

A1 ○

A2 ✕ 「30日前」ではなく、「14日前」であるので誤り。

A3 ○

A4 ✕ 「隔離式全面形防じんマスク」ではなく、「電動ファン付き呼吸用保護具」であるので誤り。

A5 ✕ 「毎週1回以上」ではなく、「毎日1回以上」であるので誤り。

26 粉じん障害防止規則

重要度 ★★☆

☑ ☑ ☑

粉じん障害防止規則は、粉じんにさらされる労働者の健康障害を防止するための安全基準を定めています。

合格のツボ
①特定粉じん作業以外の粉じん作業を行う屋内作業場は、全体換気装置による換気の実施措置等を講じればよいとされています。
②ヒューム以外の粉じんはサイクロンによる除じん方式も可能ですが、ヒュームはろ過除じん方式か電気除じん方式の必要があります。

✓ 用語の定義

まず、粉じん障害防止規則に関する用語を押さえましょう。

①粉じん作業

次の作業のいずれかに該当するものをいいます。

・土石、岩石または鉱物を掘削する場所における作業
・屋内でガラスを製造する工程において、原料を溶解炉に投げ入れる作業
・耐火物を用いた炉を解体する作業
・屋内で、手持ち式動力工具による金属を研磨する場所における作業
・タンク内部でアーク溶接をする作業
・砂型を用いて鋳物を製造する工程における、砂型をこわす作業等

②特定粉じん作業

特定粉じん作業とは、粉じん作業のうち、その粉じん発生源が一定の箇所(特定粉じん発生源)であるものをいいます。具体的には以下の箇所における作業です。

・屋内において、セメント、フライアッシュまたは粉状の鉱石、炭素原料、炭素製品、アルミニウムもしくは酸化チタンを袋詰めする箇所
・屋内の研磨材を用いて動力(手持式または可搬式によるものを除く)により、岩石、鉱物もしくは金属を研磨し、もしくはばり取りし、または金属を裁断する箇所等

✓ 特定粉じん発生源に係る措置

特定粉じん発生源における粉じんの発散を防止するため、原則として、次のいずれかの措置を講じなければなりません。

① 衝撃式削岩機を湿式型とすること
② 湿潤な状態に保つための設備を設置すること
③ 密閉する設備を設置すること

④ 局所排気装置を設置すること

⑤ プッシュプル型換気装置を設置すること

✓ その他粉じん障害防止規則に定められていること

①換気

　事業者は、**特定粉じん作業以外の粉じん作業を行う屋内作業場**については、粉じんを減少させるため、**全体換気装置**による換気の実施またはこれと同等以上の措置を講じなければなりません。

②除じん

　特定粉じん発生源の局所排気装置に、法令に基づき設ける除じん装置は、ヒュームとヒューム以外の粉じんとに応じて、以下の除じん方式が定められています。

粉じんの種類	除じん方式
ヒューム	ろ過除じん方式 電気除じん方式
ヒューム以外の粉じん	マルチサイクロンによる除じん方式 スクラバによる除じん方式 ろ過除じん方式 電気除じん方式

③局所排気装置等の定期自主検査

　事業者は、**局所排気装置、プッシュプル型換気装置、除じん装置**については、**1年以上使用しない場合を除いて、1年以内ごとに1回、定期に自主検査**を行い、所定の事項について記録し、**3年間保存**しなければなりません。

④作業環境測定

　事業者は、**常時特定粉じん作業が行われる屋内作業場**では、**6カ月以内ごとに1回、定期に空気中の粉じんの濃度を測定**する必要があります。また、土石、岩石または鉱物に係る特定粉じん作業を行う場合には、粉じん中の遊離けい酸の含有率を測定し、所定の事項を記録して**7年間保存**しなければなりません。

✓ここをチェック
特定粉じん作業以外の粉じん作業が行われる屋内作業場では、作業環境測定は不要です。

⑤清掃

粉じん作業、特定粉じん作業を行う場所においては、いずれも**毎日1回以上**、清掃を行わなければなりません。

✐ 受かる! 一問一答

Q1 ☐☐ 耐火物を用いた炉を解体する作業は、法令上、特定粉じん作業に該当する。

Q2 ☐☐ 屋内の特定粉じん発生源については、その区分に応じて密閉する設備、局所排気装置、プッシュプル型換気装置もしくは湿潤な状態に保つための設備の設置、またはこれらと同等以上の措置を講じなければならない。

Q3 ☐☐ 特定粉じん発生源に係る局所排気装置に法令に基づき設ける除じん装置は、粉じんの種類がヒュームである場合には、サイクロンによる除じん方式のものでなければならない。

Q4 ☐☐ 常時特定粉じん作業を行う屋内作業場については、6カ月以内ごとに1回、定期に、空気中の粉じん濃度の測定を行い、測定結果等を記録して、これを7年間保存しなければならない。

Q5 ☐☐ 粉じん作業を行う屋内の作業場所については、特定粉じん作業の場合は毎日1回以上、特定粉じん作業以外の粉じん作業の場合は毎週1回以上、清掃を行わなければならない。

A1 ✕ 耐火物を用いた炉を解体する作業は、特定粉じん作業に該当しないので誤り。特定粉じん作業に該当するものとしては、屋内のセメント、フライアッシュ等を袋詰めする箇所における作業等がある。

A2 〇

A3 ✕ ヒュームの場合は、ろ過除じん方式か電気除じん方式でなければならないので誤り。

A4 〇

A5 ✕ 粉じん作業（特定粉じん作業を含む）を行う屋内の作業場所については、毎日1回以上清掃を行わなければならないので誤り。

YouTube チャンネルのご案内

　独学者向けの学習サイト「KADOKAWA 資格の合格チャンネル」にて無料で衛生管理者試験対策の講義動画を公開しています（本書の記載内容が最新版となりますので、ご注意ください）。日常の学習用や試験直前対策としてご視聴いただくのがオススメの活用法です。

〈衛生管理者 KADOKAWA 資格の合格チャンネル〉
https://www.youtube.com/@eiseikanri

　また、衛生管理者試験に関する情報や本書の正誤表を下記ページに掲載していますので、受験前にチェックしてみてください。

〈本書の書誌ページ〉
https://www.kadokawa.co.jp/product/322211001040/

第5章

労働基準法

この章では、労働基準法について学習します。労働基準法は、労働時間、賃金、休日などの労働条件について最低基準を定めた法律です。また、妊産婦や年少者については、特別な保護規定を設けています。ここでは、特に出題頻度の高い解雇の規制、労働時間、休憩・休日・休暇、年少者、妊産婦、就業規則などについて解説しています。

カテゴリ

✓ 解雇の規制

✓ 労働時間および休憩、
　休日・休暇

✓ 年少者および妊産婦の保護

✓ 就業規則

1 解雇の規制

重要度 ★★★

✓ ✓ ✓

解雇の規制は、解雇制限と解雇予告のことを指します。

合格のツボ

①打切補償を支払う場合は、所轄労働基準監督署長の認定なし
に解雇ができます。

②1日について平均賃金を支払った場合は、解雇予告の日数を
短縮することができます。

✓ 解雇制限

　解雇とは、使用者が労働者との間で結んだ労働契約を一方的に解除することを
いいます。解雇は原則として自由に行うことができますが、労働基準法（以下、「労
基法」）では、次のような特別の事情がある者については、一定の期間解雇して
はならないと規定しています。

①労働者が業務上負傷し、または疾病にかかり、**療養のために休業する期間**およ
　びその後 **30 日間**

②産前産後の女性が労基法 65 条の規定によって**休業する期間**（原則として産前
　6 週間および産後 8 週間）およびその後 30 日間

✓ 打切補償

　業務上の傷病により療養のため休業している労働者が、**療養開始後 3 年を経過**
しても傷病が治らない場合には、使用者は、**平均賃金の 1,200 日分を支払えば**
解雇することができます。

平均賃金 = 算定事由発生日以前 3 カ月間の賃金総額÷その間の総暦日数

● 解雇制限の原則と例外

原則	例外
①労働者が業務上負傷し、または疾病にかかり療養のために休業する期間およびその後 30 日間 ②産前産後の女性の産前 6 週間、産後 8 週間の休業期間およびその後 30 日間 ※多胎妊娠の場合、産前の休業期間は 14 週間	①使用者が、打切補償を支払う場合（所轄労働基準監督署長の認定は不要） ②天災事変その他やむを得ない事由のために事業の継続が不可能となり、かつ、その事由について行政官庁（所轄労働基準監督署長）の認定を受けた場合

✓ 解雇予告

　労働者が解雇すべき事由に該当したとしても、突然の解雇は労働者の生活に支障をきたします。解雇予告の規定は、そのような状況にある労働者を保護するために設けられています。

　具体的には、使用者は少なくとも解雇の30日前に、労働者に解雇予告をしなくてはなりません。もし、30日前に予告をしない場合は、解雇予告手当として、**30日分以上の平均賃金を支払わなければなりません。**

予告期間＋平均賃金を支払う日数＝30日以上

　たとえば、20日前に解雇予告をした場合は、最低でも10日分の平均賃金を解雇予告手当として支払わなければなりません。

　また、臨時的、短期的な労働契約を結んでいる労働者については、即時解雇しても労基法20条（解雇予告）違反とはなりません。しかし、このような労働者であっても、一定期間を超えて引き続き使用されるに至った場合には、解雇予告の規定が適用されます。

✓ここをチェック
1日あたり平均賃金を支払った場合は、その日数分だけ予告の日数を短縮することができます。

● 解雇予告の原則と例外

原則	例外
①少なくとも30日前に予告をしなければならない ②30日前に予告をしない使用者は、30日分以上の平均賃金（解雇予告手当）を支払わなければならない ③予告期間＋平均賃金を支払う日数＝30日以上	①天災事変その他やむを得ない事由のために事業の継続が不可能となった場合 ②労働者の責に帰すべき事由に基づいて解雇する場合 ※①、②ともにその事由について行政官庁（所轄労働基準監督署長）の認定を受けた場合に限る

● 解雇予告の適用除外

解雇予告の適用除外者	解雇予告が必要となる場合
①日々雇い入れられる者	1カ月を超えて引き続き使用されるに至った場合
②2カ月以内の期間を定めて使用される者	所定の期間を超えて引き続き使用されるに至った場合
③季節的業務に4カ月以内の期間を定めて使用される者	
④試みの使用期間中の者	14日を超えて引き続き使用されるに至った場合

✎ 受かる！ 一問一答

Q1 ☐☐ 産前6週間休業していた女性労働者については、その後30日間は解雇してはならないが、産後8週間休業していた者については、その後14日が経過すれば解雇することができる。

Q2 ☐☐ 業務上負傷し、療養のために休業していた労働者については、その後負傷が完全に治癒するまで解雇してはならない。

Q3 ☐☐ 試みの使用期間中の者を、雇い入れてから14日以内に解雇するときは、解雇の予告を行わなくてもよい。

Q4 ☐☐ 労働者を解雇する場合、原則として、少なくとも30日前にその予告をしなければならないが、15日分の平均賃金を支払えば15日前に予告を行っても差し支えない。

Q5 ☐☐ 労働者の責に帰すべき事由により、予告手当を支払わずに労働者を即時解雇しようとするときは、所轄労働基準監督署長の認定を受けなければならない。

A1 ✕ 使用者は、産前産後休業期間中とその後30日間は、女性労働者を解雇することはできないため誤り。

A2 ✕ 療養開始後3年を経過しても傷病が治らない場合、使用者は、平均賃金の1,200日分を支払えば解雇することができるので誤り。

A3 ◯

A4 ◯ 1日について平均賃金を支払った場合は、予告の日数を短縮することができる。

A5 ◯

2 法定労働時間・時間外労働

重要度 ★★☆

法定労働時間は労基法に規定する労働時間の限度で、それを超える
労働が時間外労働です。

合格のツボ

①36 協定は、締結のみならず、所轄労働基準監督署長へ届け出ることによって効力が発生します。

②健康上特に有害な業務（坑内労働等）の労働時間は、1日 2 時間を超えて延長することはできません。

✓ 法定労働時間

　使用者は、労働者に、休憩時間を除き 1 週間について 40 時間を超えて労働させてはなりません。また、1 週間の各日について、休憩時間を除いて 1 日 8 時間を超えて労働させてはなりません。

　労働時間は、事業場を異にする場合（会社で働いている人が夜コンビニでアルバイトするなど）においても、労働時間に関する規定の適用については通算します。

原則	休憩時間を除き、1 週 40 時間および 1 日 8 時間
特例	商業、映画（映画の製作の事業を除く）・演劇業、保健衛生業、接客・娯楽業のうち常時 10 人未満の労働者を使用するものについては、1 週 44 時間まで労働させることができる

✓ 所定労働時間

　所定労働時間とは、就業規則に記載される始業時から終業時までの時間から所定の休憩時間を差し引いた時間をいい、それぞれの事業場において定められます。

✓ 時間外労働

　法定労働時間を超える労働を時間外労働といいます。労働者が法定労働時間や法定休日を超えて労働した場合は、労基法上の時間外労働または休日労働となります。所定労働時間や所定休日（就業規則等に定める労働時間や休日）を超えて労働したとしても、法定労働時間または法定休日を超えていなければ、割増賃金は発生しません。また、以下の場合には時間外労働が許容されています。

①時間外労働の労使協定（36 協定）を締結した場合

　労使協定とは、使用者と、事業場に労働者の過半数で組織する労働組合がある

第5章 労働基準法

場合はその**労働組合**、そうした労働組合がない場合は労働者の過半数を代表する者との書面による協定をいいます。

労基法では、労働時間および休日について、法定労働時間と週休制の原則を定め、原則として1週40時間、1日8時間を超える労働および休日の労働を禁止しています。しかし、業務の都合によっては、この原則に従うことが困難な事態が発生することも否定できません。

そこで、このような必要に対応するため、**労使協定**を締結し、労働基準監督署長に届け出た場合には、割増賃金を支払うことを条件として、法定労働時間を超えて労働をさせたり、休日労働をさせたりしても差し支えないとしています。この労使協定は、一般に**36（サブロク）協定**と呼ばれています。

ただし、時間外労働の協定を締結しても、坑内労働等**健康上特に有害**な下表の業務については1日2時間を超えて延長することはできません（就業制限業務）。

● 坑内労働以外の健康上特に有害な業務

①著しく暑熱、または寒冷な場所における業務
②多量の高熱物体、または低温物体を取り扱う業務
③強烈な騒音を発する場所における業務（ボイラー製造等）
④重量物の取り扱い等重激なる業務
⑤土石、獣毛等のじんあいまたは粉末を著しく飛散する場所における業務
⑥ラジウム放射線、エックス線その他有害放射線にさらされる業務
⑦異常気圧下における業務
⑧削岩機等の使用により、身体に著しく振動を与える業務
⑨鉛、水銀、クロム、砒素その他有害物質の粉じん、蒸気またはガスを発散する場所における業務

※湿潤な場所における業務、著しい精神的緊張を伴う業務、病原体によって汚染のおそれがある業務は、就業制限業務に該当しない

②災害等による**臨時**の**必要がある場合**
ただし、行政官庁の許可が必要です。
③公務のために臨時の必要がある場合
行政官庁の許可は不要です。
④変形労働時間制等を導入している場合

✓ 新たな限度時間

36協定を締結した場合でも、使用者は無制限に労働者を労働させることがで

きるものではなく、労使当事者は、36協定を締結するにあたって以下の限度時間を守らなければなりません。

区分	内容	時間外労働	休日労働
原則	1カ月45時間、1年360時間	含む	含まない
特別条項を定めた場合[1]	1カ月100時間未満[2] （1カ月45時間を超えることができる月数は年6回まで）	含む	含む
	2カ月ないし6カ月の各期間における1カ月当たりの平均が80時間以内[2]	含む	含む
	1年720時間	含む	含まない

（※1）臨時的に限度時間を超えて労働させる必要がある場合のみ認められる
（※2）100時間未満および80時間以内の規定は原則の場合も適用される

受かる！ 一問一答

Q1 □□ 労働時間に関する規定の適用については、事業場を異にする場合は労働時間を通算しない。

Q2 □□ 時間外労働の協定をしないかぎり、いかなる場合も1日について8時間を超えて労働させることはできない。

Q3 □□（有害） 著しく多湿な場所における業務は、労働基準法に基づく時間外労働に関する協定（36協定）を締結しても、労働時間の延長が1日2時間以内に制限される。

Q4 □□（有害） ボイラー製造等強烈な騒音を発する場所における業務は、36協定を締結しても労働時間の延長が1日2時間以内に制限される。

A1 ✕ 事業場を異にする場合であっても、労働時間は通算されるため誤り。

A2 ✕ 災害等による臨時の必要がある場合や、公務のために臨時の必要がある場合等も時間外労働が認められるため誤り。

A3 ✕ 著しく多湿な場所における業務は就業制限業務に該当しないため、36協定を締結すれば労働時間は1日について2時間を超えて延長することができるので誤り。

A4 ○ 強烈な騒音を発する場所における業務は、就業制限業務に該当するので正しい。

3 休憩・休日

重要度 ★☆☆

休憩は労働時間が6時間を超える場合に労働時間の途中に与えられます。休日とは労働義務が課せられていない日です。

合格のツボ

①労働時間が6時間以下の場合には休憩時間を与える必要はありません。

②日曜日や祝日を休日にしなくても労基法に違反しません。

✓ 休憩

使用者は、労働時間が**6時間を超える**場合には少なくとも**45分**、**8時間を超える**場合には少なくとも**1時間**の休憩時間を**労働時間の途中**に与えなければなりません。

1日の労働時間	付与すべき休憩時間
6時間以下	不要
6時間超	少なくとも45分
8時間超	少なくとも1時間

✓ 休憩の3原則

使用者が労働者に休憩を与える際は、次の3つの原則を守らなくてはなりません。

①途中付与の原則

休憩時間は、**労働時間の途中**に与えます。すなわち、休憩時間を勤務時間の始めや終わりに与えることはできません。

②一斉付与の原則

一定の業種を除き、休憩時間は事業場の労働者に**一斉**に与えます。ただし、**労使協定**がある場合には一斉休憩を与えなくてもかまいません。その場合は、一斉に休憩を与えない労働者の範囲と休憩の与え方について、協定を結ぶ必要があります。

③自由利用の原則

休憩時間は一定の業種を除き、労働者に**自由**に利用させなければなりません。

☑ここをチェック
一斉休憩の例外（除外）に係る労使協定は、行政官庁へ届け出る必要
はありません。

✓ 休日

　使用者は、労働者に毎週少なくとも1回の休日を与えなければなりません。た
だし、この規定は、4週間を通じ4日以上の休日を与える方法（変形休日制）を
採用する場合は適用されません。

☑ここをチェック
休日労働をさせるためには、時間外労働と同様、休日労働の協定を締結し、
これを所轄労働基準監督署長に届け出る必要があります。

✓ 休日の振替・代休

　休日の振替とは、業務等の都合によりあらかじめ休日と定められた日を労働
日とし、その代わりに他の労働日を休日とすることです。休日の振替をするには、
次の要件を満たす必要があります。
① 就業規則等に休日を振り替えることができる旨の規定を設けること
② 休日を振り替える前に、あらかじめ振り替えるべき日を特定すること
③ 法定休日が確保されるように振り替えること
　休日労働をさせた後、その代償としてその後の特定の労働日の労働義務を免除
することを代休といいます。代休の場合、休日労働はすでに行われているので、
休日労働に対する割増賃金の支払義務が生じます。

✓ 労基法41条の労働時間、休憩、休日に関する規定の適用除外

　労働時間、休憩、休日に関する労基法の規定は、次のいずれかに該当する労働
者には適用しないものとされています。
① 農業・水産業に従事する者
② 事業の種類にかかわらず監督もしくは管理の地位にある者、または機密の事
　務を取り扱う者
③ 監視または断続的労働に従事する者で、使用者が行政官庁（所轄労働基準監
　督署長）の許可を受けたもの

第5章
労働基準法

● 労基法41条の労働時間等に関する規定の適用除外

① 農業・水産業に従事する者
② 管理・監督者または機密の事務を取り扱う者
③ 監視・断続的労働従事者＋署長の許可

→ 労働時間、休憩および休日の規定は適用されない

※管理監督者であっても、深夜業および年次有給休暇の規定は適用される

☑ここをチェック
① 「林業の事業」に従事する者については、労働時間、休憩および休日に関する規定が適用されます。
② 「監督者もしくは管理の地位にある者」とは、部長、工場長等労働条件の決定その他労務管理について経営者と一体的な立場にある者をいいます。
③ 「機密の事務を取り扱う者」とは、秘書などのように、職務が経営者や監督者など管理の地位にある者の活動と一体不可分であって、厳格な労働時間管理になじまない者をいいます。

✏ 受かる！ 一問一答

Q1 ☐☐ 所定労働時間が7時間30分の事業場において、延長する労働時間が1時間であるとき、45分の休憩を労働時間の途中で与えなければならない。

Q2 ☐☐ 管理監督者であっても、深夜業および年次有給休暇の規定は適用される。

Q3 ☐☐ 監視または断続的労働に従事する労働者であって、所轄労働基準監督署長の許可を受けた者については、労働時間、休憩および休日に関する規定は適用されない。

A1 ✕ 設問の場合は労働時間が8時間を超えるため、少なくとも1時間の休憩時間を労働時間の途中で与えなければならない。したがって、誤り。

A2 ○

A3 ○

4 割増賃金

重要度 ★★☆

割増賃金は、使用者が労働者に時間外労働、休日労働または深夜業を行わせた場合に支払わなければならない賃金です。

合格のツボ 所定労働時間や所定休日（就業規則等に定める労働時間や休日）を超えて労働したとしても、法定労働時間を超えて労働していない、または法定休日に労働していなければ、割増賃金は発生しません。

✓ 割増賃金

　時間外労働に対する割増賃金の支払は、通常の勤務時間とは異なる特別の労働に対する労働者への補償を行うとともに、使用者に対して経済的負担を課すことで時間外労働を抑制することを目的としています。

　割増賃金は、次の計算式によって求められます。

割増賃金 = 通常の労働時間または労働日の賃金 × 割増率

　なお、**出来高払制や歩合制による賃金でも、割増賃金の支払は必要です**。また、休日労働が1日8時間を超えても、深夜に及ばない場合は、休日労働に対する割増賃金のみを支払えばかまいません。延長された労働時間が**1カ月 60 時間を超えた場合**は、その超えた労働時間については、通常の賃金の計算額の**5割以上**の率で計算した割増賃金を支払います。

✓ここをチェック

時間外労働が深夜に及んだ場合、1カ月60時間を超える労働時間の延長に係るものについては、7割5分以上の率となります。

✓ 割増賃金の基礎となる賃金から除外するもの

　次に掲げる賃金は、割増賃金の基礎となる賃金には算入しません。労働者に一律に支給されず、労働と直接的な関係が薄い個人的な事情等に基づいて支払われる賃金は、割増賃金の算定の基礎から除くものとされています。

第5章 労働基準法

① 家族手当
② 通勤手当
③ 別居手当
④ 子女教育手当
⑤ 臨時に支払われる賃金
⑥ 1カ月を超える期間ごとに支払われる賃金
⑦ 住宅手当

● 賃金の割増率

割増賃金の支払いが必要となるとき	割増率
時間外労働	2割5分以上
休日労働（法定休日労働）	3割5分以上
深夜（午後10時～午前5時）労働	2割5分以上
時間外労働 + 深夜労働	5割以上
休日労働（法定休日労働）+ 深夜労働	6割以上

🖊 受かる！ 一問一答

Q1 ☐☐ 賃金が出来高払制または歩合制である場合は、割増賃金を支払わなくてもよい。

Q2 ☐☐ 住宅手当は、割増賃金の基礎となる賃金には算入しない。

Q3 ☐☐ 所定労働時間内であっても、深夜労働には割増賃金を支払わなければならない。

Q4 ☐☐ 休日労働が1日8時間を超えても、深夜に及ばない場合は休日労働に対する割増賃金のみを支払えばよい。

A1 ✕ 賃金が出来高払制または歩合制であっても割増賃金を支払わなければならないので誤り。

A2 ○

A3 ○

A4 ○

5 変形労働時間制・みなし労働時間制

重要度 ★☆☆

変形労働時間制は労働時間を一定の期間で調整する制度、みなし労働時間制はあらかじめ規定した時間を働いたものとみなす制度です。

合格のツボ

フレックスタイム制の清算期間は、3カ月以内の期間に限られます。

✓ 変形労働時間制

　変形労働時間制とは、労使協定または就業規則により、一定期間における週平均労働時間が法定労働時間以内であることを条件として、特定された日において8時間、特定された週において40時間を超えて労働させることができる制度です（原則）。

　労基法では、次の4つの変形労働時間制の規定を設けています。

① 1カ月単位の変形労働時間制

　　1カ月単位の変形労働時間制を採用するには、労使協定または就業規則等に一定の事項を定めなければなりません。また、その労使協定については有効期間を定め、所轄労働基準監督署長に届け出なければなりません。

② フレックスタイム制（労使協定の締結が必要。清算期間が1カ月を超える場合は届出も必要）

③ 1年単位の変形労働時間制（労使協定の締結・届出が必要）

④ 1週間単位の非定型的変形労働時間制（労使協定の締結・届出が必要）

✓ここをチェック

1カ月単位、1年単位の変形労働時間制、1週間単位の非定型的変形労働時間制を採用する場合は、育児や介護を行う者等特別の配慮を要する者には、育児等に必要な時間を確保できるような配慮をしなければなりません。

第5章 労働基準法

237

✔ 変形労働時間制に係る労使協定に定めること

　1カ月単位の変形労働時間制に係る労使協定または就業規則等には、次の事項を定める必要があります。
① 変形期間（1カ月以内の一定期間）・その起算日
② 変形期間における各日・各週の労働時間
　変形期間を平均して、1週間の労働時間が週法定労働時間（原則40時間、特例44時間）を超えない範囲内で定めます。すなわち、次の計算式による時間以内にします。

$$40（44）時間 \times \frac{変形期間の暦日数}{7日}$$

✔ フレックスタイム制

　フレックスタイム制は、一定の期間（清算期間）の総労働時間を設定し、労働者がその範囲内で各日の始業・終業の時刻を選択して働くことにより、仕事と生活の調和を図りながら効率的に働けるようにする制度です。
　フレックスタイム制の清算期間における総労働時間は、清算期間を平均して1週間40（44）時間を超えない範囲内、すなわち次の計算式による時間以内にします。

$$40（44）時間 \times \frac{清算期間の暦日数}{7日}$$

　フレックスタイム制を採用するには、**就業規則等および労使協定**に一定の事項を定めなければなりません。
　また、清算期間の上限は **3カ月** となっており、月をまたいだ労働時間の調整により柔軟な働き方が可能です。

☑ここをチェック
①フレックスタイム制の場合にも、使用者には、各労働者の各日の労働時間の把握義務があります。
②フレックスタイム制に係る労使協定は、清算期間が1カ月を超えない場合所轄労働基準監督署長に届け出る必要はありません。

● 変形労働時間制のまとめ

	1カ月単位	フレックス	1年単位	1週間単位
導入方法	就業規則等または労使協定	就業規則等および労使協定	労使協定	労使協定
労使協定の届出	○	△ 1カ月を超える清算期間を定める場合は必要	○	○
有効期間の定め	○	×	○	×
週平均労働時間	40（44）時間	40（44）時間	40時間	40時間
労働時間の上限	×	× 1カ月を超える清算期間を定める場合、1週50時間	1日10時間 1週52時間（原則）	1日10時間
業種・規模制限	×	×	×	○
特別の配慮義務	○	×	○	○

✓ みなし労働時間制

　みなし労働時間制とは、事業場外で働く場合に、労働時間を算定し難いときは、原則として所定労働時間労働したものとみなす制度です。みなし労働時間制は、使用者の具体的な指揮監督が及ばず、労働時間の算定が困難な場合に限り、適用することができます。

　事業場外労働に係るみなし労働時間制に関する規定が適用される場合でも、休憩、休日、深夜業に関する規定は適用されます。

受かる！ 一問一答

Q1 ☐☐ 1カ月単位の変形労働時間制を採用する場合には、労使協定または就業規則により、1カ月以内の一定の期間を平均し1週間当たりの労働時間が40時間を超えないこと等、この制度に関する定めをする必要がある。

Q2 ☐☐ 1カ月単位の変形労働時間制を採用した場合には、この制度に関する定めにより特定された週または日において1週40時間または1日8時間を超えて労働させることができる。

Q3 ☐☐ 1カ月単位の変形労働時間制に関する定めをした労使協定は所轄労働基準監督署長に届け出る必要はないが、就業規則は届け出る必要がある。

Q4 ☐☐ 1カ月単位の変形労働時間制で労働させる場合には、育児を行う者等特別な配慮を要する者に対して、これらの者が育児等に必要な時間を確保できるような配慮をしなければならない。

Q5 ☐☐ フレックスタイム制の清算期間は、6カ月以内の期間に限られる。

Q6 ☐☐ フレックスタイム制を採用するためには、就業規則により始業および終業の時刻を労働者の決定に委ねる旨を定め、かつ、労使協定により対象となる労働者の範囲、清算期間、清算期間における総労働時間等を定める必要がある。

A1 ○

A2 ○

A3 ✕ 1カ月単位の変形労働時間制に関する定めをした労使協定は所轄労働基準監督署長に届出が必要である（就業規則の届出も必要）。

A4 ○ 設問の特別配慮義務は、フレックスタイム制にのみ適用されない。フレックスタイム制は他の制度と異なり、もともと労働時間の運用について労働者に配慮された制度であるためであろう。

A5 ✕ 「6カ月以内」ではなく、「3カ月以内」であるので誤り。

A6 ○

6 年次有給休暇

重要度 ★★☆

年次有給休暇は、労働者に認められた権利であり、出勤率など所定の
要件を満たしていれば付与するよう使用者に義務づけられています。

合格のツボ

①労基法41条（労働時間・休憩・休日に関する規定）の適用除
外者にも年次有給休暇を与えなければなりません。
②年次有給休暇の権利は、2年で時効によって消滅します。

✓ 年次有給休暇

　入社日から起算して6カ月間継続勤務し、出勤率が全労働日の8割以上あると
きは、10日の年次有給休暇を取得する権利（年休権）が発生します。その後は、
勤続年数1年ごとの出勤率が全労働日の8割以上であれば、勤続年数に応じた日
数が10日に加算されて与えられます。

✓ 出勤したものとみなす日

　年次有給休暇を付与する場合、出勤率の算定にあたって、以下の期間は出勤し
たものとみなされます。
① 業務上負傷し、または疾病にかかり療養のため休業した期間
② 育児休業、または介護休業を取得した期間
③ 産前産後の休業をした期間
④ 年次有給休暇取得日
⑤ 労働者の責めに帰すべき事由によるとはいえない不就労日

✓ここをチェック

年次有給休暇を買い上げることは労基法39条違反となりますが、法定の日
数を超える分については、労使間で定めるところによって取り扱うことができます。
また、労使協定により、5日以内に限り、時間を単位として有給休暇を与
えることができます。

✓ 比例付与日数

　アルバイトやパートタイマーでも、1週間あたりの所定労働日数に比例した日
数の年次有給休暇が付与されます。

第5章 労働基準法

①対象となる労働者
- 1週間の所定労働時間が30時間未満、かつ1週間の所定労働日数が4日以下の者
- 1週間の所定労働時間が30時間未満、かつ1年間の所定労働日数が216日以下の者

②比例付与日数の計算方法

通常の労働者の有給休暇日数 × （比例付与対象者の週所定労働日数 ÷ 5.2）

※端数は切り捨て

● 通常の労働者に対する年次有給休暇の付与日数

雇い入れ日から起算した継続勤務日数	付与される日数
6カ月	10 労働日
1年6カ月	11 労働日
2年6カ月	12 労働日
3年6カ月	14 労働日
4年6カ月	16 労働日
5年6カ月	18 労働日
6年6カ月	20 労働日

✓ 年次有給休暇中の賃金

年次有給休暇中の賃金は、次の①～③のいずれかによらなければなりません。いずれにより支払うかを就業規則等に定めておく必要があり、③については労使協定が必要となります。

① 平均賃金
② 所定労働時間労働した場合に支払われる通常の賃金
③ 健康保険法に定める標準報酬月額の30分の1に相当する額（労使協定が必要）

✓ 時季指定権・時季変更権、計画的付与（計画年休）

年次有給休暇は、原則として労働者の請求する時季に与えなければなりませんが、請求された時季に有給休暇を与えることが事業の正常な運営を妨げる場合は、使用者は時季を変更することができます。

そして、年次有給休暇は、労働者が指定した日に付与することが原則ですが、労使協定によって5日を超える部分については、会社が時季を定めて計画的に与えることができます。

また、年10日以上の年次有給休暇が付与される労働者（管理監督者を含む）に対して、年次有給休暇のうち年5日については、使用者が時季を指定して取得させることが義務づけられています。ただし、労働者が自らの申請により5日以上の年次有給休暇を取得した場合、計画的付与により5日以上の年次有給休暇を取得した場合には、使用者は時季指定をする必要はありません。

☑ここをチェック

使用者は、年次有給休暇を取得した労働者に対して、賃金の減額などの不利益な取扱いをしてはなりません。

✏ 受かる！ 一問一答

Q1 □□ 法令に基づく育児休業または介護休業で休業した期間は、出勤率の算定にあたっては、全労働日から除外して算出することができる。

Q2 □□ 1週間の所定労働時間が25時間で、1週間の所定労働日数が4日である労働者であって、雇入れの日から起算して3年6カ月間継続勤務し、直近の1年間に、全労働日の8割以上出勤した者には、継続し、または分割した10労働日の休暇を新たに与えなければならない。

Q3 □□ 労働者の過半数で組織する労働組合（その労働組合がない場合は労働者の過半数を代表する者）と使用者との書面による協定により休暇を与える時季に関する定めをした場合は、休暇のうち3日を超える部分については、その定めにより休暇を与えることができる。

A1 ✕ 法令に基づく育児休業または介護休業で休業した期間は、出勤率の算定にあたっては、出勤したものとみなされるので誤り。

A2 ○ 3年6カ月継続勤務した場合の一般労働者の年次有給休暇日数は14日であるので、14日×4日÷5.2≒10日となる。

A3 ✕ 「3日を超える部分」ではなく、「5日を超える部分」であるので誤り。

7 年少者および妊産婦

重要度 ★☆☆

年少者は男女を問わず満 18 歳未満の者、妊産婦は妊娠中および産後 1 年を経過しない女性です。

合格のツボ

①使用者は満 18 歳に満たない者を坑内労働させてはなりません。
②労基法 41 条該当者には労働時間・休憩・休日の規定が適用されません。

✓ 年少者と最低年齢

　労基法で「年少者」とは、男女を問わず、満 18 歳未満の者をいいます。労基法では年少者の労働に関して特別の保護規定を設けていますが、特に「満 15 歳に達した日以後の最初の 3 月 31 日が終了するまでの者」については「児童」として、さらに特別の保護規定を設けています。

　また、その年齢未満の者を使用することが許されない年齢として「最低年齢」を定めるとともに、一定の要件の下で例外を認めています。

● 児童の労働が許される要件

年齢	満 13 歳以上	満 13 歳未満
事業の内容	非工業的業種	映画の製作・演劇
共通事項	①児童の健康および福祉に有害でないこと ②労働が軽易なものであること ③行政官庁（所轄労働基準監督署長）の許可を受けること ④修学時間外に使用すること	

✓ 年少者の就業制限

　使用者は、満 18 歳に満たない者を、原則として、坑内労働、重量物取扱業務および危険有害業務に就かせてはなりません。

　重量物取扱業務および危険有害業務については、年少者労働基準規則に細かく定められています（次表参照）。

- **重量物を取り扱う業務の就業制限**

年齢	性別	断続作業（kg）	継続作業（kg）
満16歳未満	男	15	10
	女	12	8
満16歳以上 満18歳未満	男	30	20
	女	25	15

- **危険有害業務（就業制限業務）の範囲（抜粋）**

① 水銀、砒素、黄りん、弗化水素酸、塩酸、硝酸等その他これらに準ずる有害物を取り扱う業務
② 鉛、水銀、クロム、砒素、黄りん、フッ素、塩素、シアン化水素等その他これらに準ずる有害物のガス、蒸気または粉じんを発散する場所における業務
③ 土石、獣毛等のじんあいまたは粉末を著しく飛散する場所における業務
④ ラジウム放射線、エックス線その他の有害放射線にさらされる業務
⑤ 多量の高熱物体を取り扱う業務および著しく暑熱な場所における業務
⑥ 多量の低温物体を取り扱う業務および著しく寒冷な場所における業務
⑦ 異常気圧下における業務
⑧ 削岩機、鋲打機等身体に著しい振動を与える機械器具を用いて行う業務
⑨ 強烈な騒音を発する場所における業務
⑩ 病原体によって著しく汚染のおそれのある業務
⑪ 焼却、清掃またはと殺の業務　等

✓ 妊産婦等

「妊産婦等」とは、①妊娠中の女性、②産後1年を経過しない女性、③一般の女性のことをいいます。

✓**ここをチェック**

以前の労基法は、女性全般を保護の対象としていましたが、女性の社会進出に伴い保護の程度を①〉②〉③と変えています。妊産婦等を理解するには、妊婦だけの規定なのか、妊産婦の規定なのか、一般の女性も含めた規定なのかをしっかりとイメージして取り組みましょう。

✓ 産前産後休業

使用者は、次の者を就業させてはなりません。

①6週間（多胎妊娠は14週間）以内に出産する予定の女性が休業を請求した場合

②産後8週間を経過しない女性

　ただし、産後6週間を経過した女性が請求した場合、医師が支障がないと認めた業務に就かせることは差し支えありません。

✓ 妊娠中の女性への配慮

①軽易な業務への転換

　使用者は、妊娠中の女性が請求した場合には、軽易な業務に転換させなければなりません。原則として、女性が請求した業務に変えますが、新たに軽易な業務を創設して与える義務までは使用者に課されていません。

②妊産婦の時間外労働等の制限

　妊産婦（妊娠中および産後1年を経過しない女性）には、その請求により、労

働時間等に関する次の部分の就業が禁止されます。

・時間外および休日労働
・変形労働時間制（フレックスタイム制を除く）を採用している場合、1週間および1日のそれぞれの法定労働時間を超えた労働

使用者は、妊産婦が請求した場合には、臨時の必要がある場合で36協定を締結している場合であっても、時間外労働や休日労働をさせることはできません。また、妊産婦であっても、フレックスタイム制の適用は制限されないことに注意しましょう。

③妊産婦の深夜業の制限

使用者は、妊産婦が請求した場合には、深夜業をさせてはなりません。労基法41条に定める管理監督者等の場合であっても同様です。

● 妊産婦の労働時間等

※③深夜業禁止の規定は、管理監督者にも適用される（労働させてはいけない）が、①、②は適用されず、請求があっても使用者は当該妊産婦を労働させることができる

✓ 育児時間

生後満1年に達しない生児を育てている女性は、労基法34条の休憩時間のほか、1日2回、それぞれ少なくとも30分、その生児を育てるための時間を請求できます。使用者は、育児時間中はその女性を使用してはなりません。

育児時間は、勤務時間の始めまたは終わりに請求をすることもできます。また、育児時間の規定は8時間労働を前提にしていますから、パートタイマーなどで1日の労働時間が4時間以内であるような場合は1日1回の育児時間の付与で足ります。

ただし、育児時間は、必ず有給とする必要はありません（ノーワークノーペイの原則）。会社は、女性労働者が請求する時間に育児時間を与えなければなりませんが、休憩時間と異なるため、労働時間の途中に与える必要はなく、また請求がない場合は与えなくても構いません。

✓ 生理休暇

　使用者は、生理日の就業が著しく困難な女性が休暇を請求したときは、その者を生理日に就業させてはなりません。

✓ 妊産婦等の就業制限

　使用者は、妊産婦等を坑内労働、重量物取扱業務および危険有害業務に就かせてはなりません。

● 坑内業務の就業制限

①妊婦	坑内労働はすべて禁止（絶対制限）
②産婦（坑内労働に従事しない旨の申出あり）	
③産婦（申出なし）および一般女性	一定の坑内労働は就業可能

● 危険有害業務（24 業務）の就業制限

	業務内容	妊婦	産婦	一般の女性
24業務	重量物を取り扱う業務※ 有害物（鉛、水銀、クロム等を発散する場所における業務）	× （絶対制限）	× （絶対制限）	×
	著しい振動業務（削岩機、鋲打機等を用いる業務）			
	5 m以上の場所 （高さおよび深さ）		○	○
	その他 19 業務 （ボイラーの取扱いや溶接の業務等）		申出により ×	

※上表の「重量物」とは、年齢、作業区分に応じて、下表の重量以上のものをいう

　重量物を取り扱う業務については、すべての女性労働者で就業が制限されます。具体的には、下図の重量以上の重量物の取扱いが禁止されます。

年齢	断続作業（kg）	継続作業（kg）
満 16 歳未満	12	8
満 16 歳以上 満 18 歳未満	25	15
満 18 歳以上	30	20

Q1 ☐☐ 削岩機、鋲打機などの身体に著しい振動を与える機械器具を用い
（有害） て行う業務は、労働基準法の「満18歳に満たない者を就かせて
はならない業務」に該当しない。

Q2 ☐☐ 使用者は、満16歳未満の女性を継続作業の場合は8kg以上、満
（有害） 16歳以上満18歳未満の女性を断続作業の場合は25kg以上、満
18歳以上の女性を断続作業の場合は30kg以上の重量物を取り扱
う業務に就かせてはならない。

Q3 ☐☐ 妊産婦が請求した場合には、管理監督者等の場合を除き、深夜業
をさせてはならない。

Q4 ☐☐ 生後満1年を超え、満2年に達しない生児を育てる女性労働者は、
育児時間を請求できる。

Q5 ☐☐ 時間外・休日労働に関する労使協定を締結し、これを所轄労働基
準監督署長に届け出ている場合であっても、妊産婦が請求した場
合には、管理監督者等の場合を除き、時間外・休日労働をさせて
はならない。

Q6 ☐☐ フレックスタイム制を採用している場合であっても、妊産婦が請
求した場合には、管理監督者等の場合を除き、フレックスタイム
制による労働をさせてはならない。

A1 ✕ 削岩機、鋲打機などの身体に著しい振動を与える機械器具を用い
て行う業務は、就業制限業務に該当するので誤り。

A2 ○

A3 ✕ 管理監督者等の場合であっても深夜業は制限されるので誤り。

A4 ✕ 「生後満1年を超え、満2年に達しない生児」ではなく、「生後満
1年に達しない生児」であるので誤り。

A5 ○ 時間外・休日労働に関する労使協定を締結し、これを所轄労働基
準監督署長に届け出ている場合であっても、妊産婦が請求した場
合には、管理監督者等の場合を除き、時間外・休日労働をさせて
はならない。

A6 ✕ 妊産婦のフレックスタイム制による労働については制限は設けら
れていないので誤り。

第5章 労働基準法

8 就業規則

重要度 ★★★

☑ ☑ ☑

就業規則は、会社や従業員が守るべきルールや労働条件を使用者が
定めたものです。

合格のツボ

①常時10人以上の労働者がいる場合、使用者は就業規則を作成
する義務が生じます(パートタイマーや臨時的な労働者も含む)。
②就業規則を作成・変更したときは、行政官庁(所轄労働基準
監督署長)に届け出なければなりません。

✓ 就業規則とは?

就業規則とは、使用者が、事業経営上と労働者保護上の必要から、労働者が就
業にあたって守るべき服務規律や労働条件について規定したものです。

常時10人以上の労働者を使用する使用者は、就業規則を作成し、行政官庁(所
轄労働基準監督署長)に届け出なければなりません。届出の際には、労働者の過
半数で組織する**労働組合**、または労働者の**過半数を代表する者**の意見書を添付す
る必要があります。

☑ここをチェック

常時10人以上の労働者を使用しているか否かは、企業単位ではなく、個々
の事業場単位で判断します。常時10人未満の労働者を使用していた使用
者が、常時10人以上の労働者を使用するに至った場合には、遅滞なく就
業規則を作成し、届け出なければなりません。

✓ 就業規則のポイント

①意見聴取

使用者は、就業規則の作成・変更について、事業場に労働者の過半数で組織す
る労働組合がある場合は**労働組合**、労働者の過半数で組織する労働組合がない場
合は労働者の**過半数を代表する者**の意見を聴かなければなりません。

②就業規則記載事項

就業規則には、必ず記載しなければならない**絶対的必要記載事項**と、事業場で
定めをする場合に記載しなければならない**相対的必要記載事項**があります。

③制裁を科す場合の制限

就業規則で労働者に減給の制裁を定める場合には、1回の減給額が平均賃金の

1日分の半額を超え、総額が一賃金支払期における賃金の総額の10分の1を超えてはなりません。

④労働者への周知義務

就業規則は、①常時各作業場の見やすい場所に掲示または備え付ける、②書面で労働者に交付する、③磁気テープや磁気ディスクなどに記録し、就業規則の内容を労働者が常時確認できる機器を各作業場に設置することによって、労働者に周知しなければなりません。

✓ ここをチェック

就業規則が絶対的必要記載事項の一部を欠いていたり、相対的必要記載事項に当該事業場が適用を受けるべき事項を記載していなかったりする場合は労基法違反となりますが、このような就業規則であっても、その効力発生についての他の要件を具備する限り有効です。

● 就業規則の記載事項

絶対的必要記載事項	
いかなる場合でも必ず記載しなければならない事項	① 始業・終業の時刻、休憩時間、休日、休暇、交替制の場合には就業時転換に関する事項 ② 賃金（臨時の賃金等を除く）の決定、計算・支払の方法、賃金の締切り、支払の時期、昇給に関する事項 ③ 退職に関する事項（解雇の事由を含む）

相対的必要記載事項	
制度として行う場合には記載しなければならない事項	① 退職手当に関する事項 ② 臨時の賃金等（退職手当を除く）、最低賃金額に関する事項 ③ 食費、作業用品など労働者の負担に関する事項 ④ 安全衛生に関する事項 ⑤ 職業訓練に関する事項 ⑥ 災害補償、業務外の傷病扶助に関する事項 ⑦ 表彰、制裁に関する事項 ⑧ その他、全労働者に適用される事項

✓ 法令や労働協約との効力関係

就業規則は、法令または労働協約に反してはなりません。法令または労働協約に抵触する就業規則については、行政官庁（所轄労働基準監督署長）は変更を命じることができます。

労働契約と就業規則との関係については、労働契約法12条で、就業規則で定める基準に達しない労働条件を定める労働契約はその部分については無効とすること、無効となった部分は就業規則で定める基準によることと定められています。

第6章

実力チェック！
第1種衛生管理者
模擬試験

試験について

- 問1～問44までをすべて解答してください。
- 試験時間は3時間です。
- 本模擬試験は、公益財団法人安全衛生技術試験協会による衛生管理者試験の過去問を掲載・解説したものです。

合格基準

- 各科目4割以上かつ合計6割以上の得点が合格基準です。

実際の試験

- 問題は五肢択一式で、正答は1問につき1つだけです。
  2つ以上を解答した場合は得点となりません。
- 実際の試験はマークシート式となります。

● 第 1 種衛生管理者模擬試験解答用紙

科目	問 1	問 2	問 3	問 4	問 5	小計
関係法令〔有害業務に係るもの〕						
	問 6	問 7	問 8	問 9	問 10	
						/80
労働衛生〔有害業務に係るもの〕	問 11	問 12	問 13	問 14	問 15	
	問 16	問 17	問 18	問 19	問 20	
						/80
関係法令〔有害業務に係るもの以外のもの〕	問 21	問 22	問 23	問 24	問 25	
	問 26	問 27				
						/70
労働衛生〔有害業務に係るもの以外のもの〕	問 28	問 29	問 30	問 31	問 32	
	問 33	問 34				
						/70
労働生理	問 35	問 36	問 37	問 38	問 39	
	問 40	問 41	問 42	問 43	問 44	
						/100

合計得点＿＿＿＿＿＿＿＿＿＿

配点および合格基準
問 1 ～問 20 は 1 問 8 点、問 21 ～問 44 は 1 問 10 点となります。合計 240 点かつ問 1 ～問 10、問 11 ～問 20 は各 32 点以上、問 21 ～問 27、問 28 ～問 34 は各 30 点以上、問 35 ～問 44 は 40 点以上が合格基準です。

問1　ある製造業の事業場の労働者数及び有害業務等従事状況並びに産業医及び衛生管理者の選任の状況は、次の①～③のとおりである。この事業場の産業医及び衛生管理者の選任についての法令違反の状況に関する（1）～（5）の記述のうち、正しいものはどれか。

ただし、産業医及び衛生管理者の選任の特例はないものとする。

① 労働者数及び有害業務等従事状況

常時使用する労働者数は800人であり、このうち、深夜業を含む業務に400人が、強烈な騒音を発する場所における業務に30人が常時従事しているが、他に有害業務に従事している者はいない。

② 産業医の選任の状況

選任している産業医数は1人である。

この産業医は、この事業場に専属の者ではないが、産業医としての法令の要件を満たしている医師である。

③ 衛生管理者の選任の状況

選任している衛生管理者数は3人である。

このうち1人は、この事業場に専属でない労働衛生コンサルタントで、衛生工学衛生管理者免許を有していない。

他の2人は、この事業場に専属で、共に衛生管理者としての業務以外の業務を兼任しており、また、第一種衛生管理者免許を有しているが、衛生工学衛生管理者免許を有していない。

（1）選任している産業医がこの事業場に専属でないことが違反である。

（2）選任している衛生管理者数が少ないことが違反である。

（3）衛生管理者として選任している労働衛生コンサルタントがこの事業場に専属でないことが違反である。

（4）衛生工学衛生管理者免許を受けた者のうちから選任した衛生管理者が1人もいないことが違反である。

（5）専任の衛生管理者が1人もいないことが違反である。

問2　次のAからDの作業について、法令上、作業主任者の選任が義務付けられているものの組合せは（1）～（5）のうちどれか。

A　乾性油を入れてあるタンクの内部における作業

B　セメント製造工程においてセメントを袋詰めする作業

C　溶融した鉛を用いて行う金属の焼入れの業務に係る作業

D　圧気工法により、大気圧を超える気圧下の作業室の内部において行う作業
(1)　A，B　　　(2)　A，C
(3)　A，D　　　(4)　B，C
(5)　C，D

問3　　次の業務に労働者を就かせるとき、法令に基づく安全又は衛生のための特別の教育を行わなければならないものに該当しないものはどれか。
(1)　石綿等が使用されている建築物の解体等の作業に係る業務
(2)　高圧室内作業に係る業務
(3)　有機溶剤等を用いて行う接着の業務
(4)　廃棄物の焼却施設において焼却灰を取り扱う業務
(5)　エックス線装置を用いて行う透過写真の撮影の業務

問4　　次の装置のうち、法令上、定期自主検査の実施義務が規定されているものはどれか。
(1)　塩化水素を重量の20％含有する塩酸を使用する屋内の作業場所に設けた局所排気装置
(2)　アーク溶接を行う屋内の作業場所に設けた全体換気装置
(3)　エタノールを使用する作業場所に設けた局所排気装置
(4)　アンモニアを使用する屋内の作業場所に設けたプッシュプル型換気装置
(5)　トルエンを重量の10％含有する塗料を用いて塗装する屋内の作業場所に設けた局所排気装置

問5　　厚生労働大臣が定める規格を具備しなければ、譲渡し、貸与し、又は設置してはならない機械等に該当するものは、次のうちどれか。
(1)　聴覚保護具
(2)　防振手袋
(3)　化学防護服
(4)　放射線装置室
(5)　排気量40cm³以上の内燃機関を内蔵するチェーンソー

問6　　石綿障害予防規則に基づく措置に関する次の記述のうち、誤っているものはどれか。
(1)　石綿等を取り扱う屋内作業場については、6か月以内ごとに1回、定期に、作業環境測定を行うとともに、測定結果等を記録し、これを40

年間保存しなければならない。

- (2) 石綿等の粉じんが発散する屋内作業場に設けられた局所排気装置については、原則として、1年以内ごとに1回、定期に、自主検査を行うとともに、検査の結果等を記録し、これを3年間保存しなければならない。
- (3) 石綿等の取扱いに伴い石綿の粉じんを発散する場所における業務に常時従事する労働者に対し、雇入れ又は当該業務への配置替えの際及びその後6か月以内ごとに1回、定期に、特別の項目について医師による健康診断を行い、その結果に基づき、石綿健康診断個人票を作成し、これを当該労働者が当該事業場において常時当該業務に従事しないこととなった日から40年間保存しなければならない。
- (4) 石綿等の取扱いに伴い石綿の粉じんを発散する場所において、常時石綿等を取り扱う作業に従事する労働者については、1か月を超えない期間ごとに、作業の概要、従事した期間等を記録し、これを当該労働者が当該事業場において常時当該作業に従事しないこととなった日から40年間保存するものとする。
- (5) 石綿等を取り扱う事業者が事業を廃止しようとするときは、石綿関係記録等報告書に、石綿等に係る作業の記録及び局所排気装置、除じん装置等の定期自主検査の記録を添えて所轄労働基準監督署長に提出しなければならない。

問7　じん肺法に関する次の記述のうち、法令上、誤っているものはどれか。

- (1) じん肺管理区分の管理一は、じん肺健康診断の結果、じん肺の所見がないと認められるものをいう。
- (2) じん肺管理区分の管理二は、じん肺健康診断の結果、エックス線写真の像が第一型でじん肺による著しい肺機能の障害がないと認められるものをいう。
- (3) 常時粉じん作業に従事する労働者でじん肺管理区分が管理二であるものに対しては、1年以内ごとに1回、定期的に、じん肺健康診断を行わなければならない。
- (4) 都道府県労働局長は、事業者から、法令に基づいて、じん肺の所見があると診断された労働者についてのエックス線写真等が提出されたときは、これらを基礎として、地方じん肺診査医の診断又は審査により、当該労働者についてじん肺管理区分の決定をするものとする。
- (5) じん肺管理区分が管理三と決定された者及び合併症にかかっていると

認められる者は、療養を要するものとする。

問8　酸素欠乏症等防止規則等に基づく措置に関する次の記述のうち、誤っているものはどれか。
(1) 汚水を入れたことのあるポンプを修理する場合で、これを分解する作業に労働者を従事させるときは、硫化水素中毒の防止について必要な知識を有する者のうちから指揮者を選任し、作業を指揮させなければならない。
(2) 酒類を入れたことのある醸造槽の内部における清掃作業の業務に労働者を就かせるときは、酸素欠乏危険作業に係る特別の教育を行わなければならない。
(3) 酸素欠乏危険作業を行う場所において、爆発、酸化等を防止するため換気を行うことができない場合には、送気マスク又は防毒マスクを備え、労働者に使用させなければならない。
(4) 酸素欠乏危険作業に労働者を従事させるときは、常時作業の状況を監視し、異常があったときに直ちに酸素欠乏危険作業主任者及びその他の関係者に通報する者を置く等異常を早期に把握するために必要な措置を講じなければならない。
(5) 第一鉄塩類を含有している地層に接する地下室の内部における作業に労働者を従事させるときは、酸素欠乏の空気が漏出するおそれのある箇所を閉そくし、酸素欠乏の空気を直接外部へ放出することができる設備を設ける等酸素欠乏の空気の流入を防止するための措置を講じなければならない。

問9　有害業務とそれに常時従事する労働者に対して特別の項目について行う健康診断の項目の一部との組合せとして、法令上、正しいものは次のうちどれか。
(1) 有機溶剤業務……………………尿中のデルタアミノレブリン酸の量の検査
(2) 放射線業務…………………………………………尿中の潜血の有無の検査
(3) 鉛業務……………………………………尿中のマンデル酸の量の検査
(4) 石綿等を取り扱う業務…………………尿中又は血液中の石綿の量の検査
(5) 潜水業務……………………………………………四肢の運動機能の検査

問10　労働基準法に基づく有害業務への就業制限に関する次の記述のうち、誤っているものはどれか。

(1) 満 18 歳未満の者は、多量の低温物体を取り扱う業務に就かせてはならない。
(2) 妊娠中の女性は、異常気圧下における業務に就かせてはならない。
(3) 満 18 歳以上で産後 8 週間を経過したが 1 年を経過しない女性から、著しく暑熱な場所における業務に従事しない旨の申出があった場合には、当該業務に就かせてはならない。
(4) 満 18 歳以上で産後 8 週間を経過したが 1 年を経過しない女性から、さく岩機、鋲(びょう)打機等身体に著しい振動を与える機械器具を用いて行う業務に従事したい旨の申出があった場合には、当該業務に就かせることができる。
(5) 満 18 歳以上で産後 1 年を経過した女性は、多量の低温物体を取り扱う業務に就かせることができる。

労働衛生（有害業務に係るもの）

問 11　リスクアセスメント対象物による疾病のリスクの低減措置を検討する場合、次のアからエの対策について、優先度の高い順に並べたものは（1）〜（5）のうちどれか。

ア　化学反応のプロセス等の運転条件の変更
イ　作業手順の改善
ウ　リスクアセスメント対象物に係る機械設備等の密閉化
エ　リスクアセスメント対象物の有害性に応じた有効な保護具の選択及び使用

(1) ア － ウ － イ － エ
(2) ア － エ － ウ － イ
(3) イ － ア － ウ － エ
(4) ウ － ア － イ － エ
(5) ウ － ア － エ － イ

問 12　次の化学物質のうち、常温・常圧（25℃、1 気圧）の空気中で蒸気として存在するものはどれか。ただし、蒸気とは、常温・常圧で液体又は固体の物質が蒸気圧に応じて揮発又は昇華して気体となっているものをいうものとする。

(1) 塩化ビニル
(2) ジクロロベンジジン
(3) アクリロニトリル
(4) エチレンオキシド

（5）二酸化マンガン

問13　厚生労働省の「作業環境測定基準」及び「作業環境評価基準」に基づく
　　　作業環境測定及びその結果の評価に関する次の記述のうち、正しいものは
　　　どれか。
　（1）A測定における測定点の高さの範囲は、床上100cm以上150cm以下
　　　　である。
　（2）許容濃度は、有害物質に関する作業環境の状態を単位作業場所の作業
　　　　環境測定結果から評価するための指標として設定されたものである。
　（3）A測定の第二評価値とは、単位作業場所における気中有害物質の算術
　　　　平均濃度の推定値である。
　（4）A測定の第二評価値及びB測定の測定値がいずれも管理濃度に満たな
　　　　い単位作業場所は、第一管理区分になる。
　（5）A測定においては、得られた測定値の算術平均値及び算術標準偏差を、
　　　　また、B測定においてはその測定値そのものを評価に用いる。

問14　粉じん（ヒュームを含む。）による健康障害に関する次の記述のうち、
　　　誤っているものはどれか。
　（1）じん肺は、粉じんを吸入することによって肺に生じた炎症性病変を主
　　　　体とする疾病で、その種類には、けい肺、間質性肺炎、慢性閉塞性肺
　　　　疾患（COPD）などがある。
　（2）じん肺は、肺結核のほか、続発性気管支炎、続発性気胸、原発性肺が
　　　　んなどを合併することがある。
　（3）アルミニウムやその化合物によってじん肺を起こすことがある。
　（4）溶接工肺は、溶接の際に発生する酸化鉄ヒュームのばく露によって発
　　　　症するじん肺である。
　（5）炭素を含む粉じんは、じん肺を起こすことがある。

問15　電離放射線などに関する次の記述のうち、誤っているものはどれか。
　（1）電離放射線には、電磁波と粒子線がある。
　（2）エックス線は、通常、エックス線装置を用いて発生させる人工の電離
　　　　放射線であるが、放射性物質から放出されるガンマ線と同様に電磁波
　　　　である。
　（3）エックス線は、紫外線より波長の長い電磁波である。
　（4）電離放射線の被ばくによる白内障は、晩発障害に分類され、被ばく後、

半年〜 30 年後に現れることが多い。
- (5) 電離放射線を放出してほかの元素に変わる元素を放射性同位元素（ラジオアイソトープ）という。

問16　有機溶剤に関する次の記述のうち、正しいものはどれか。
- (1) 有機溶剤の多くは、揮発性が高く、その蒸気は空気より軽い。
- (2) 有機溶剤は、脂溶性が低いため、脂肪の多い脳などには入りにくい。
- (3) ノルマルヘキサンによる障害として顕著なものには、白血病や皮膚がんがある。
- (4) 二硫化炭素は、動脈硬化を進行させたり、精神障害を生じさせることがある。
- (5) N, N- ジメチルホルムアミドによる障害として顕著なものには、視力低下を伴う視神経障害がある。

問17　作業環境における有害要因による健康障害に関する次の記述のうち、正しいものはどれか。
- (1) レイノー現象は、振動工具などによる末梢循環障害で、冬期に発生しやすい。
- (2) けい肺は、鉄、アルミニウムなどの金属粉じんによる肺の線維増殖性変化で、けい肺結節という線維性の結節が形成される。
- (3) 金属熱は、鉄、アルミニウムなどの金属を溶融する作業などに長時間従事した際に、高温環境により体温調節機能が障害を受けることにより発生する。
- (4) 電離放射線による造血器障害は、確率的影響に分類され、被ばく線量がしきい値を超えると発生率及び重症度が線量に対応して増加する。
- (5) 熱けいれんは、高温環境下での労働において、皮膚の血管に血液がたまり、脳への血液の流れが少なくなることにより発生し、めまい、失神などの症状がみられる。

問18　労働衛生対策を進めていくに当たっては、作業環境管理、作業管理及び健康管理が必要であるが、次のAからEの対策例について、作業環境管理に該当するものの組合せは（1）〜（5）のうちどれか。
- A　粉じん作業を行う場所に設置した局所排気装置のフード付近の気流の風速を測定する。
- B　アーク溶接作業を行う労働者に防じんマスクなどの保護具を使用させ

ることによって、有害物質に対するばく露量を低減する。

C 鉛健康診断の結果、鉛業務に従事することが健康の保持のために適当でないと医師が認めた者を配置転換する。

D 放射線業務において、管理区域を設定し、必要のある者以外の者を立入禁止とする。

E 有機溶剤を使用する塗装方法を、有害性の低い水性塗料の塗装に変更する。

(1) A，D
(2) A，E
(3) B，C
(4) B，D
(5) C，E

問19 局所排気装置に関する次の記述のうち、正しいものはどれか。

(1) ダクトの形状には円形、角形などがあり、その断面積を大きくするほど、ダクトの圧力損失が増大する。

(2) フード開口部の周囲にフランジがあると、フランジがないときに比べ、気流の整流作用が増すため、大きな排風量が必要となる。

(3) キャノピ型フードは、発生源からの熱による上昇気流を利用して捕捉するもので、レシーバ式フードに分類される。

(4) スロット型フードは、作業面を除き周りが覆われているもので、囲い式フードに分類される。

(5) 空気清浄装置を付設する局所排気装置を設置する場合、排風機は、一般に、フードに接続した吸引ダクトと空気清浄装置の間に設ける。

問20 特殊健康診断に関する次の文中の 　　　　 内に入れるAからCの語句の組合せとして、正しいものは（1）〜（5）のうちどれか。

「特殊健康診断において有害物の体内摂取量を把握する検査として、生物学的モニタリングがあり、ノルマルヘキサンについては、尿中の 　A　 の量を測定し、 　B　 については、 　C　 中のデルタアミノレブリン酸の量を測定する。」

	A	B	C
(1)	2,5-ヘキサンジオン	鉛	尿
(2)	2,5-ヘキサンジオン	鉛	血液
(3)	シクロヘキサノン	鉛	尿
(4)	シクロヘキサノン	水銀	尿
(5)	シクロヘキサノン	水銀	血液

問21　常時使用する労働者数が100人で、次の業種に属する事業場のうち、法令上、総括安全衛生管理者の選任が義務付けられていないものの業種はどれか。

(1) 林業

(2) 清掃業

(3) 燃料小売業

(4) 建設業

(5) 運送業

問22　衛生委員会に関する次の記述のうち、法令上、正しいものはどれか。

(1) 衛生委員会の議長は、衛生管理者である委員のうちから、事業者が指名しなければならない。

(2) 産業医のうち衛生委員会の委員として指名することができるのは、当該事業場に専属の産業医に限られる。

(3) 衛生管理者として選任しているが事業場に専属でない労働衛生コンサルタントを、衛生委員会の委員として指名することはできない。

(4) 当該事業場の労働者で、作業環境測定を実施している作業環境測定士を衛生委員会の委員として指名することができる。

(5) 衛生委員会は、毎月1回以上開催するようにし、議事で重要なものに係る記録を作成して、これを5年間保存しなければならない。

問23　労働安全衛生規則に基づく医師による雇入時の健康診断に関する次の記述のうち、誤っているものはどれか。

(1) 医師による健康診断を受けた後3か月を経過しない者を雇い入れる場合、その健康診断の結果を証明する書面の提出があったときは、その健康診断の項目に相当する雇入時の健康診断の項目は省略することができる。

(2) 雇入時の健康診断では、40歳未満の者について医師が必要でないと認めるときは、貧血検査、肝機能検査等一定の検査項目を省略することができる。

(3) 事業場において実施した雇入時の健康診断の項目に異常の所見があると診断された労働者については、その結果に基づき、健康を保持するために必要な措置について、健康診断が行われた日から3か月以内に、医師の意見を聴かなければならない。

(4) 雇入時の健康診断の結果に基づき、健康診断個人票を作成して、これを5年間保存しなければならない。

(5) 常時50人以上の労働者を使用する事業場であっても、雇入時の健康診断の結果については、所轄労働基準監督署長に報告する必要はない。

問24　労働時間の状況等が一定の要件に該当する労働者に対して、法令により実施することが義務付けられている医師による面接指導に関する次の記述のうち、正しいものはどれか。

　　　ただし、新たな技術、商品又は役務の研究開発に係る業務に従事する者及び高度プロフェッショナル制度の対象者はいないものとする。

(1) 面接指導の対象となる労働者の要件は、原則として、休憩時間を除き1週間当たり40時間を超えて労働させた場合におけるその超えた時間が1か月当たり80時間を超え、かつ、疲労の蓄積が認められる者であることとする。

(2) 事業者は、面接指導を実施するため、タイムカードによる記録等の客観的な方法その他の適切な方法により、監督又は管理の地位にある者を除き、労働者の労働時間の状況を把握しなければならない。

(3) 面接指導を行う医師として事業者が指定することのできる医師は、当該事業場の産業医に限られる。

(4) 事業者は、面接指導の対象となる労働者の要件に該当する労働者から面接指導を受ける旨の申出があったときは、申出の日から3か月以内に、面接指導を行わなければならない。

(5) 事業者は、面接指導の結果に基づき、当該面接指導の結果の記録を作成して、これを3年間保存しなければならない。

問25　労働安全衛生法に基づく労働者の心理的な負担の程度を把握するための検査（以下「ストレスチェック」という。）及びその結果等に応じて実施される医師による面接指導に関する次の記述のうち、法令上、正しいものはどれか。

(1) 常時50人以上の労働者を使用する事業場においては、6か月以内ごとに1回、定期に、ストレスチェックを行わなければならない。

(2) 事業者は、ストレスチェックの結果が、衛生管理者及びストレスチェックを受けた労働者に通知されるようにしなければならない。

(3) 労働者に対して行うストレスチェックの事項は、「職場における当該労働者の心理的な負担の原因」、「当該労働者の心理的な負担による心身

の自覚症状」及び「職場における他の労働者による当該労働者への支援」に関する項目である。

(4) 事業者は、ストレスチェックの結果、心理的な負担の程度が高い労働者全員に対し、医師による面接指導を行わなければならない。

(5) 事業者は、医師による面接指導の結果に基づき、当該面接指導の結果の記録を作成して、これを3年間保存しなければならない。

問26　労働基準法に定める妊産婦等に関する次の記述のうち、法令上、誤っているものはどれか。ただし、常時使用する労働者数が10人以上の規模の事業場の場合とし、管理監督者等とは、「監督又は管理の地位にある者等、労働時間、休憩及び休日に関する規定の適用除外者」をいうものとする。

(1) 時間外・休日労働に関する協定を締結し、これを所轄労働基準監督署長に届け出ている場合であっても、妊産婦が請求した場合には、管理監督者等の場合を除き、時間外・休日労働をさせてはならない。

(2) 1か月単位の変形労働時間制を採用している場合であっても、妊産婦が請求した場合には、管理監督者等の場合を除き、1週40時間、1日8時間を超えて労働させてはならない。

(3) 1年単位の変形労働時間制を採用している場合であっても、妊産婦が請求した場合には、管理監督者等の場合を除き、1週40時間、1日8時間を超えて労働させてはならない。

(4) 妊娠中の女性が請求した場合には、管理監督者等の場合を除き、他の軽易な業務に転換させなければならない。

(5) 生理日の就業が著しく困難な女性が休暇を請求したときは、その者を生理日に就業させてはならない。

問27　週所定労働時間が25時間、週所定労働日数が4日である労働者であって、雇入れの日から起算して4年6か月継続勤務したものに対して、その後1年間に新たに与えなければならない年次有給休暇日数として、法令上、正しいものは次のうちどれか。

ただし、その労働者はその直前の1年間に全労働日の8割以上出勤したものとする。

(1) 9日
(2) 10日
(3) 11日
(4) 12日
(5) 13日

問28 厚生労働省の「労働者の心の健康の保持増進のための指針」に基づくメンタルヘルス対策に関する次のAからDの記述について、誤っているものの組合せは（1）～（5）のうちどれか。

A メンタルヘルスケアを中長期的視点に立って継続的かつ計画的に行うため策定する「心の健康づくり計画」は、各事業場における労働安全衛生に関する計画の中に位置付けることが望ましい。

B 「心の健康づくり計画」の策定に当たっては、プライバシー保護の観点から、衛生委員会や安全衛生委員会での調査審議は避ける。

C 「セルフケア」、「家族によるケア」、「ラインによるケア」及び「事業場外資源によるケア」の四つのケアを効果的に推進する。

D 「セルフケア」とは、労働者自身がストレスや心の健康について理解し、自らのストレスを予防、軽減する、又はこれに対処することである。

（1）A，B　　（2）A，C
（3）A，D　　（4）B，C
（5）C，D

問29 厚生労働省の「職場における受動喫煙防止のためのガイドライン」において、「喫煙専用室」を設置する場合に満たすべき事項として定められていないものは、次のうちどれか。

（1）喫煙専用室の出入口において、室外から室内に流入する空気の気流が、0.2m/s 以上であること。

（2）喫煙専用室の出入口における室外から室内に流入する空気の気流について、6か月以内ごとに1回、定期に測定すること。

（3）喫煙専用室のたばこの煙が室内から室外に流出しないよう、喫煙専用室は、壁、天井等によって区画されていること。

（4）喫煙専用室のたばこの煙が屋外又は外部の場所に排気されていること。

（5）喫煙専用室の出入口の見やすい箇所に必要事項を記載した標識を掲示すること。

問30 厚生労働省の「職場における腰痛予防対策指針」に基づく腰痛予防対策に関する次の記述のうち、正しいものはどれか。

（1）腰部保護ベルトは、重量物取扱い作業に従事する労働者全員に使用させるようにする。

（2）重量物取扱い作業の場合、満18歳以上の男性労働者が人力のみにより取り扱う物の重量は、体重のおおむね50%以下となるようにする。

(3) 重量物取扱い作業の場合、満18歳以上の女性労働者が人力のみにより取り扱う物の重量は、男性が取り扱うことのできる重量の60%位までとする。

(4) 重量物取扱い作業に常時従事する労働者に対しては、当該作業に配置する際及びその後1年以内ごとに1回、定期に、医師による腰痛の健康診断を行う。

(5) 立ち作業の場合は、身体を安定に保持するため、床面は弾力性のない硬い素材とし、クッション性のない作業靴を使用する。

問31　脳血管障害及び虚血性心疾患に関する次の記述のうち、誤っているものはどれか。

(1) 出血性の脳血管障害は、脳表面のくも膜下腔に出血するくも膜下出血、脳実質内に出血する脳出血などに分類される。

(2) 虚血性の脳血管障害である脳梗塞は、脳血管自体の動脈硬化性病変による脳塞栓症と、心臓や動脈壁の血栓が剥がれて脳血管を閉塞する脳血栓症に分類される。

(3) 高血圧性脳症は、急激な血圧上昇が誘因となって、脳が腫脹する病気で、頭痛、悪心、嘔吐、意識障害、視力障害、けいれんなどの症状がみられる。

(4) 虚血性心疾患は、心筋の一部分に可逆的な虚血が起こる狭心症と、不可逆的な心筋壊死が起こる心筋梗塞とに大別される。

(5) 運動負荷心電図検査は、虚血性心疾患の発見に有用である。

問32　メタボリックシンドロームの診断基準に関する次の文中の　　　　　内に入れるAからCの語句の組合せとして、正しいものは（1）〜（5）のうちどれか。

「日本では、内臓脂肪の蓄積があり、かつ、血中脂質（中性脂肪、HDLコレステロール）、　　A　　、　　B　　の三つのうち　　C　　が基準値から外れている場合にメタボリックシンドロームと診断される。」

	A	B	C
(1)	血圧	空腹時血糖	いずれか一つ
(2)	血圧	空腹時血糖	二つ以上
(3)	γ-GTP	空腹時血糖	二つ以上
(4)	γ-GTP	尿蛋白	いずれか一つ
(5)	γ-GTP	尿蛋白	二つ以上

問 33　感染症に関する次の記述のうち、誤っているものはどれか。
(1) 人間の抵抗力が低下した場合は、通常、多くの人には影響を及ぼさない病原体が病気を発症させることがあり、これを日和見感染という。
(2) 感染が成立しているが、症状が現れない状態が継続することを不顕性感染という。
(3) 感染が成立し、症状が現れるまでの人をキャリアといい、感染したことに気付かずに病原体をばらまく感染源になることがある。
(4) 感染源の人が咳やくしゃみをして、唾液などに混じった病原体が飛散することにより感染することを空気感染といい、インフルエンザや普通感冒の代表的な感染経路である。
(5) インフルエンザウイルスにはA型、B型及びC型の三つの型があるが、流行の原因となるのは、主として、A型及びB型である。

問 34　食中毒に関する次の記述のうち、誤っているものはどれか。
(1) 毒素型食中毒は、食物に付着した細菌により産生された毒素によって起こる食中毒で、ボツリヌス菌によるものがある。
(2) 感染型食中毒は、食物に付着した細菌そのものの感染によって起こる食中毒で、サルモネラ菌によるものがある。
(3) O-157 は、ベロ毒素を産生する大腸菌で、腹痛や出血を伴う水様性の下痢などを起こす。
(4) ノロウイルスによる食中毒は、冬季に集団食中毒として発生することが多く、潜伏期間は、1 ～ 2 日間である。
(5) 腸炎ビブリオ菌は、熱に強い。

労働生理

問 35　呼吸に関する次の記述のうち、正しいものはどれか。
(1) 呼吸は、胸膜が運動することで胸腔内の圧力を変化させ、肺を受動的に伸縮させることにより行われる。
(2) 肺胞内の空気と肺胞を取り巻く毛細血管中の血液との間で行われるガス交換は、内呼吸である。
(3) 成人の呼吸数は、通常、1 分間に 16 ～ 20 回であるが、食事、入浴、発熱などによって増加する。
(4) チェーンストークス呼吸とは、肺機能の低下により呼吸数が増加した状態をいい、喫煙が原因となることが多い。
(5) 身体活動時には、血液中の窒素分圧の上昇により呼吸中枢が刺激され、

1回換気量及び呼吸数が増加する。

問36　心臓及び血液循環に関する次の記述のうち、誤っているものはどれか。
(1) 心臓は、自律神経の中枢で発生した刺激が刺激伝導系を介して心筋に伝わることにより、規則正しく収縮と拡張を繰り返す。
(2) 肺循環により左心房に戻ってきた血液は、左心室を経て大動脈に入る。
(3) 大動脈を流れる血液は動脈血であるが、肺動脈を流れる血液は静脈血である。
(4) 心臓の拍動による動脈圧の変動を末梢の動脈で触知したものを脈拍といい、一般に、手首の橈骨動脈で触知する。
(5) 心筋は不随意筋であるが、骨格筋と同様に横紋筋に分類される。

問37　体温調節に関する次の記述のうち、誤っているものはどれか。
(1) 寒冷な環境においては、皮膚の血管が収縮して血流量が減って、熱の放散が減少する。
(2) 暑熱な環境においては、内臓の血流量が増加し体内の代謝活動が亢進することにより、人体からの熱の放散が促進される。
(3) 体温調節にみられるように、外部環境などが変化しても身体内部の状態を一定に保とうとする性質を恒常性（ホメオスタシス）という。
(4) 計算上、100gの水分が体重70kgの人の体表面から蒸発すると、気化熱が奪われ、体温が約1℃下がる。
(5) 熱の放散は、ふく射（放射）、伝導、蒸発などの物理的な過程で行われ、蒸発には、発汗と不感蒸泄によるものがある。

問38　ヒトのホルモン、その内分泌器官及びそのはたらきの組合せとして、誤っているものは次のうちどれか。

	ホルモン	内分泌器官	はたらき
(1)	ガストリン	胃	胃酸分泌刺激
(2)	アルドステロン	副腎皮質	体液中の塩類バランスの調節
(3)	パラソルモン	副甲状腺	血中のカルシウム量の調節
(4)	コルチゾール	膵臓	血糖量の増加
(5)	副腎皮質刺激ホルモン	下垂体	副腎皮質の活性化

問39　腎臓・泌尿器系に関する次の記述のうち、誤っているものはどれか。

(1) 腎臓の皮質にある腎小体では、糸球体から蛋白質以外の血漿成分がボウマン嚢に濾し出され、原尿が生成される。

(2) 腎臓の尿細管では、原尿に含まれる大部分の水分及び身体に必要な成分が血液中に再吸収され、残りが尿として生成される。

(3) 尿は淡黄色の液体で、固有の臭気を有し、通常、弱酸性である。

(4) 尿の生成・排出により、体内の水分の量やナトリウムなどの電解質の濃度を調節するとともに、生命活動によって生じた不要な物質を排出する。

(5) 血液中の尿素窒素（ＢＵＮ）の値が低くなる場合は、腎臓の機能の低下が考えられる。

問40　血液に関する次の記述のうち、誤っているものはどれか。

(1) 血液は、血漿と有形成分から成り、有形成分は赤血球、白血球及び血小板から成る。

(2) 血漿中の蛋白質のうち、グロブリンは血液浸透圧の維持に関与し、アルブミンは免疫物質の抗体を含む。

(3) 血液中に占める血球（主に赤血球）の容積の割合をヘマトクリットといい、男性で約45％、女性で約40％である。

(4) 血液の凝固は、血漿中のフィブリノーゲンがフィブリンに変化し、赤血球などが絡みついて固まる現象である。

(5) ＡＢＯ式血液型は、赤血球の血液型分類の一つで、Ａ型の血清は抗Ｂ抗体を持つ。

問41　視覚に関する次の記述のうち、誤っているものはどれか。

(1) 眼は、周りの明るさによって瞳孔の大きさが変化して眼に入る光量が調節され、暗い場合には瞳孔が広がる。

(2) 眼軸が短すぎることなどにより、平行光線が網膜の後方で像を結ぶものを遠視という。

(3) 角膜が歪んでいたり、表面に凹凸があるために、眼軸などに異常がなくても、物体の像が網膜上に正しく結ばれないものを乱視という。

(4) 網膜には、明るい所で働き色を感じる錐状体と、暗い所で働き弱い光を感じる杆状体の2種類の視細胞がある。

(5) 明るいところから急に暗いところに入ると、初めは見えにくいが徐々に見えやすくなることを明順応という。

問42　免疫に関する次の記述のうち、誤っているものはどれか。
(1) 抗原とは、免疫に関係する細胞によって異物として認識される物質のことである。
(2) 抗原となる物質には、蛋白質、糖質などがある。
(3) 抗原に対する免疫が、逆に、人体の組織や細胞に傷害を与えてしまうことをアレルギーといい、主なアレルギー性疾患としては、気管支ぜんそく、アトピー性皮膚炎などがある。
(4) 免疫の機能が失われたり低下したりすることを免疫不全といい、免疫不全になると、感染症にかかりやすくなったり、がんに罹患しやすくなったりする。
(5) 免疫には、リンパ球が産生する抗体によって病原体を攻撃する細胞性免疫と、リンパ球などが直接に病原体などを取り込んで排除する体液性免疫の二つがある。

問43　肝臓の機能として、誤っているものは次のうちどれか。
(1) コレステロールを合成する。
(2) 尿素を合成する。
(3) ビリルビンを分解する。
(4) 胆汁を生成する。
(5) 血液凝固物質や血液凝固阻止物質を合成する。

問44　脂肪の分解・吸収及び脂質の代謝に関する次の記述のうち、誤っているものはどれか。
(1) 胆汁は、アルカリ性で、消化酵素は含まないが、食物中の脂肪を乳化させ、脂肪分解の働きを助ける。
(2) 脂肪は、膵臓から分泌される消化酵素である膵アミラーゼにより脂肪酸とモノグリセリドに分解され、小腸の絨毛から吸収される。
(3) 肝臓は、過剰な蛋白質及び糖質を中性脂肪に変換する。
(4) コレステロールやリン脂質は、神経組織の構成成分となる。
(5) 脂質は、糖質や蛋白質に比べて多くのＡＴＰを産生することができるので、エネルギー源として優れている。

最新公表試験問題の解説のご案内

本書の特典として、書誌ページにて最新の試験問題の解説を PDF にてご提供いたします。ダウンロードしてご活用ください。なお、試験問題は公益財団法人安全衛生技術試験協会のウェブサイトをご確認ください。

※本特典は予告なく提供を終了する場合があります。あらかじめご了承ください。

https://kdq.jp/tvdqb

解答と解説

関係法令（有害業務に係るもの）

問1　　解答　(5)　(R5.4 Q1)

(1) 誤り。産業医の専属要件は、①常時 1,000 人以上の労働者を使用する事業場、又は②一定の有害な業務に常時 500 人以上の労働者を従事させる事業場、と定められている。設問の事業場は、①、②いずれにも該当しないため、産業医は専属でなくても法令違反ではない。

(2) 誤り。常時使用する労働者数が 800 人の事業場では、3 人以上衛生管理者を選任しなければならない。設問の事業場では衛生管理者を 3 人選任しているので、法令違反ではない。

(3) 誤り。衛生管理者は、その事業場に専属の者を選任しなければならない。ただし、2 人以上選任する場合において、その中に労働衛生コンサルタントがいるときは、当該労働衛生コンサルタントのうち 1 人については、事業場に専属の者である必要はないと定められている。設問の場合、1 人の労働衛生コンサルタントが専属でなく、他の衛生管理者は専属、とあるので法令違反ではない。

(4) 誤り。設問の場合、「強烈な騒音を発する場所における業務」に 30 人が常時従事しているとあるが、当該業務は、衛生工学衛生管理者免許を有する者のうちから衛生管理者を選任しなければならない業務に該当しないため、法令違反ではない。

(5) 正しい。衛生管理者の専任要件は、①常時 1,000 人を超える労働者を使用する事業場、又は②常時 500 人を超える労働者を使用し、坑内労働又は一定の健康上有害な業務に常時 30 人以上の労働者を従事させる事業場と定められ

ている。設問の場合、②に該当しているため、専任の衛生管理者を選任しな
ければならない。

問 2   解答 （3）（R4.4 Q2）

Aの「乾性油を入れてあるタンクの内部における作業」は、酸素欠乏危険場所に
おける作業に、Dの「圧気工法により、大気圧を超える気圧下の作業室の内部に
おいて行う作業」は、高圧室内作業に該当するため作業主任者の選任が義務付け
られている。よって（3）が正解である。

問 3   解答 （3）（R5.4 Q3）

(1)、(2)、(4)、(5) 該当しない。
(3) 特定化学物質や有機溶剤等を用いて行う業務は、特別教育の対象とならない。

問 4   解答 （5）（R5.4 Q4）

(1) ～ (4) 規定されていない。
(5) トルエンは、第二種有機溶剤等である。第二種有機溶剤等を取り扱う屋内の
　　作業場所には局所排気装置を取り付けなければならず、当該局所排気装置は
　　定期自主検査を行わなければならないとされている。

問 5   解答 （5）（R4.10 Q5）

(1) ～ (4) 該当しない。
(5) 該当する。

問 6   解答 （5）（R4.10 Q6）

(1) ～ (4) 正しい。
(5) 誤り。「作業の記録及び局所排気装置、除じん装置等の定期自主検査の記録」
　　は「作業の記録、作業環境測定の記録及び特殊健康診断の個人票」である。

問 7   解答 （5）（R5.4 Q7）

(1) ～ (4) 正しい。

(5) 誤り。「じん肺管理区分が管理三と決定された者及び合併症にかかっていると認められる者」ではなく「じん肺管理区分が管理四と決定された者及び合併症にかかっていると認められる者」である。

問8   解答 (3) (R4.10 Q8)

(1)、(2)、(4)、(5) 正しい。

(3) 設問の場合、保護具（空気呼吸器、酸素呼吸器又は送気マスク）を備え、労働者に使用させなければならないが「防毒マスク」は、酸素欠乏空気には対応できない。

問9   解答 (5) (R4.4 Q9)

(1) 法令上、誤り。有機溶剤業務に常時従事する労働者に対しては、溶剤の種類別に定められた項目（例えば、トルエン→尿中の馬尿酸の量）が義務付けられているが、尿中のデルタアミノレブリン酸の量の検査は、義務付けられていない。

(2) 法令上、誤り。放射線業務に常時従事する労働者に対しては、白血球数や白血球百分率の検査が義務付けられているが、尿中の潜血の有無の検査は義務付けられていない。

(3) 法令上、誤り。鉛業務に常時従事する労働者に対しては、血液中の鉛量の検査及び尿中のデルタアミノレブリン酸の量の検査が義務付けられているが、尿中のマンデル酸の量の検査は義務付けられていない。

(4) 法令上、誤り。石綿等を取り扱う業務に常時従事する労働者に対しては、胸部エックス線直接撮影による検査が義務付けられているが、尿中又は血液中の石綿の量の検査は義務付けられていない。

(5) 正しい。

問10   解答 (4) (R5.4 Q10)

(1)、(2)、(3)、(5) 正しい。

(4) 誤り。満18歳以上で産後8週間を経過したが1年を経過しない女性から、さく岩機、鋲打機等身体に著しい振動を与える機械器具を用いて行う業務に従事したい旨の申出があっても、当該業務に就かせることができない。

労働衛生（有害業務に係るもの）

問 11　解答　(1)　(R4.4 Q11 改)

2023 年（令和 5 年）4 月 27 日基発 0427 第 4 号「化学物質等による危険性又は有害性等の調査等に関する指針」によれば対策の優先順位として、次のように記されている。

①　危険性又は有害性のより低い物質への代替、化学反応のプロセス等の運転条件の変更、取り扱うリスクアセスメント対象物の形状の変更等又はこれらの併用によるリスクの低減

②　リスクアセスメント対象物に係る機械設備等の防爆構造化、安全装置の二重化等の工学的対策又はリスクアセスメント対象物に係る機械設備等の密閉化、局所排気装置の設置等の衛生工学的対策

③　作業手順の改善、立入禁止等の管理的対策

④　リスクアセスメント対象物の有害性に応じた有効な保護具の選択及び使用
　　上記内容から、アーウーイーエの (1) が正しい。

問 12　解答　(3)　(R5.4 Q12)

(1) 蒸気として存在しない。塩化ビニルは、ガスである。

(2) 蒸気として存在しない。ジクロロベンジジンは、粉じんである。

(3) 蒸気として存在する。

(4) 蒸気として存在しない。エチレンオキシドはガスである。

(5) 蒸気として存在しない。二酸化マンガンは、粉じんである。

問 13　解答　(3)　(R4.4 Q12)

(1) 誤り。A 測定における測定点の高さの範囲は、原則としてその交点の床上 50cm 以上 150cm 以下（騒音の場合は、120cm 以上 150cm 以下）であるので誤り。

(2) 誤り。「許容濃度」ではなく、「管理濃度」である。

(3) 正しい。設問のほか、第一評価値（単位作業場所において考えられる、全ての測定点の作業時間内における気中有害物質濃度の実現値を母集団として分布図を描いたときに高濃度から面積で 5 ％に相当する濃度の推定値をいう）も押さえておくこと。

(4) 誤り。A 測定の「第二評価値」ではなく、「第一評価値」である。

(5) 誤り。「算術平均値」ではなく「幾何平均値」、「算術標準偏差」ではなく「幾何標準偏差」である。

問 14　解答　（1）（R4.10 Q13）

(1)　誤り。じん肺とは、ある種の粉じんを吸収することによって肺の組織が線維化する疾患で、肺に生じた炎症性病変を主体とする疾病ではない。
(2)　～（5）正しい。

問 15　解答　（3）（R4.10 Q14）

(1)、(2)、(4)、(5) 正しい。
(3) 誤り。エックス線は紫外線より波長の短い電磁波である。

問 16　解答　（4）（R5.4 Q14）

(1) 誤り。有機溶剤の多くは、揮発性が高く、空気より重い。
(2) 誤り。有機溶剤は、脂溶性が大きく、皮膚や呼吸器、粘膜から吸収されることがある。脂溶性が大きいほど脂肪組織や脳等の神経系に取り込まれやすい。
(3) 誤り。ノルマルヘキサンによる健康障害では、末梢神経障害、頭痛、めまい、多発性神経炎などがみられる。
(4) 正しい。
(5) 誤り。N, N-ジメチルホルムアミドによる健康障害では、頭痛、めまい、肝機能障害などがみられる。

問 17　解答　（1）（R5.4 Q16）

(1) 正しい。
(2) 誤り。けい肺は、遊離けい酸の粉じんを吸入することによって起こるじん肺であり、肺の線維化を起こす作用が強い。
(3) 誤り。金属熱は、高温環境下により発症するものではなく、亜鉛や銅等の金属ヒューム吸入により発症する症状である。
(4) 誤り。「確率的影響」ではなく、「確定的影響」である。
(5) 誤り。「熱けいれん」ではなく、「熱失神（熱虚脱）」である。

問 18　解答　(2)　(R4.4 Q17)

A　作業環境管理に該当する。

B　作業管理に該当する。

C　健康管理に該当する。

D　作業管理に該当する。

E　作業環境管理に該当する。

以上により、作業環境管理に該当するものはAとEなので、(2)が正解である。

問 19　解答　(3)　(R5.4 Q20)

(1)　誤り。断面積を大きくするほど圧力損失は減少する。

(2)　誤り。フード開口部の周囲にフランジを設けると吸引範囲は「狭く」なるが、所要の効果を得るために必要な排風量は「減少」する。

(3)　正しい。

(4)　誤り。「囲い式フード」ではなく、「外付け式フード」である。

(5)　誤り。排風機に有害物質が付着しないようにするため、排風機は、空気清浄装置の後の、清浄空気が通る位置に設置する。

問 20　解答　(1)　(R4.10 Q20)

　　A　　は 2, 5- ヘキサンジオン、　　B　　は鉛、　　C　　は尿であるので(1) が正解となる。

関係法令（有害業務に係るもの以外のもの）

問 21　解答　(3)　(R5.4 Q21)

(1)、(2)、(4)、(5) 義務付けられている。

(3)　誤り。燃料小売業の事業場では、常時使用する労働者数が 300 人以上の場合に、法令上、総括安全衛生管理者の選任が義務付けられる。

問 22　解答　(4)　(R5.4 Q22)

(1)　法令上、誤り。「衛生管理者である委員」ではなく、「総括安全衛生管理者又は

総括安全衛生管理者以外の者で当該事業場においてその事業の実施を統括管理するもの若しくはこれに準ずる者（副所長、副工場長等）」である。

(2)、(3) 法令上、誤り。衛生委員会の委員として指名する衛生管理者や産業医は、その事業場に専属の者でなくとも構わない。なお、外部の労働衛生コンサルタントが衛生委員会の委員となっても問題はない。

(4) 法令上、正しい。

(5) 法令上、誤り。「5年間」ではなく、「3年間」である。

問 23　解答　(2)　(R4.4 Q23)

(1)、(3) ～ (5) 正しい。

(2) 誤り。雇入時の健康診断では、医師の判断で一定の検査項目を省略することはできない。定期健康診断の場合と混同しないこと。

問 24　解答　(1)　(R5.4 Q24)

(1) 正しい。

(2) 誤り。労働者の労働時間の状況の把握は、監督又は管理の地位にある者も対象になる。

(3) 誤り。面接指導を行う医師として事業者が指定することのできる医師は、当該事業場の産業医に限られない。

(4) 誤り。「申出の日から3か月以内」ではなく、「遅滞なく」である。

(5) 誤り。「3年間」ではなく、「5年間」である。

問 25　解答　(3)　(R4.4 Q25)

(1) 誤り。「6か月以内ごとに1回」ではなく、「1年以内ごとに1回」である。

(2) 誤り。ストレスチェックの結果は個人情報となるため、ストレスチェックを受けた労働者に直接通知されなければならない。

(3) 正しい。

(4) 誤り。事業者は、面接指導対象者から申し出があった場合のみ面接指導を行わなければならない。

(5) 誤り。「3年間」ではなく、「5年間」である。

問 26 解答 （4）（R4.10 Q26）

（1）～（3）、（5）正しい。

（4）法令上、誤っている。妊娠中の女性が請求した場合には、他の軽易な業務に転換させなければならない。管理監督者等の場合でも、この規定が適用される。

問 27 解答 （4）（R5.4 Q27）

入社後 4 年 6 か月継続勤務したとあるので、16 日 × 4／5．2 ≒ 12.31　よって、12（日）となる。

労働衛生（有害業務に係るもの以外のもの）

問 28 解答 （4）（R5.4 Q28）

A、D　正しい。

B　誤り。「心の健康づくり計画」の策定に当たっては、事業者が労働者の意見を聴きつつ事業場の実態に即した取組みを行うことが必要なため、衛生委員会や安全衛生委員会での調査審議を十分行うことが必要である。

C　誤り。「家族によるケア」ではなく「事業場内産業保健スタッフ等によるケア」である。

以上により、誤りはB、Cであるので（4）が正解である。

問 29 解答 （2）（R5.4 Q29）

「職場における受動喫煙防止のためのガイドライン」において、事業者は、施設内に喫煙専用室、指定たばこ専用喫煙室など喫煙することができる場所を定めようとするときは、当該場所の出入口及び施設の主たる出入口の見やすい箇所に必要な事項を記載した標識を掲示しなければならないと定めている。また、喫煙専用室は、次に掲げるたばこの煙の流出を防止するための技術的基準を満たすものでなければならないとしている。

① 　出入口において、室外から室内に流入する空気の気流が、0.2 メートル毎秒（m/s）以上であること。

② 　たばこの煙が室内から室外に流出しないよう、壁、天井等によって区画されていること。

③　たばこの煙が屋外又は外部の場所に排気されていること。
以上により、（2）がガイドラインには定められていない。

問30　解答　（3）（R4.10 Q30）

（1）誤り。腰部保護ベルトは、労働者全員に使用させるものではなく、労働者ごとに効果を確認してから使用の適否を判断して導入するものとされている。

（2）誤り。「50％以下」は「40％以下」である。

（3）正しい。指針によれば、満18歳以上の女性労働者では、男性が取り扱うことのできる重量の60％位までとすることとされている。

（4）誤り。「1年以内ごとに1回」ではなく、「6か月以内ごとに1回」である。

（5）誤り。床面が硬い場合には、立っているだけでも腰部への衝撃が大きいのでクッション性のある作業靴やマットを利用して、衝撃を緩和することとされている。

問31　解答　（2）（R5.4 Q31）

（1）、（3）〜（5）正しい。

（2）誤り。脳塞栓症と脳血栓症の説明が逆である。

問32　解答　（2）（R4.10 Q32）

　A　は血圧、　B　は空腹時血糖、　C　は二つ以上であるので
（2）が正解となる。

問33　解答　（4）（R5.4 Q33）

（1）〜（3）、（5）正しい。

（4）誤り。「空気感染」ではなく、「飛沫感染」である。

問34　解答　（5）（R4.10 Q34）

（1）〜（4）正しい。

（5）誤り。腸炎ビブリオ菌は、感染型食中毒で、熱に弱いのが特徴である。

問 35　解答　(3)　(R5.4 Q35)

(1) 誤り。呼吸運動は「横隔膜、肋間筋などの呼吸筋が収縮と弛緩をすること」
　　によって胸郭内の圧力を変化させ、肺を受動的に伸縮させることによって行
　　われる。

(2) 誤り。「内呼吸」ではなく、「外呼吸」である。

(3) 正しい。

(4) 誤り。チェーンストークス呼吸は、延髄の呼吸中枢の機能が衰えることで生
　　じる現象で、喫煙が原因となるわけではない。

(5) 誤り。「窒素分圧の上昇」ではなく、「二酸化炭素の増加」である。

問 36　解答　(1)　(R4.10 Q36)

(1) 誤り。心臓は自律神経に支配され、右心房にある洞房結節からの電気信号に
　　より収縮と拡張を繰り返す。

(2) ～ (5) 正しい。

問 37　解答　(2)　(R4.4 Q37)

(1)、(3) ～ (5) 正しい。

(2) 誤り。暑熱な環境では、体表面の血流量が増加して体表からの放熱が促進さ
　　れ、また体内の代謝活動を抑制することで産熱量が減少する。

問 38　解答　(4)　(R4.10 Q38)

(1) ～ (3)、(5) 正しい。

(4) 誤り。コルチゾールの分泌器官は副腎皮質で、そのはたらきは、グリコーゲ
　　ンの合成促進である。設問の内容はグルカゴンである。

問 39　解答　(5)　(R4.4 Q44)

(1) ～ (4) 正しい。

(5) 誤り。腎機能が低下すると、血液中の尿素窒素（BUN）は上昇する。尿素は
　　肝臓で合成されて腎臓から排泄される。尿素窒素は、体内の蛋白質が分解さ

れた最終的な形である。

問 40　解答　（2）（R5.4 Q40）

(1)、(3) ～ (5) 正しい。
(2) 誤り。「グロブリン」と「アルブミン」の説明が逆である。

問 41　解答　（5）（R4.4 Q41）

(1) ～ (4) 正しい。
(5) 誤り。「明順応」ではなく、「暗順応」である。

問 42　解答　（5）（R5.4 Q42）

(1) ～ (4) 正しい。
(5) 誤り。「細胞性免疫」と「体液性免疫」の説明が逆である。

問 43　解答　（3）（R4.10 Q43）

(1)、(2)、(4)、(5) 正しい。設問の通り。
(3) 誤り。肝臓の機能として、ビリルビンの分解（脾臓の作用）はない。

問 44　解答　（2）（R4.10 Q44）

(1)、(3) ～ (5) 正しい。設問の通り。
(2) 誤り。「膵アミラーゼ」ではなく、「膵リパーゼ」である。

索引

村中　一英（むらなか　かずひで）
社会保険労務士、第1種衛生管理者。社会保険労務士法人ガーディアン代表。
関西学院大学法学部卒業後、国家公務員として勤務。退職後、大手資格スクールにて社労士や公務員受験対策講座の指導に携わる。1991年より社会保険労務士は25年以上、衛生管理者は10年以上の受験指導経験があり、受講者一人ひとりに親身に向き合う研修スタイルが評価を得ている。2001年からは社会保険労務士事務所を開設。労働・社会保険に関する法律に精通し、法改正事項に迅速かつ的確に対応できる強みがある。
著書に『改訂2版 この1冊で合格！ 村中一英の第2種衛生管理者テキスト&問題集』『これで完成！ 村中一英の第1種衛生管理者 過去7回本試験問題集 2023年度版』（以上、KADOKAWA）などがある。

YouTubeでも解説！「衛生管理者 KADOKAWA資格の合格チャンネル」
https://www.youtube.com/@eiseikanri

改訂2版 この1冊で合格！
村中一英の第1種衛生管理者 テキスト&問題集

2024年1月19日　初版発行
2024年12月20日　3版発行

著者／村中　一英

発行者／山下　直久

発行／株式会社KADOKAWA
〒102-8177　東京都千代田区富士見2-13-3
電話　0570-002-301（ナビダイヤル）

印刷所／株式会社加藤文明社
製本所／株式会社加藤文明社

●お問い合わせ
https://www.kadokawa.co.jp/（「お問い合わせ」へお進みください）
※内容によっては、お答えできない場合があります。
※サポートは日本国内のみとさせていただきます。
※Japanese text only

定価はカバーに表示してあります。